Enkazın altındaki yalnız halkımıza...

Barış Pehlivan

İstanbul Üniversitesi Gazetecilik Bölümü'nden mezun oldu. Profesyonel gazeteciliğe 2004 yılında *Kaçak Yayın* adlı dergide başladı. CNN Türk'te yayımlanan, Türkiye'nin yakın tarihine yansıyan olayları tanıklarıyla ekrana getiren Oradaydım adlı belgesel programını hazırladı. Birçok dosya habere, belgesele ve kurumsal tanıtım filmine imza attı. *Karşı* gazetesinde köşe yazarlığı yaptı. Türkiye'nin önemli gazetecilik ödüllerine layık görüldü. Haberleri ve kitapları nedeniyle birçok kez yargılandı, üç kez hapishaneye girdi, 25 ay tutuklu kaldı. Barış Terkoğlu ile birlikte *Sızıntı, Mahrem, Metastaz* ve *Cendere* adlı kitaplara imza attı. Nâzım Hikmet Kültür ve Sanat Vakfı'nın Yönetim Kurulu Üyeliği'ni yapıyor. 14 yıl boyunca Odatv.com haber sitesinin Genel Yayın Yönetmenliği görevini üstlendi. Halen *Cumhuriyet* gazetesinde yazıyor, Halk TV'de program yorumculuğu yapıyor.

Barış Terkoğlu

İstanbul Teknik Üniversitesi Makina Mühendisliği Bölümü'nden mezun oldu. Marmara Üniversitesi Ortadoğu Siyasi Tarihi ve Uluslararası İlişkileri Bölümü'nde yüksek lisans yaptı. Aynı enstitüde Ortadoğu İktisadı Anabilim dalında doktora eğitimine başladı. CNN Türk'te yayımlanan Oradaydım adlı belgesel programında arasştırmacı olarak çalıştı. *Bağımsız* dergisinde haber müdürlüğü, *Karşı* gazetesinde köşe yazarlığı yaptı. Haberciliği ile birçok önemli ödüle layık görüldü. Gazetecilik faaliyetlerinden dolayı iki kez tutuklandı, toplamda 23 ay hapis yattı. Barış Pehlivan ile birlikte *Sızıntı, Mahrem, Metastaz* ve *Cendere* adlı kitaplara; Sami Menteş ile *Size Yalan Söylediler* adlı kitaba imza attı. 13 yıl boyunca Odatv.com haber sitesinin haber müdürlüğü görevini üstlendi. Halen *Cumhuriyet* gazetesinde yazıyor, Halk TV'de program yorumculuğu yapıyor.

KIRMIZIKEDI

Kırmızı Kedi Yayınevi: 1692
Güncel: 57

SS
Barış Pehlivan, Barış Terkoğlu

Yayın Yönetmeni: Enis Batur

Editör: Mehmet Ali Güller
Son Okuma: Mustafa Çolak
Kapak Tasarımı: Yüksel Doğru
Sayfa Tasarımı: Serap Bertay

Birinci Basım: Nisan 2023, İstanbul
ISBN: 978-625-418-219-8
Kırmızı Kedi Sertifika No: 40620

Baskı: Asya Basım Yayın Sanayi Tic. Ltd. Şti.
15 Temmuz Mah. Gülbahar Cad. No: 62/B
Güneşli/Bağcılar/İSTANBUL
T: 0212 693 00 08 Sertifika No: 52508

Kırmızı Kedi Yayınevi
kirmizikedi@kirmizikedi.com / www.kirmizikedi.com
facebook.com: kirmizikediyayinevi / twitter.com: krmzkedikitap
instagram: kirmizikediyayinevi
Ömer Avni Mah. Emektar Sok. No: 18 Gümüşsuyu 34427 İSTANBUL
T: 0212 244 89 82 F: 0212 244 09 48

Barış Pehlivan
Barış Terkoğlu

SS

KIRMIZIKEDİ

İÇİNDEKİLER

ÖNSÖZ

İnsan kendi tarihini yapar. Ancak kendisinin belirleyemediği koşullarda. Yürüdüğü yol, yaşadığı hayat ona başkasının hikâyesi gibi görünür. Oysa kendisine en uzak olan bile, aynı kalemle çizilmiştir.

Bu kitap SS'in, yani uzun adıyla Süleyman Soylu'nun, öyküsünü anlatıyor. Ancak bir biyografi değil. Zira çocukluktan bugüne SS'in yaşam öyküsünün peşinden koşmuyor. Fazlası, SS'in etrafındaki ilişki sistemini tarif etmeye çalışıyor. Bu nedenle SS'i anlatırken, yaşadığımız çağın evrilişini takip ediyor.

Alain Minc ünlü kitabında, toplumların "Yeni Ortaçağ"ının resmini kelimelerle şöyle çiziyor:

"Örgütlü sistemlerin yokluğu, her türlü merkezin kayboluşu, kaygan ve silik dayanışmaların ortaya çıkışı, belirsizlik, rastlantı, bulanıklık. Zengin toplumların mafyalar ve yolsuzluklarla kemirilmesinden Rus kargaşasına varıncaya dek, her türlü otoritenin dışında sayıları giderek artan gri alanların gelişimi. Aklın, kurucu ilke olarak, uzun zamandan beri kaybolduğu sanılan ilkel ideolojilerin ve boş inançların yararına silinip yok oluşu. Krizlerin, sarsıntıların ve spazmların sanki günlük yaşamımızın dekorları gibi geri gelişi..."

Bir ülkenin, bir kıtanın hikâyesi değil. İnsanlığın ortak hikâyesi. Bileşik kaplar gibi. Duvarın yıkılıp, tarihsel kazanımların altında kalması dünyanın kaderini değiştirdi. Önce sosyalizmlerin, sonra ulus-devletlerin, nihayetinde tüm ülkelerin içinde çatışmalarla kazanılmış somut ve soyut sınırların yıkılması, yutulması, belirsizleşmesi yeni bir dünya yarattı. Bu çöküş, görünür şekilde sistemin kendisine de yansıdı. Bölüşüm ilişkilerinin çalışanlar aleyhine değişmesi, anayasal rejimlerin kaybolması, kurumların çöküşü; sistemleri bir tür azınlık rejimi haline dönüştürdü.

Doğa boşluk tanımaz...

Devletin yerini mafyanın, dayanışmanın yerini cemaatleşmenin, yurttaşlık haklarının yerini ayrıcalıklı sınıfların alması kaçınılmazdı. Bunun kitlelere kabul ettirilmesi ya rızayla ya zorla olmalıydı. Din referansıyla sunulan biat, sözde milliyetçilik sosuna batırılmış içi boş gurur, tarihsel sembollerle süslenmiş devlet övgüsü rızayı üretti.

İkna olmayanları ise zor bekliyordu. İşte SS, bu dönemin sopasıydı. Cumhuriyet'in yıkılışına "hayır" diyenlerin başına vurulan tokmaktı. "Eşitlik" diyenlerin ağzına bastırılan pamuktu. Kimi zaman kapıya dikilen, kimi zaman yakaya asılandı. Cebren kabul ettirilen düzenin silahıydı. Hukuksuzluk kınından çıkmıştı. Devletin içinde uluortaydı. Suça teşvik ediyordu. SS, 1930'lu yıllara sanki geç kalmıştı!

"Çok daha fazla söylemek daima daha az söylemektir" diyor Saramago. SS'in öyküsü, bir ansiklopedi olabilirdi. Anlattığı uydurma hikâyeler, kullandığı hakaretler, başvurduğu hukuksuzluklar birer cilde sığardı. Ancak onun varoluşunun özünü anlatmak, onu anlatmaktan daha önemliydi. Haliyle SS, elinizde tuttuğunuz kadar oldu. Yazılmamış sayfalarını tamamlamayı okura bırakıyoruz.

Sonunda bir "fotoraman" koyduk. Kelimelerin değil, görüntülerin iş yaptığı düzende, en az bizim cümlelerimiz kadar önemliydi. Karelerden filmin bütününün anlaşılabileceğini biliyoruz.

"Bir sözcük imdada yetişiyor" der Goethe. 11 yıl önce bu zamanlar, ABD belgelerinde AKP-FETÖ ortaklığını deşifre ederken "*Sızıntı*" demiştik. 4 yıl önce FETÖ sonrası devlet içinde yeşeren tarikatları anlatırken "*Metastaz*"a ulaşmıştık. Bize hapislik de verdi, onu aşma iradesini de... Şimdi, despotik ve karanlık bir düzenin hammaddesini *SS*'de bulduk. Zalimin kılıcında yakut olmaktansa, topuğuna batan çakıl taşı olmayı seçtik.

Elbette teşekkür etmemiz gerekenler de var.

En başta, yanımızda duran ailelerimiz ve dostlarımız...

Yayınevimiz Kırmızı Kedi... Haluk Hepkon başta olmak üzere, üretken emekçileri... Hukukun olmadığı düzende bize dostluk eden avukatımız... Yalnız insanın değil, kitabın da şarkısı olur diyen Fuat...

Geleceğin geçmişin içinde saklı olduğunu biliyoruz. Yaşanmışın örtüsünü kaldırırken, daha gidilmemiş bir yol arıyoruz. Anlatılmamışsa hiç bilinmemiştir, diyoruz.

Öyleyse başlayalım...

Barış Pehlivan - Barış Terkoğlu
20 Mart 2023
İstanbul

1. BÖLÜM

SAKINCALI SARALLAR RAPORU

"Başıma silah dayadılar, beni öldürüyorlar. Yetişin!"

Bakırköy Emniyet Müdürü Murat Çetiner'in telefonundaki ses çığlık çığlığa yardım istiyordu. Arayan, Cumhurbaşkanı Erdoğan'a yakınlığıyla bilinen ünlü müteahhit E.U. idi. O andan sonra emniyet müdürünün hayatı değişecekti.

2016'nın sonbahar ayları...

E.U. bir gün Emniyet Müdürü Çetiner'i aradı. Ona "bir sıkıntım var" dedi. Bir futbol kulübünün başkanı olan işadamı T.K., kendisiyle görüşmek istiyordu. Konu alacak verecek meselesiydi ve korkuyordu.

Pek bilinmez, 15 Temmuz darbe girişimi sırasında dönemin İstanbul Emniyet Müdürü Mustafa Çalışkan'ın eşini ve çocuklarını müteahhit E.U. korumuştu. İki ayrı konutunda onları saklamıştı. Bundandır ki İstanbul Emniyeti'nde ayrı bir "hatırı" vardı.

Emniyet Müdürü Çetiner E.U.'ya "Siz görüşün, kaygınız olmasın. Ters bir durum olursa arayın. Biz sizin can güvenliğinizi sağlarız" dedi.

İşte yaklaşık 20 dakika sonra telefonunun yeniden çalması, o ters durumun habercisiydi. Emniyet Müdürü hemen bir ekiple görüşmenin olduğu Bakırköy'deki Galleria AVM'ye gitti. Polisler alışveriş merkezinin etrafını sardı. Ofislerin bulunduğu katta bekleyen E.U., Murat Çetiner'i görünce yine korku içinde "başıma silah dayadılar" dedi.

Birden...

Koridorun sonunda işadamı T.K. göründü. E.U. bu kez de hızlıca onun yanına giderek "Öldürülürsem sorumlusu budur" diyerek T.K.'yı işaret etti.

Emniyet Müdürü Çetiner ikisine de "mevzu nedir, anlatın" dedi. Oturdular ve anlattılar...

E.U., AKP tarafından yönetildiği dönemde İstanbul Büyükşehir Belediyesi'nin (İBB) birçok ihalesinin verildiği müteahhitti. Bir gün belediyenin asfalt ihalesine ortağıyla girdi. Ancak iddia o ki, hemen sonrasında dönemin belediye başkanı Kadir Topbaş ve AKP İstanbul İl Başkanı Aziz Babuşcu tarafından arandı. Söylenen o ki, iki isim de E.U.'ya "ihaleden çık" dedi. Proje başkasına verilmek isteniyordu. E.U. da "talimatı" dinledi ve ortağıyla geri çekildi.

Ancak...

Bir söylenti vardı. İBB ihalesinin yeni sahibi, E.U.'ya bu jestinin karşılığı olarak "ihaleden çıkma parası" vermişti. E.U.'nun 1 milyon dolar aldığı iddiasını duyan ortağı da kendi payını istemiş ancak alamamıştı. Bunun üzerine "Sarallar" olarak bilinen suç örgütünü devreye sokmuş ve işadamı T.K.'yi de "hakem" gibi görevlendirmişti.

Nihayetinde, E.U. eski ortağına borcunu ödemediği gerekçesiyle, T.K. ve Sarallar'ın adamları tarafından AVM'de silahla tehdit edilmişti.

Bu hikâyeyi dinleyen Bakırköy Emniyet Müdürü Çetiner, önce İstanbul Emniyet Müdürü Mustafa Çalışkan'ı sonra da bir başsavcıyı arayıp olayı anlattı.

Ardından da ünlü armatör T.K.'ye "seni gözaltına alıyorum" dedi. Sarallar'ın adamlarıyla birlikte gözaltına alınacağını duyunca, T.K. şaşkına döndü.

Lakin... Polisler olay yerinde arama ve el koyma işlemlerine başlamışken, ölümün eşiğinden dönen E.U. Emniyet Müdürü Çetiner'in yanına geldi. Ve ona birden "Şikâyetimden vazgeçiyorum" dedi.

Sahi, neden kararını değiştirmişti?

E.U., bunu soran Çetiner'e "Siz beni koruyamazsınız. Sana da zarar verecekler" dedi. Bu kez şaşkınlık sırası polis müdüründeydi. Hemen İstanbul Emniyet Müdürü Mustafa Çalışkan'ı aradı ve E.U.'nun bu yaptığını anlattı. Çalışkan telefonda kilit cümleyi söyledi: "Oradan ayrıl, olaya Bakan müdahil oldu."

Bakan dediği İçişleri Bakanı Süleyman Soylu'ydu. Her şey daha yeni başlıyordu...

"Gayrimeşrunun raconu ayrıdır"

"Devlet kayıt tutar" diyorsanız haklısınız...

İstanbul Emniyet Müdürü Çalışkan, bu olayı bir rapora dönüştürmesini istedi Murat Çetiner'den. Denilen yapıldı. Galleria AVM'de yaşananlar ve Sarallar grubunun faaliyetlerini içeren rapor, artık hem İstanbul Emniyet Müdürü'nün hem de Organize Suçlarla Mücadele Şube Müdürü'nün masasındaydı.

Kısa bir süre sonra...

Başkentin eski emniyet müdürlerinden bir isim Çetiner'i aradı. "Sizi ziyaret edeceğim" dedi. Bakırköy Emniyet Müdürlüğü'nde buluştular.

O emekli ama oldukça tanınmış emniyet müdürü söze övgülerle başladı. Murat Çetiner'in 15 Temmuz'daki mücadelesini takdir etti. Belli ki bu bir girişti...

Sonra, asıl meseleye geldi: "Bizim yeğenlerle ilgili bir mesele varmış."

Emniyet Müdürü Çetiner "kim sizin yeğenleriniz" diye sordu. "Burhanettin ve Alaattin Saral'ı tanımıyor musun" diye yanıt aldı.

Doğruydu. Emekli emniyet müdürünün de kökeni tıpkı Sarallar gibi Trabzon'un Of ilçesine dayanıyordu. Akrabaydılar.

"Bir rapor yazmışsın" dedi emekli müdür. Çetiner ise "siz nereden duydunuz" diye sordu.

Ve hemen ardından o kritik talep geldi: "Biz duyarız, o raporu geri çek."

Hemen ekledi emekli emniyet müdürü: "Süleyman'la birlikteydim, onun haberi var." Süleyman dediği, İçişleri Bakanı Soylu'ydu.

Daha sonraki diyalog şöyle devam etti:

Murat Çetiner: Yaşanmış, tanık olduğum bir olaya nasıl gerçekleşmemiş gibi davranabilirim?

Emekli Emniyet Müdürü: Mustafa Çalışkan'a bilgi vermekte hata ettin.

Murat Çetiner: FETÖ zamanındaki gibi "Amiri bilmez, abisi bilir" gibi mi yapacaktım? Esefle karşılıyorum bu dediğinizi. Hem siz hangi sıfatla bunu benden istiyorsunuz?

Emekli Emniyet Müdürü: Bak koçum, her şeyin adaleti mahkemelerde sağlanmaz. Gayrimeşrunun raconu ayrıdır.

Murat Çetiner: Biz polis olarak meşruyuz ve gayrimeşruyla mücadele ediyoruz.

Emekli Emniyet Müdürü: Sen bilirsin. Son sözün ne?

Murat Çetiner: Ben burada Emniyet Müdürü olduğum sürece, yeğenlerinizin illegal faaliyetlerine izin vermeyeceğim. Hiç kimsenin soyadlarından dolayı imtiyaz sağlamasına müsaade etmem.

Emekli Emniyet Müdürü: Bunun sonuçlarına katlanırsın. Süleyman'a söyleyeceğim...

Evet...

Bu çarpıcı ve tehdit dolu görüşme Bakırköy Emniyet Müdürü'nün makam odasında gerçekleşiyordu. Ne garip, İçişleri Bakanı'nın da desteğiyle, bir emekli emniyet müdürü, akrabası olduğu organize suç örgütü üyelerine dair polis raporunu imha etmeyi talep ediyordu. Bunu da "Her şeyin adaleti mahkemelerde sağlanmaz. Gayrimeşrunun raconu ayrıdır" diyerek istiyordu.

Bu kritik buluşmadan sonra, Murat Çetiner İstanbul Emniyet Müdürü Çalışkan'ı aradı. Ve ondan "Bana gelemedi, sana gelmiş. Süleyman artık senin peşini bırakmaz" sözünü duydu.

Gerçekten de öyle olacaktı.

Pervin Buldan bahanesi

Olay öyle bir noktaya gelecekti ki...

Tarih: 23 Aralık 2016.

Meclis Başkanvekili HDP'li Pervin Buldan sabah saatlerinde bir tweet attı: "Gözaltına alındım."

Iğdır Ağır Ceza Mahkemesi, "suçu ve suçluyu övme" ile "terör örgütü propagandası yapma" suçlarından yargılanan Pervin Buldan'ın talimatla ifadesinin alınması için Bakırköy 6. Ağır Ceza Mahkemesi'ne yazı yazmıştı. Bakırköy'deki mahkeme de

Buldan hakkında zorla getirme kararı çıkarmış, gereğinin yapılması için de Bakırköy Emniyet Müdürlüğü'ne talimat vermişti.

Gelin görün ki, Pervin Buldan "İfade vermeyeceğimizi beyan ettik daha önce. Duruşmaya gelmeyeceğimi zaten biliyorlardı" diyordu. Buldan "Bu kararın siyasi bir karar olduğunu biliyoruz. Çünkü biz hâlâ milletvekiliyiz ve dokunulmazlığımız devam ediyor" diye de ekliyordu.

Büyük tartışma yaratan olaya dair İstanbul Emniyet Müdürlüğü de şu açıklamayı yaptı:

"Pervin Buldan hakkında çıkartılan zorla getirilme kararı, bugün saat 08.50'de kendisine ait ikamette tebliğ edilmiş, herhangi bir gözaltı işlemi yapılmamış olup, avukatı ile birlikte kendisine ait araçla mahkemeye intikal etmiştir."

Türkiye bunu konuşurken...

İstanbul Emniyet Müdürü Çalışkan, olaydan sorumlu Bakırköy Emniyet Müdürü Çetiner ile bir görüşme yaptı ve ona şunları anlattı:

"Bakan Soylu beni aradı. Senin için 'O kim ki, Meclis Başkanvekilini gözaltına alıyor' diye çıkıştı. 'Murat'ı açığa al' dedi."

Mustafa Çalışkan kilit cümleyi sona saklıyordu: "Asıl mevzu Sarallar meselesi, Pervin Buldan bahane!"

Yanlış okumadınız. İçişleri Bakanı Soylu'nun, Sarallar'ın aleyhine hazırlanan rapordan dolayı bir emniyet müdürünü açığa almak istediği iddia ediliyordu. Bunu da başka bir olay üzerinden gerçekleştirmeyi arzuluyordu.

Daha da çarpıcısı... Emniyet Müdürü Çalışkan, Bakan Soylu'ya, "Murat'ı alacaksan, beni de açığa al" diye meydan okumuştu. O gün Soylu'nun istediği olmadı ama ip gittikçe geriliyordu...

Erdoğan'dan Soylu'ya "karışma" talimatı

Bir gün...

Mustafa Çalışkan Ankara'ya Süleyman Soylu ile görüşmeye gitti. Soylu yine "Murat'ı görevden alıp gel" diyordu. Başkentteki görüşmede ise "Bak, onu KHK'ya sokar atarım" sözüyle işin ucunun nereye varacağını işaret ediyordu.

Mustafa Çalışkan yoğun baskının karşısında başka bir formül buldu. Bakırköy Emniyet Müdürü Çetiner, İstanbul'da Spor Şube Müdürü yapıldı. Lakin bu kez de başka bir korku sardı:

"Murat Çetiner, İstanbulspor'a operasyon yapacak."

Öyle ya, İstanbulspor Sarallar'ın futbol takımıydı!

Bu söylenti öyle bir yayıldı ki, Çetiner, bu kez de Emniyet'in Turizm Şubesi'nin başına getirildi.

Tam da bu süreçte...

2017'nin ilk gününde İstanbul'un gece kulüplerinden Reina'da gerçekleşen ve 39 kişinin hayatını kaybettiği terör saldırısının hemen ardından...

Cumhurbaşkanlığı Sarayı'nda, emniyet müdürlerinin atanmasıyla ilgili bir toplantı yapıldı. İçişleri Bakanı Soylu da İstanbul Emniyet Müdürü Çalışkan da Cumhurbaşkanı Erdoğan'ın yanındaydı. Erdoğan sayfa sayfa atama kararlarını inceliyordu. Sıra Murat Çetiner'in isminin olduğu sayfaya geldi. Soylu'ya dönen Erdoğan, "Murat'ı ne yaptınız" diye sordu. Bakan Soylu "Turizm Şube'ye verdik" dedi. Erdoğan bu kez ortamda buz kestiren soruyu dillendirdi: "Sarallar meselesi ne?"

Söz sırası Mustafa Çalışkan'daydı. İstanbul Emniyet Müdürü özetleyerek Galleria AVM'de yaşananları anlattı. O anlarda zorlanan Bakan Soylu'ya, Erdoğan'ın son sözü şu oldu: "İstanbul'un işlerine karışma!"

Gelin görün ki, Çetiner bir süre sonra da polis okuluna atandı. Yani sürülmelerle yıldırma politikası devam ediyordu.

Ve sonunda beklenen oldu; Emniyet Müdürü Çetiner, FETÖ iltisaklı olduğu iddiasıyla açığa alındı! Sarallar Grubu ile ilgili bir rapor hazırlamak, bir emniyet müdürünün başına böyle bir bela açmıştı.

Ne garip ki, Bakan Soylu FETÖ'den açığa almasının hemen ertesi gününde Çetiner'i makamına çağırdı.

Öyle bir gergin buluşma oldu ki o...

Süleyman Soylu ardı ardına sorularıyla hesap soruyordu. Onlardan biri de "Sezgin Baran Korkmaz ile neden görüştün" oldu.[1] Çetiner şaşkındı, şöyle bir yanıt verdi:

"Ben SBK'nın otelinde kalmadım, ondan para almadım. Sizin adamınız bana onu gönderdi, ben de bir plaka sorununu çözdüm. Talimatı sizlerden aldım."

---

1 Süleyman Soylu'nun 2017'de yürüttüğü seçim faaliyetleri sırasında Sezgin Baran Korkmaz'ın uçağını kullandığı ortaya çıktı. Bu uçuşun yaklaşık 166 bin TL tutarındaki kiralama bedeli Soylu'ya ait Engin Sigorta şirketi tarafından karşılandı. BBC Türkçe'ye açıklama yapan şirket ise uçağın masrafının şirket gideri olarak gösterilmediğini belirtti.

Bakan Soylu duyduğu yanıttan bozulmuştu; "yanlış anlaşılma olmuş" dedi. Ama hemen sonrasında ekledi: "Sen Bakırköy'de bana saygısızlık yaptın. O günden beri seni takip ediyorum."

Soylu, Sarallar meselesini kastediyordu.

Bir süre sessizlik oldu. Bakan Soylu, Murat Çetiner'in gözlerine bakarak şöyle dedi: "Bir ay konuşma. Seni tekrar göreve başlatacağım."

Ancak verilen bu söz tutulmadı. Emniyet Müdürü Murat Çetiner, 14 Şubat 2022'de polislikten ihraç edildi.

Çetiner, 2011'de HDP'li Sebahat Tuncel'den yediği tokatla da gündem olmuştu. Tuncel'den tazminat kazanan Çetiner, 11 yıl sonra, FETÖ'den ihraç haberiyle adını duyurdu.

İşin ilginci, Çetiner FETÖ Çatı Davası'nda müştekiler arasındaydı. Sonra kendisi de FETÖ'den atıldı.

Emniyet kaynaklarının anlattığına göre; Çetiner'in adı, Fethullahçıların tasfiye ettiği eski "emniyet imamı" Kemalettin Özdemir ile anılıyordu. Özdemir'in yıllar önce tasfiyesiyle Çetiner de FETÖ ile karşı karşıya gelmişti. Çetiner Soylu ile mücadeleye girmesinin ardından, örgütle ilişkilendirilerek polislikten atılmıştı.

Evet...

Organize suç örgütüne dair rapor hazırlamak, bir emniyet müdürünün başını böyle belalara sokmuştu. Devlette mafya değil, mafya ile mücadele cezalandırılıyordu. Öyle ki, o mafya grubundan "Mustafa Çalışkan'ı ve Murat Çetiner'i öldürürüz. PKK yaptı, deriz" tehditleri bile geliyordu.[2]

İngiliz rahip Charles Calep Colton'un o sözü düşüyordu akla: "Yozlaşma kartopuna benzer; yuvarlanmaya başladı mı çığ gibi büyür."

O büyük hikâye başlıyordu...

---

2 Gazeteci Tolga Şardan, 2022 yılında Sarallar'a operasyon yapan İstanbul Emniyet Müdürü ile İçişleri Bakanı arasındaki bir başka gerilimi ise şöyle aktardı:
"İddiaya göre; temmuzun son günlerindeki bu görüşmede Soylu, kentin genel güvenlik ve ihtiyaçlarıyla ilgili değerlendirmeler yaptı. Aynı görüşmede Soylu, İstanbul Emniyet Müdürü Zafer Aktaş'a yönelik olarak Sarallar Grubu operasyonuyla ilgili kendisine neden bilgi verilmediğini sordu. Soylu'nun eleştirisi üzerine Aktaş, 'size her söylediğimizde sızıntı oldu' yanıtını verdi. Görüşmenin gerçekleştiği oda bir anda buz kesti. Soylu, Aktaş'ın sözlerine 'sen ne demek istiyorsun?' diye çıkıştı. Ama Aktaş, daha fazla konuşmak yerine susmayı tercih etti. Yaşanan gerginlikle birlikte Soylu görüşmeyi sonlandırıp dışarı çıkarken Aktaş'la ilgili sert sözleri sarf etti."
Sarallar grubuna yönelik 169 sanıklı davanın Mart 2023'teki duruşmasında ise 21 sanığın tahliyelerine karar verildi.

2. BÖLÜM

FOTOĞRAFLARLA TECAVÜZ

"Onurla yürüttüğüm İçişleri Bakanlığı görevimden ayrılıyorum... Tüm dostlara, mesai arkadaşlarıma Allahaısmarladık... Allah milletimizi korusun..."

İçişleri Bakanı Süleyman Soylu, 13 Nisan 2020 akşamı paylaştığı istifa açıklamasını böyle bitiriyordu. Gerekçe, pandemi dönemindeki sokağa çıkma yasağıyla ilgili açıklamanın çok geç yapılması ve bundan dolayı yaşanan izdiham görüntüleriydi.

Soylu'nun bu istifa kararı Cumhurbaşkanı Erdoğan'dan döndü. Ancak o ana kadar sosyal medyada ciddi bir süreç yaşandı. Soylu'nun istifasına sessiz kalanlar kadar, karşı çıkanlar da vardı.

Ses verenlerden biri de iş insanı Sadullah Alagöz'dü. Alagöz o gece Twitter hesabından şu mesajı paylaştı:

"Terör örgütlerinin, vatan hainlerinin korkulu rüyası olmuş, vatana hizmet aşkıyla görev yapmış, ülkemizin, milletimizin huzuru için canını dişine takmış Bakanımız Sn. Süleyman Soylu, bu ülkenin senin gibi dürüst, çalışkan, korkusuz evlatlara ihtiyacı var. İstifanı kabul etmiyoruz."

Alagöz, Bakan Soylu ile farklı zamanlarda çektirdiği 4 ayrı fotoğrafını da mesajına eklemişti.

Diyeceksiniz ki, ne var bunda? Şu var:

Devlette gücü olan biriyle fotoğrafı olmak, AKP döneminde birçok kapıyı açan ya da imtiyazlı hale getiren anahtar rolünü üstlendi. Özellikle İçişleri Bakanı Süleyman Soylu bu konuda çok büyük bir fotoğraf albümüne sahipti. Suça bulaşmış birçok şüphelinin suçla mücadele etme görevi olan Bakan Soylu ile fotoğrafı çıktı.

Peki, bu bölümde adını verdiğimiz Sadullah Alagöz'ün ne önemi var?

Anlatalım ve devleti yönetenlerle fotoğrafı olmanın nelere yol açtığını çok ağır bir yaşanmışlıkla öğrenelim...

40 yaşında olan Alagöz, Ankara merkezli ALG Holding'in sahibiydi. Asıl uzmanlık alanı mobilyacılıktı. Ancak bazı kafelerde ortaklık da yapıyordu. Ünlü bir pastane ve kahveci markasının Ankara'daki şubelerinden bazıları onundu. Anadolu Kalkınma ve Proje Geliştirme Federasyonu'nun (ANKAF) genel başkanlığını yapan Alagöz'ün bir ayağı da siyasetteydi.

2015 seçimlerinde AKP'den Ankara milletvekili adayı oldu ancak seçilemedi. Yetmedi, 2019 yerel seçimlerinde de yine AKP'den Kahramankazan Belediye Başkanı olmak istedi, ancak aday gösterilmedi. Lakin, o AKP'nin AKP'liler de onun peşini hiç bırakmadı. Birçok organizasyona birbirlerini davet ettiler, buluştular, fotoğraf çektirdiler.

"Zaten külotu açacaksın, içindekini de göreceğim"

2022 yılının yaz ayları...

Bir anne ve 17 yaşındaki küçük kızı E.M.[3] yabancı bir ülkeden Türkiye'ye geldi. Ailenin büyük kızı Ankara'da üniversitede okuyor, onlar da Türkiye'de oturum izni alabilmek için ticaret yapmayı planlıyordu. Bunun için tam bir restorana ortak olmak üzereyken, Sadullah Alagöz'le tanıştılar. Alagöz, aileye kendisinin sahip olduğu Ankara Etimesgut'taki ALG Kafe'ye ortak olmalarını önerdi. Dediği oldu, noterde işlemler yapıldı ve bu ortaklığı kutlamak için bir yemekte buluşuldu. Restoranda Alagöz, anne ve iki kızı da vardı.

Gerisini 17 yaşındaki E.M.'den dinleyelim:

"Yemekte Sadullah Alagöz bana 'çok güzelsin, seni patron yapacağım, senden o enerjiyi alıyorum, patron kadınsın' şeklinde

3 Gerçek isim, kitabın yazarları tarafından değiştirilmiş ve kodlanmıştır.

sözler söyledi. Ben bunları iltifat diye düşündüm. Gece restorandan çıktıktan sonra ortak olduğumuz kafeyi açtırdı. Bize gösterdi. Ben kafeyi beğenmedim.

"Sabah kafeye gittim. Babam ticaretle uğraştığı için ben de ticaretten anlarım. Z raporunu aldım. İnceledim. Ciroların düşük olduğunu gördüm. Sadullah Alagöz'ü aradım. Bu durumu söyledim. Sadullah Alagöz bana 'Sana bu durumu ödetirim, nasıl gidersin, hangi cüretle gidersin, bu saygısızlık, çocuk oyuncağı değil. Ben çok güçlüyüm, siyasi olarak da güçlüyüm, yarın bir gün başkan olacağım' tarzında sözler söyledi, bağırdı. Daha sonra telefonu kapattı."

Tarih 21 Ekim 2022'di.

Sadullah Alagöz E.M.'nin ablasıyla mesajlaştı ve kardeşini ona şikâyet etti. Alagöz öyle sert yaklaşmıştı ki, abla mahcup olmuştu. Bir süre sonra, kardeşi adına "Seninle konuşmak istiyor, ne zaman müsaitsen veya yanına da gelebilir; özür dileyecek" dedi.

Alagöz de bunun üzerine "Sinpaş Altınoran" adıyla bilinen sitenin içinde yer alan ve sahibi olduğu pastanede buluşmak için randevu verdi.

Abla akşam saat 20.18'de Alagöz'e mesaj attı: "E.M. çıktı, geliyor yanına. Ama çok üzgün ve pişman. Özrünü kabul et olur mu? Hatası çocukluğundan..." Alagöz ise "Sen merak etme" mesajı ve bir nazar boncuğu sembolü ile yanıt verdi.

E.M. buluşmanın olacağı pastaneye varmıştı. Sonrasını şöyle anlatacaktı:

"Yukarı ofis kısmına çıktım. Sadullah Alagöz oturuyordu. Daha sonra aynı kadın geldi, bir şey içer misiniz, diyerek sordu, çıktı. Sadullah Alagöz bana Z raporu aldığım kafedeki görüntümü gösterdi. 'Sen artist misin, biliyor musun ben kimim' dedi. Telefonundan Instagram'ını açtı, siyasilerle olan fotoğraflarını gösterdi. Bana 'ben başkan olacağım, polis başkanlarıyla aram iyi, polislerle aram iyi' dedi. Çok korktum, özür diledim.

"Sadullah bana 'Sen düşün, biz sevgiliyiz, sevişeceğiz, sen beni evine davet ediyorsun. Odaya geçeceğiz ama sen odaya erken geçiyorsun, heyecanı kaçıyor, Z raporu da alman bunun gibi' dedi. Yine bana 'Sen benim vücudumu göreceksin, ben de senin vücudunu göreceğim, yemek yedikten sonra zaten soyunacağız. Sen hemen soyunuyorsun, heyecanını kaçırıyorsun.

Z raporu alman bunun gibi' dedi. Yine bana 'beni odana davet etmiyorsun, ben gidip çekmeceyi açıp külota bakıyorum. Zaten külotu açacaksın, içindekini de göreceğim, heyecanı kaçıyor. Z raporu alman bunun gibi' şeklinde sözler söyledi. Bunları söylerken ben sadece susuyordum."

"Ben ağlıyordum, bağıramıyordum"

Evet, Sadullah Alagöz genç kıza ardı ardına cinsellik içeren sözler söylüyordu. E.M. o akşamı gözünün önüne getiriyor, anbean aktarmaya devam ediyordu:

"Bana 'Neden bunu yaptın, yapmayacaktın. Ben güçlüyüm, bu güce dahil olmak istersen seni zengin, prestijli yaparım, tatile gönderirim' dedi. Sonra 'oda sıcak, istersen hırkanı çıkar' dedi. Ben 'hayır' dedim. Bana 'sırlara önem veririm, ben hiç içmedim, eğer bir gün içersem güveneceğim kadının yanında içerim, yoksa videomu çekerler, benimle alay ederler' dedi. Bu esnada masanın diğer tarafında oturuyordu. Daha sonra gelip karşıma oturdu. Yemek söyledi. Aşağıdan yemek getirdiler. Yemeği getiren kişiye 'herkes çıkabilir' dedi."

O sırada ablası da merak edip, kardeşini arıyordu. Alagöz bunun üzerine E.M. ile bir fotoğrafını "sorun yok" diyerek ablaya gönderdi. "Çok şükür" yanıtını aldı.

Ancak o sırada Alagöz E.M.'nin vücudunu övüyor, "sırlarını korumasını" tavsiye ediyordu.

Sahi, neydi o sırlar? Birazdan yanıt bulacaktı...

E.M. o anları anlatmaya devam ediyordu:

"Ben eve gitmek istedim. Beni affettiyseniz kalkıp gidiyorum, dedim. Ayağa kalktım. Sadullah kalktı, kapıyı kilitledi. Bana 'güzel dille söyledim, anlamadın galiba, yerinde otur, daha kötü şeyler olur' dedi. Tekrar oturdum. Yanıma geldi. Beni kaldırdı. Kendine doğru koltuğa çekti. Öpmeye başladı. Geç saatti. Herkesi göndermişti. Kapı kilitliydi, anahtar üzerindeydi. Ben ona engel olmaya çalıştım ancak gücüm yetmedi. Benden güçlüydü. Bir eliyle ağzıma bastırdı, elbiselerimi çıkarmaya çalıştı..."

Burada kesiyoruz. Sadullah Alagöz 17 yaşındaki E.M.'ye tecavüz etmişti. Genç kız "Ben ağlıyordum. Bağıramıyordum. Bağırınca da aşağıda kimse yoktu. Kimse duymuyordu" diye anlatıyordu o anlarda yaşadığı şoku.

Alagöz ise tecavüz sırasında "Ben güçlü bir insanım, bana bunu yapamazsın. Seni gebertirim, aileni gebertirim" diye konuşmaya devam diyordu.

Sadullah Alagöz'ün odasındaki son dakikaları ise E.M. şöyle aktarıyordu:

"Benim pantolonuma sürtünerek boşaldı. Sonra kalktı, ben ağlıyordum. Cinsel organını peçete ile sildi. Etrafı da sildi. Ben kapıya doğru gittim. Ablam beni arıyordu. Telefonu açtım. Şokta olduğum için bir şey söyleyemedim. Sadullah, ablama benim için 'ben bırakırım' dedi. Bana 'annene asla söyleme, söylersen başın yanar, ailene çok kötü olur' dedi. Sonra arabaya bindik."

Saat sabaha karşı 2'ye geliyordu... Sadullah Alagöz tacizlerine arabada da devam ediyordu. E.M.'den dinleyelim:

"Arabada bana 'bu enerjiyi aldığım gün, o bakışlarında hissettiğim zaman, uygun yerde ve zamanında yaparım' dedi. Ayrıca araçta bana yaşımı sordu. 17 olduğunu söyledim. Bana evli olduğunu, kızından 3 yaş küçük olduğumu, karısı ile hiç ilişkisi olmadığını, asker arkadaşı gibi olduklarını, çocuklarının annesi olduğunu, başka biri olduğunu, ona ev açtığını, her gün onunla birlikte olduğunu söylüyordu.

"Bu esnada ben psikoloğumla WhatsApp'tan yazışıyordum. Benim kafamı çevirdi, 'kiminle yazışıyorsun' dedi. 'Yarın öbür gün ortaya çıksa, kimse inanmaz' dedi. Sonra Sonsuz diye bir kadını aradı. 'Hatunum' diye hitap etti. Bana 'sen de selam ver' dedi. Ben de selam verdim.

"Araçta da bacağıma dokunması oldu. Evimizin yakınındaki ışıklarda da bana 'beni öp' dedi. Ellerimden tuttu, ben yanaklarından öptüm. 'Niye dudaktan öpmedin' dedi."

E.M. evine vardığında üzerindeki şoku halen atlatamamıştı, telaşlıydı. Hemen duşa girdi. Ancak elbiselerini bir kenara sakladı. Ablası ve annesi ise merak içindeydi. Onlara "özür diledim" dedi. Ve uyudu...

Alagöz: Bu bir iftira

Genç kız, aradan birkaç gün geçtikten sonra ablasına ve annesine yaşadıklarını anlattı. Aile yaşadıkları üzüntünün yanı sıra korkuyordu. Abla ilk baştaki hislerini şöyle anlatacaktı:

"Babamız ve amcalarımız bu durumu öğrenirse namus için E.M.'yi öldürme ihtimalini düşündüğümüz için sustuk. Şahsın devlet büyükleri ile olan resimlerini göstererek yapmış olduğu tehditlerden korktuk ve bu şahıs ile baş edemeyeceğimizi düşündük. Yabancı olduğumuzdan kaynaklı olarak bizi sınır dışı ettireceğini düşünerek sustuk. E.M.'ye, yabancı ve çocuk olduğu için kimsenin inanmayacağını söylemiş."

Ancak...

Yaşananları duyan bir aile dostlarının ısrarıyla, E.M. Sadullah Alagöz'den şikâyetçi olmaya karar verdi. Aile de onun yanında mücadele edecekti...

Tecavüzün yaşandığı günden 11 gün sonra...

Tarih: 1 Kasım 2022.

Ankara Cumhuriyet Savcısı Mahmut Nedim Başarangil E.M.'nin ifadesini aldı. Çocuk İzlem Merkezi'nde alınan ifade sırasında Aile ve Sosyal Hizmetler İl Müdürlüğü'nden bir temsilci de hazır bulundu. İşte bu bölümde okuduğunuz anlatımlar da o süreçten itibaren alınan resmi ifadelerden kesitlerdi.

E.M. yaşı küçük olduğu için artık Aile ve Sosyal Hizmetler Bakanlığı'na bağlı bir yurtta koruma altında yaşayabilirdi. Ancak hem kendisi hem de ailesi bunu istemedi. Nihayetinde, hazırlanan sosyal inceleme raporuyla, E.M.'nin ailesine teslim edilmesinin onun yararına olacağına kanaat getirildi.

Mağdur E.M.'nin dosyası artık hem yargıda hem de Aile ve Sosyal Hizmetler Bakanlığı'ndaydı.

Tecavüz şüphelisi Sadullah Alagöz, 24 Kasım'da Ankara Cumhuriyet Savcısı İrfan Nuri Akdeniz'in davetiyle ifade vermeye gitti. Ertesi gün de yazılı ifadesini avukatı Muhammed Emre Hamidi aracılığıyla savcılığa sundu.[4]

Peki, tüm bu suçlamalara Sadullah Alagöz'ün yanıtı neydi?

Alagöz savcılığa sunduğu 5 sayfalık ifadesinde ilk olarak, E.M. ve ailesiyle nasıl tanıştığını anlatıyordu. Ancak ifadenin 2. sayfasında karşı bir suçlamada bulunuyordu. Alagöz'ün iddiasına göre, E.M.'nin ablası kendisini cinsel birlikteliğe zorlamıştı! Dahası, ileri sürülen o ilişkiden kalan spermlerine dair şu cümle yazılmıştı:

---

4 Genç Avukat Hamidi'nin sosyal medyadaki profilinde Cumhurbaşkanı Erdoğan ile fotoğrafının bulunması tesadüf değildi. Zira Sadullah Alagöz'ün avukatı, eski AKP Milletvekili Ataullah Hamidi'nin yakınıydı.

"Müvekkil içinde sperm olan selpak poşetinin akıbetini bilmemekle birlikte, aleyhinde kullanılabileceği düşüncesindedir."

Alagöz E.M.'ye tecavüz ettiği suçlamasına dair ise şunları söyledi:

"Müşteki E.M. müvekkilin bulunduğu makamında olduğu süre boyunca, müvekkil personelleri 14 sefer odaya girip çay, kahve, pizza, kola gibi servislerin yapıldığı kamera kayıtlarında mevcuttur. Müvekkil ve müşteki E.M.'nin bulunduğu mekânın makam odası alçıpan ile bölünerek oluşturulmuş bir odadır. Dolayısıyla içeride gerçekleşen konuşmalar rahatlıkla duyulmaktadır. Müştekinin, müvekkilin zamanını çalarak uzun uzun sohbet etmeye çalışması müvekkili rahatsız etmiş ve müvekkil personeline seslenerek saat 00.40'ta mekânı kapatmak için talimat vermiştir. Müvekkil geniş zaman aralıklı kamera kayıtlarına bakıldığında anlaşılacağı üzere, sahibi olduğu mekândan çıkmadan personel çıkış yapmamaktadır. Müşteki, müvekkilin bulunduğu mekâna geldiği gün bu şekilde olacaktır. Kamera kayıtlarından görüleceği üzere, ışıkların sönmesi ile elemanların gittiği düşünülerek müşteki E.M. tarafından söz konusu iftirayı müvekkile yöneltmiştir. Belirtilen cevapların yanı sıra müvekkil ve müşteki E.M.'nin görüştüğü günün çıkışında mekânın müdürü Aslı, çıkış yapılan süre boyunca genel müdür ile mesaj ve telefon arama yoluyla iletişim halindedir."

Sözün özünde...

Sadullah Alagöz, o gün o pastanede müdür Aslı'nın da olduğunu, bir tecavüz olsa duyulacağını iddia ediyordu. E.M.'nin ifadesinde tecavüz sırasında ağzının kapatıldığını ve "Ben ağlıyordum. Bağıramıyordum. Bağırınca da aşağıda kimse yoktu. Kimse duymuyordu" dediğini hatırlatıp, soruşturma dosyasındaki bir başka noktayı ortaya koyalım.

Alagöz ifadesinde "saat 00.40'ta mekânı kapatmak için talimat verdim" diyordu. Halbuki WhatsApp yazışmalarına göre, pastanede bekleyen müdür Aslı saat 00.37'de dışarıdaki amiriyle şöyle konuşuyordu:

- Başkanı bekleyim mi? Çok uykum geldi...

- Bekle kızım. (...) Kimse yok senden başka.

- Her yeri kapattım.

Evet... Müdür Aslı çok uykusu geldiğini söylüyordu. Yaklaşık yarım saat boyunca dışarıdaki amirine hiç yeni bir şey yazmadı. 01.04'te yine bir mesajlaşma oldu:

- *Çok uykum geldi.*

- *Hadi uyu. Allah rahatlık versin.*

- *Görüşürüz. Başkan kitler, gider. Kapat, dedi zaten.*

- *Tamam kızım.*

Evet, Alagöz'ün kendisine tanık olarak gösterdiği müdür Aslı'nın o geceki hali buydu. Keza, yukarıdaki satırlar yazıldığında, 17 yaşındaki E.M. halen Sadullah Alagöz'ün makam odasındaydı.

Alagöz'ün savcılığa verdiği ifadeden devam edelim:

"Müvekkil ve müşteki bulundukları mekândan çıkış yaptığı saatte kamera kayıtları incelenecek olursa, müvekkilin kıyafetlerinin tertipli olduğu, herhangi bir bozulmanın olmadığı, aynı şekilde müşteki E.M.'nin tavrında ve davranışlarında yahut yüz mimiklerinde herhangi bir tedirginlik olmadığı anlaşılmaktadır. Kamera kayıtlarından da görüleceği üzere, müvekkil ve müşteki vedalaşarak, müvekkil sağ müştekinin sol tarafa gittiği, yaklaşık 20 adım sonra müştekinin seslenerek 'beni bırakir mısın' demesi üzerine, müvekkil ayrıldıkları saatte bir kadının tek başına evine gitmesinin sorun olabileceğini düşünerek kabul etmiştir. Müvekkil suçlamalarda belirtildiği şekilde müştekinin bir eli ile ağzını diğer eli ile müştekinin ellerini tuttuğu, müvekkil üzerine atılmış iftiradır. Tüm deliller, kamera kayıtları, mesajlar, şahitler, tanıklar, iftiranın asılsız olduğunu kanıtlar niteliktedir."

Adli Tıp'ın kritik tespiti

Tecavüz şüphelisi Sadullah Alagöz'ün savcılık ifadesinde şu da dikkat çekiyordu:

"Yarattıkları hayali ve iftiralardan ibaret bu şikâyetlerin hiçbir kelimesi doğru olmayıp, hiçbir resmi ve gayriresmi belge ve delile dayanmamaktadır."

Ancak Alagöz'ün bilmediği bir belge vardı: Adli Tıp Kurumu'nun 1 Aralık 2022 tarihli raporu!

Dedik ya, mağdur E.M. elbiselerini olay sonrası saklamıştı. İşte Adli Tıp bu sayede olay gününe ait elbiselerde inceleme yapabildi. Ve E.M.'nin pantolonunun üzerindeki bir lekeye dair şu bulgu rapora geçti:

"Pantolon üzerinde tespit ettiğimiz lekeden (leke 1) hazırlanan preparatın mikroskobik incelemesinde SPERM HÜCRESİ GÖRÜLMEDİ. Ancak menide ve idrarda bulunan PROSTAT SPESİFİK ANTİJEN (PSA) tespit edildi."

Bu ne demekti?

Özetle, PSA erkeklerin dışarı boşaltılan sperm salgılarının sıvılaşmasını sağlayan enzimdi. Cinsel saldırı olaylarının açığa çıkmasında ise hayati derecede bir kanıttı.

Yani...

Yanisi şu: Alagöz'ün "hiçbir belgesi yok ki" diye savunma yapması boşa düşüyordu. Adli Tıp raporu tecavüz suçlamasını doğrulamaya yönelik önemli bir delildi.

Geçmişte de tecavüzle suçlandı

Bir virgül koyalım...

Ve yaptığımız araştırma sonucu elde ettiğimiz çarpıcı bir bilgiyi de yazalım. Adliye kaynaklarından öğrendik ki, bugüne kadar Sadullah Alagöz'ün adının karıştığı 10'dan fazla soruşturma vardı.

Dahası...

Onlardan biri de 2 Ekim 2018'de yaşandığı iddia edilen bir başka "nitelikli cinsel saldırı" soruşturmasıydı. Yurtdışında yaşayan T.D.Ç. adlı bir kadın savcılığa verdiği ifadesinde, Sadullah Alagöz'ün bir araç içerisinde kendisine tecavüz ettiğini ileri sürüyordu. Hatta mağdur kadının şu cümleleri tutanağa geçecekti:

"Olay anında şüpheliyi uzaklaştırmak için kuvvet uygulasam da benden güçlü olduğu için direnemedim. Ağzımı kapattığı için sesimi duyuramadım. Araç kapıları kilitliydi. Araçtan inmek istediğimde 'Sen artık benimsin, ben ne dersem onu yapacaksın, bana hesap soramazsın' tarzında tehditkâr kelimeler kullandığı için korktum."

Ne kadar tanıdık değil mi?

Bitmedi. Alagöz de yine "ben kabul etmedim ama o zorladı" diye savunma yapacaktı.

Savcılık ise itirazlara rağmen "delil olmadığı" gerekçesiyle dosyayı kapattı, Alagöz için dava açmadı.

Şimdi...

Yazmasak olmaz. Sayfalardır okuduğunuz bu soruşturmanın resmi belgeleri, bize devletteki vicdanlı insanlardan geldi. Çünkü bu dosyanın da kapatılacağından endişe duyuyorlardı.

Haksız da sayılmazlardı. Zira, bu satırların yazıldığı ana kadar Sadullah Alagöz hakkında henüz bir dava açılmadı. Aylar geçmesine ve tüm delillerin toplanmasına rağmen savcılığın neyi beklediği meçhuldü.

Mağduru koruyacak Bakan tecavüz şüphelisiyle buluştu

Ve başa dönelim...

Hani, Alagöz olay günü E.M.'yi Instagram hesabındaki siyasetçiler ve polis müdürleriyle olan fotoğraflarıyla korkutmuştu ya...

Alagöz'ün İçişleri Bakanı Soylu ile 4 ayrı fotoğrafı da işte böylesi bir tecavüz vakasında, mağdura "sus" aracıydı. Sadece Soylu mu? Değil!

Biz de baktık Alagöz'ün Instagram hesabına ve çok skandal bir kareyle karşılaştık.

Tarih: 2 Şubat 2023.

Yer: Aile ve Sosyal Hizmetler Bakanlığı.

Sadullah Alagöz, Bakan Derya Yanık ile fotoğrafını sosyal medya hesabına şu notla koymuştu:

"Türkiye Cumhuriyeti Aile, Çalışma ve Sosyal Hizmetler Bakanı Sn. Derya Yanık hanımı makamında ziyaret ettim. Hoş sohbeti ve misafirperverliği için teşekkür ediyorum."

Rezaleti görüyor musunuz?

Tecavüz mağduru olan bir çocuğu korumakla görevli olan bir bakan, o çocuğa tecavüz etmekle soruşturulan kişiyle buluşuyordu. Yetmiyor, hoş sohbet ediyor ve misafirperver davranıyor. Yetmiyor, bir de fotoğraf çekiliyorlardı. Tecavüz şüphelisi de bu fotoğrafı sosyal medya hesabına koyuyordu.

Bu bir skandaldı. Düşünsenize, Aile Bakanlığı, olası bir davada mağdur E.M. adına davaya müdahil olacaktı. Gelgelelim, tecavüz şüphelisi ile Aile Bakanı omuz omuza fotoğraf veriyordu. "Bilmiyor" demeyin. E.M.'nin tecavüz dosyası Aile Bakanlığı'na da gönderildi. Bakanlık dosya üzerine çalıştı.

Üstelik, Sadullah Alagöz'ün Aile Bakanı ile başka ne işi olabilirdi!

Bu skandal kare için Bakan Derya Yanık'a da ulaşmak istedik. Basın Müşaviri aracılığıyla, yapılan bu görüşmenin amacını sorduk. Bakan Yanık müşaviri aracılığıyla bize verdiği yanıtta şunu söylemekle yetindi: "O kişiyi tanımıyorum. Bir heyetle birlikte geldi."

Peki, kim vardı o heyette?

Bir süre sonra şu yanıt geldi: "Görüşme randevusunu Ömer Azküçük adlı kişi almış."

Sahi, Ömer Azküçük kim?

Bir açık kaynak taramasında şunu görüyoruz...

Tarih: 30 Ocak 2023.

Sadullah Alagöz'ün genel başkanı olduğu ANKAF adlı federasyon Ankara İl Sağlık Müdürlüğü'nü ziyaret etmiş. İşte orada ANKAF'a refakat edenler arasında bir hâkim de var: Ömer Azküçük!

O hâkim Azküçük ki, adliyedeki odasında Süleyman Soylu'nun fotoğrafının olduğu konuşulur...

Dememiz o ki...

E.M.'nin teslim edildiği Aile Bakanı Derya Yanık'ın tecavüz şüphelisiyle buluşmasının randevusunu Ankara'da görevli bir hâkim almış!

Yani, neresinden tutsanız elinizde kalıyor.

Ve maalesef, Alagöz'ün korkutma ve imtiyaz amaçlı kullandığı anlaşılan fotoğraflarına baktıkça gözlerimiz büyüyor.

Mesela...

Tecavüz soruşturması yürütülürken ve dahası henüz ifadesi bile alınmamışken kim tarafından ağırlanıyor dersiniz?

Ankara İl Emniyet Müdürü Servet Yılmaz!

Alagöz'ün 17 Kasım 2022'deki Instagram paylaşımından okuyoruz:

"Ankara İl Emniyet Müdürümüz Servet Yılmaz'a değerli hediyelerinden ve misafirperverliğinden dolayı şahsım ve yönetim kurulum adına teşekkür ediyorum."

Anlıyoruz ki, Ankara İl Emniyet Müdürü tıpkı amiri Süleyman Soylu gibi Alagöz'ü seviyordu. Öyle ya, yoksa neden "değerli hediyeler" versin kendisine!

Bakınız...

Alagöz'ün fotoğraf albümü o kadar geniş ki... Recep Tayyip Erdoğan'dan Mustafa Varank'a, Mehmet Muş'tan Hasan Doğan'a, Bülent Arınç'tan Melih Gökçek'e, bakan yardımcılarından emniyet müdürlerine...

Devleti yöneten kim varsa, neredeyse hepsiyle aynı karede buluşmuştu.

Hepsine "ağabey" diyor, kapılara kadar karşılanıyordu. Dosya ise tozlu raflarda beklemeye devam ediyordu.

Hani bazen bu fotoğraf nasıl çekilmiş olabilir, diye soruyoruz ya...

Asıl mesele neden çekildiği!

Fotoğraf bir ilişkinin kanıtı sadece. Kimi suçlular, koca bir ağacın gölgesine sığınır gibi korunmak için fotoğraf çektiriyorlar. E.M. gibi fotoğrafsız mağdurlar ise yalnızlığıyla hesaplaşmaya devam ediyor.

3. BÖLÜM

İMAMOĞLU – SOYLU GÖRÜŞMELERİNDE NELER YAŞANDI?

"Sen kime hava atıyorsun şu an? Aç hoparlörü de duysun herkes..."

Karşılıklı çok ağır ifadelerin kullanıldığı dakikalar tam da bu sözden sonra başladı. Ama öncesi vardı...

İstanbul Büyükşehir Belediyesi'ne (İBB) terör soruşturması başlatılınca, Başkan Ekrem İmamoğlu ile İçişleri Bakanı Süleyman Soylu arasındaki polemiğin dozu da arttı.

28 Aralık 2022 tarihinde kameralar karşısına geçen Soylu, İmamoğlu'na dair şu iddiada bulundu:

"CHP'de kaybettiği itibarı bizlere saldırarak, meseleleri demagojiyle anlatmaya çalışanlar boşuna çırpınış içindedir. Bu bahsedilen kişi, İmamoğlu saygılarını sunarak beni aramıştır. Bana, 'CHP Genel Merkezi beni sevmiyor, bana yardımcı olur musunuz' diye ricası olmuştur. Biz 'kanun ne gerektiriyorsa yaparız' dedik ve yaptık. İşine geldiğinde alttan almasını bileceksin, diğer taraftan dönüp hakaret edeceksin."[5]

İmamoğlu ise Soylu'nun bu iddiasına Twitter'dan yanıt verdi. Cumhurbaşkanı Erdoğan'ı da etiketleyen İBB Başkanı şöyle dedi:

"Bakan Soylu 'Saygılarımla' diyerek kendisini aradığımı ve yardım istediğimi söylemiş. Bu kuyruklu bir YALAN! İstihbarat sende, telefon takibi sende, tüm bilgilere erişme gücün var. Bunu ispat edersen ben, edemezsen sen istifa etmelisin. HODRİ MEYDAN."[6]

Soylu'nun, iddiasına ispat isteyen İmamoğlu'na yanıtı ise oldukça tartışma yarattı:

---

5 https://www.cumhuriyet.com.tr/turkiye/son-dakika-soyludan-imamoglu-iddiasi-beni-aradi-2016277

6 https://twitter.com/ekrem_imamoglu/status/1608085781205090312

"Defalarca arama yapıp şahsımla görüşme yaptığı, her şeyden önce Cenab-ı Hakk'ın kayıtlarında ve sonrasında beşer olarak bizlerin ve kendi zihninde mevcuttur."

Konu o kadar büyüdü ki...

Süleyman Soylu, Ekrem İmamoğlu ile yaptığını iddia ettiği görüşmelere dair sayı da verdi:

"Bugüne kadar 40 arama gerçekleştirilmiş. Bir kişinin niye yalancı olduğunu söylemek için ifade ediyorum. 20 tanesinde karşılıklı görüşme yapılmış. Bütün arama kayıtları var, hangisi cevapsız, hangisi cevaplı. Bunun 29 keresini karşı taraf aramış, 11'inde de ben geri dönmüşüm. 20 tanesinde görüşülmüş. Bunun 3 tanesi de insani, taziye telefonu. O da bir tanesi yarıda kesildiği için, herhalde tekrar görüşme olmuş. Bunlar olabilir mi? Olabilir. Niye yalan söyleme gereği duyuyorsunuz?"[7]

Gözden kaçmasın...

Kendisi mi kaydetti aramaları, bilmiyoruz. Lakin "HTS kaydı" diye bilinen iletişim bilgilerine ulaşmak ancak mahkeme kararıyla mümkün. Hal böyleyken, İçişleri Bakanı'nın bu ayrıntılı sayıları hangi veriye dayanarak söylediği şüpheli.

İki isim neler konuştu?

Peki, İmamoğlu hiç görüşmedi mi Soylu ile?

Görüştü. İmamoğlu'nun danışmanı Murat Ongun'a sorduk... Zira İmamoğlu, Soylu gibi önemli isimlerle görüşmesi durumunda Ongun'a da "hafızanda kalsın" diye mesaj atar ve onu bilgilendirirdi.

Ve o da hatırladığı görüşmeleri olay olay bize anlattı.

İlk temas 26 Eylül 2019'da yaşanan 5.8 büyüklüğündeki deprem sonrasında gerçekleşti. Silivri açıklarında yaşanan deprem sonrası İBB Başkanı ile İçişleri Bakanı arasında bir telefon trafiği yaşandı.

Ne zaman ki pandemi başladı...

İBB tarafından "Birlikte Başaracağız" adlı bir bağış kampanyası yürütüldü. Amaç İstanbul'da yaşayan ihtiyaç sahibi insanlara yardım etmekti. Gelin görün ki, 6 farklı bankada toplanan yardım paralarının bulunduğu hesaplar İçişleri Bakanlığı

7 https://www.ntv.com.tr/turkiye/soylu-imamoglu-arama-polemigi29-kez-o-beni-telefonla-aradi-11-kez-ben-onu-aradim,9Ri2kmAJc0-bGWt45ocEkg

tarafından donduruldu. İki yıl bloke halde bulunan 6 milyon 212 bin 515 TL'lik yardım parası daha sonra İstanbul Defterdarlığı'nın kasasına aktarıldı.

İşte İçişleri Bakanlığı'nın o yardım kampanyasını durdurması sürecinde, Bakan Soylu ile Başkan İmamoğlu arasında bir telefon görüşmesi daha oldu. İmamoğlu aradığı Soylu'ya özetle "Sayın Bakan fakir fukaranın paralarına neden dokunuyorsunuz" dedi.

2020 yılının mart ayı...

Yani yine pandeminin en yoğun zamanları...

İçişleri Bakanlığı'nın salgınla mücadele kapsamında aldığı kararla, toplu taşıma araçlarına taşıma kapasitesinin yüzde 50'si oranında yolcu kabul edilecekti.

İBB Sözcüsü Murat Ongun da bu oranın otobüslerde yoğunluk yaratacağını göstermek için bir video çekti. Özetle, 50 kişilik İBB personeliyle birlikte otobüse binerek, İçişleri Bakanlığı'nın genelgesine göre oluşan tehlikeli manzarayı ortaya koydu.

İşte o videonun yayımlandığı gece yarısı 00.10 gibi Ekrem İmamoğlu'nun telefonu çaldı. Arayan İçişleri Bakanı Soylu çok öfkeliydi. İBB Başkanı'na "Elemanına haddini bildireceğim. O Murat Ongun'un hakkından geleceğim" dedi. İmamoğlu'nun yanıtı ise "Bir yanlış varsa, kendi personelimin haddini ben bildiririm. Sıkıntınız ne, onu söyleyin" oldu.

İBB cephesinin iddiasına göre, Soylu ve İmamoğlu arasındaki sonraki iletişim yüz yüze oldu. Uzun süre tartışılan Adalar'daki faytonlar sonunda yasaklanmış ancak başka bir kriz doğmuştu. İBB tarafından yurtdışından getirtilen 60 elektrikli araca, Adalar Kaymakamlığı bir türlü ruhsat vermiyordu.

İşte tam o günlerde...

Soylu 19 Temmuz 2020'de İmamoğlu'nu aradı ve Ankara'ya davet etti. Bunun üzerine, o sırada Bodrum'da olan İmamoğlu hemen başkente gitti. Saat 15'te başlayan görüşme yaklaşık 3 saat sürdü.

O kritik buluşmada İmamoğlu'na göre bir mizansen de yaşandı.

Zira...

Birden Bakan Soylu'nun telefonu çaldı. Soylu da arkasında asılı olan Erdoğan fotoğrafını işaret parmağıyla göstererek "yukarısı arıyor" dedi. Ardından telefonunu aldı ve odadan dışarı çıktı.

Döndüğünde ise Bakan'ın ağzından "müsaade çıktı" sözü döküldü. İmamoğlu garipsedi ama yine de "teşekkür ederiz" dedi. Soylu ise yine Erdoğan'ın portresini göstererek "ona teşekkür edin" yanıtını verdi.

Küfürleşmeye varan tartışma

Ve iddia edilen son telefon görüşmesi...

Tarih: 11 Haziran 2021.

Ekrem İmamoğlu, Kocaeli Vali Yardımcısı Suat Yıldız'ı İBB ekibine katmak istiyordu. Yıldız İSKİ'ye genel müdür yardımcısı olacaktı ancak İçişleri Bakanlığı bu geçişi bir türlü onaylamıyordu.

Sonunda İmamoğlu Bakan Soylu'yu arayıp, çözüm bulmak istedi. Bakan'a "Destek olmanızı istiyoruz" dedi. Soylu'nun yanıtı ise "Hem bakanlara hakaret ediyorsun hem de destek istiyorsun" olacaktı.

İşte o an sanki Karadenizlilik devreye girdi. İmamoğlu "Sen kime hava atıyorsun şu an? Aç hoparlörü de duysun herkes..." dedi Soylu'ya.

Ve çok sert, zaman zaman küfürleşmelere yakın bir diyalog geçti iki isim arasında.

Kuşku yok ki, eksikler de vardır bu listede...

Gerçek görüşme sayısı kaç, devletin gizli olması gereken kayıtlarında saklıdır.

Lakin bilinen şu ki; İmamoğlu cephesi "CHP Genel Merkezi beni sevmiyor, bana yardımcı olur musunuz?" diye ricacı oldukları iddiasını kesin olarak reddediyor.

MOBESE kamerasının numarası tespit edildi

İktidarın İBB ve yöneticileriyle mücadelesi öyle bir noktaya geldi ki...

Mahrem bilgilerin kamuoyuyla paylaşılmasına kadar vardı mesele.

Hatırlayan vardır, 24 Ocak 2022'de İstanbul'da yoğun bir kar yağışı yaşandı. İşte o anlarda AKP'nin medya ayağında da ciddi bir operasyon süreci başlatıldı. Önce İBB Başkanı Ekrem İmamoğlu'nun İngiltere'nin Ankara Büyükelçisi Dominick

Chilcott ile kar yağışı sırasında yemek yediği bilgisi sızdırıldı.[8] Doğruydu, gün boyunca İBB Afet Koordinasyon Merkezi'nde olan İmamoğlu, ardından İstanbul'da planlanmış bu resmi yemeğe katılmıştı.

Lakin, bu bilgi nereden biliniyordu? Dahası, yemeğin olduğu mekânın bulunduğu sokağa araçların giriş ve çıkış anlarına ait görüntüler nasıl oluyordu da sosyal medyada yayımlanabiliyordu? Eski adıyla MOBESE yeni adıyla Kent Güvenlik Yönetim Sistemi (KGYS) görüntüleri AKP'li "gazetecilerin" eline nasıl geçmişti? Bu yöntemler Fethullahçılar döneminde bırakılmamış mıydı? Bırakılmamıştı.

İBB cephesi de bu skandalın peşini bırakmadı. İsmail Küçükkaya'nın sunduğu "Çalar Saat" adlı programda konuya dair açıklama yapan İmamoğlu, Bakan Soylu'ya şöyle seslendi: "Sayın Bakan, sen MOBESE kamerası için mi İstanbul'a geldin? İstanbul'a gelip MOBESE'de kestirilen kayıt ve bu süreci yönetmek için mi İstanbul'a geldin?"

Süleyman Soylu'nun İmamoğlu'nun sorularına yanıtı ise tek cümleydi: "Dedikodu değil, iyiliğin zamanı."

İBB'nin avukatları meseleyi hukuk alanına da taşıdı. İstanbul Valiliği'nden İstanbul Emniyet Müdürlüğü'ne, Kişisel Verileri Koruma Kurulu'ndan İstanbul Cumhuriyet Başsavcılığı'na kadar birçok yere dilekçe yazıldı, suç duyurusunda bulunuldu.

Hatta ve hatta, sızdırılan görüntüleri çeken MOBESE kamerasının numarası bile İBB tarafından tespit edildi, yargının masasına konuldu: 027-G-34SRY-0!

Sonuç: Ya yanıt verilmedi ya da dava açılması talebi reddedildi. İBB ise tüm başvuru yolları tükenince süreci Anayasa Mahkemesi'ne ve Avrupa İnsan Hakları Mahkemesi'ne taşımayı planlıyor.

"Memlekete hoş geldin" tezgâhı

Sadece İmamoğlu değil, onun yakın çalışma arkadaşları da hedefteydi.

Örneğin...

---

8 https://www.ahaber.com.tr/gundem/2022/01/25/chplilerin-yalanladigi-skandali-balikci-kahraman-tasdikledi-imamoglu-ingilterenin-ankara-buyukelcisi-chilcottu-agirladi

İBB'nin yoğun karla mücadelede yeterli olmadığını savunan AKP medyası, İBB Sözcüsü Murat Ongun'un da o sıralarda İsviçre'nin Cenevre kentindeki bir kayak merkezinde tatilde olduğunu ileri sürdü. Edindiğimiz bilgiye göre ise Cenevre'de değil, Fransa'nın Bourg-Saint-Maurice adlı beldesindeydi.

Ongun, Haber Global'de Buket Aydın'ın programında "Kar yağarken neden tatilini iptal etmedi?" eleştirilerine şöyle yanıt verecekti: "Ucuz olsun diye 7-8 ay öncesinden rezervasyon yaptırmıştım. Nereden bilebilirim İstanbul'a kar yağacağını. Eşim ve iki çocuğumla gittim." Kuşku yok ki, eleştirilebilir bu durum.

Ancak burada tartışılması gereken önemli noktalardan biri de şuydu: Birinin hangi ülkeye uçtuğu bilgisi nasıl oluyordu da medyaya sızdırılıyordu?

Murat Ongun, bu skandaldan Türk Hava Yolları'nın Basın Müşaviri Yahya Üstün'ü sorumlu tutuyordu. Zaten Üstün hakkında suç duyurusunda bulunduğunu da açıkladı.

Açıklamadığı ise 28 Ocak 2022'de Yahya Üstün'le telefon mesajı üzerinden yaptığı tartışmaydı. Ongun Üstün'e mesaj yoluyla "bunun unutmam, haberin olsun" dedi.

İşin bilinmeyen çok daha çarpıcı bir tarafı daha vardı. Murat Ongun İstanbul'a Fransa üzerinden gelecekti. Geliş günü ve saati, yine iktidar tarafından biliniyordu. Bilindiği için de bir tezgâh hazırlığı yapıldı.

Lakin, Ongun da Türkiye'ye dönünce neler yaşayacağının haberini almıştı. İstanbul Havalimanı'na televizyon kameraları gönderilecek, bazı seçilmiş insanlar Ongun'a sataşacak ve hatta...

Tam havalimanından çıkacakken İBB Sözcüsü'nün eline, üzerinde "Memlekete hoş geldin" yazılı bir çiçek tutuşturulacaktı.

İBB cephesi, bu organizasyonun perde arkasında Süleyman Soylu'nun parmağı olduğunu düşünüyordu.

"Ankara'ya in" tavsiyesine rağmen, Murat Ongun İstanbul'a inme kararı aldı. Ana çıkış yerine, ailesiyle birlikte özel uçakların kullanıldığı Genel Havacılık Terminali'nden çıkması sağlandı. Böylece, hazırlanan tertip gerçekleşmedi. İddia o ki, o günden sonra İçişleri Bakanı Soylu'nun baskısıyla Genel Havacılık Terminali'nden aile geçişlerinde daha sıkı kurallar getirildi.

İBB'deki güvenlik korkusu

Bir çarpıcı detayla daha sonlandıralım bu bölümü...

13 Kasım 2022'de İstanbul Taksim'de bir terör saldırısı yaşandı. 6 kişi hayatını kaybetti, 81 kişi yaralandı. Bombalı saldırıyı Suriye uyruklu Ahlam Albashir'ın gerçekleştirdiği tespit edildi.

Bunları biliyorsunuz...

Hemen sonrasına dair bilmediğiniz ise şu: Saldırı sonrası İstiklal Caddesi'ne gidenlerden biri de İBB Başkanı Ekrem İmamoğlu'ydu. Lakin, olay yerine bir türlü alınmadı. Öyle ki, polisler önünde siper oldu, bariyerler çekildi.

İddia o ki, talimat İstanbul Emniyet Müdürlüğü'nden verilmişti. İmamoğlu o anda öyle öfkelendi ki, "Ben istesem içeri 50 defa girerim. Devlet ahlakı kalmadı, ayıp yahu" diye bağırmaya başladı.

İmamoğlu bariyerin diğer tarafından İstanbul Emniyet Müdürü Zafer Aktaş'a da seslendi: "Polisimize yazık ediyorsun. İçeride itfaiye var, amiri olan beni dışarda tutuyorsun." Ekliyordu: "Emniyet Müdürü emniyet sorunu oldu!"

İşin daha da garibi...

"Yeliz" lakabıyla bilinen AKP Milletvekili Ahmet Hamdi Çamlı'nın bile olay yerine girmesine izin verilmişti. O gün Taksim'de karşılaşan Çamlı ve İmamoğlu'nun birbirlerine karşı çok ağır sözler ettiğini de söyleyelim. Direncin başarıya ulaştığını ve İmamoğlu'nun geç de olsa terör saldırısının yaşandığı yere girebildiğini de ekleyelim.

Bakınız...

Bu kitap yazılırken, İBB'deki kritik toplantılarda "jammer" diye adlandırılan sinyal kesici kullanılıyordu. Hatta belediyenin makam odalarında düzenli "böcek" araması da yapılıyordu. Çünkü Türkiye'nin en büyük kentini yönetenler, İçişleri Bakanlığı'nın kendilerini illegal şekilde dinlediğine inanıyordu.

İBB yönetimi kendisini öyle tehlikede hissediyordu ki...

Bir gün...

Güvenliği ölçmek için gizli bir test de yapıldı. Önceden hazırlanan, bombaya benzeyen kablolu bir düzenek belediye binasından içeri sokuldu. Herhangi bir engelleme olmadığı görülünce de tüm güvenlik sistemi baştan aşağı yenilendi.

Dememiz o ki...

Cumhurbaşkanı Erdoğan'ın "İstanbul'u kaybedersek Türkiye'yi kaybederiz" sözü boşa değil. Gereğini yapmayı da en çok İçişleri Bakanı Süleyman Soylu kendisine görev biçmişti. Gelgelelim, iktidarın sınırlarını bile zorlamıştı.

Farkında mısınız? Kendi ikballerini ülkenin güvenliğinin yerine koyanlar ülkeyi de kendilerini de ateşe atıyor aslında.

4. BÖLÜM

SARAY'A GİZLİ ÇEKİM

Tarih 18 Ekim 2020...

Yer: İstanbul.

Cumhurbaşkanlığı Sözcüsü İbrahim Kalın, Cumhurbaşkanı Erdoğan'ın avukatı Mustafa Doğan İnal ve yanlarında bulunan bir kişiyle beraber Boğaz'daki Four Seasons isimli otelde kahvaltı yapıyordu.

Bilmiyorlardı ki; tam o sırada Boğaz'dan fotoğrafları çekiliyordu.

O çekilen kareler, İstanbul'dan Ankara'ya ulaştı ve Cumhurbaşkanı Erdoğan'ın masasına konuldu.

Fotoğraf karesindeki sırtı dönük kişinin, o dönem hakkında İstanbul Cumhuriyet Başsavcılığı'nca soruşturma bulunan SBK Holding'in sahibi Sezgin Baran Korkmaz olduğu iddia ediliyordu. Böylece, Kalın ve İnal'ın Sezgin Baran Korkmaz ile ilişkisi olduğu söylendi.

Deniyor ki...

O fotoğrafın kendisi de çekilmesi de Saray'ı karıştırdı. Ardından İbrahim Kalın ve Mustafa Doğan İnal Cumhurbaşkanı ile bir araya geldi.

Daha da çarpıcısı; kendilerini İçişleri Bakanı Süleyman Soylu'nun takip ettirdiğini iddia ettiler. Nasıl olur da bir bakanın kendilerini takip ettirebileceğini sorarak, kızgınlıklarını dile getirdiler.

İşin garibi...

Söz konusu fotoğraf karesindeki arkası dönük kişinin iş insanı Süleyman Tiryakioğlu olduğunu belirttiler. Yanlarında fotoğraf karesine alınmayan dördüncü bir kişi bulunduğunu, o kişinin ise Libya Merkez Bankası Başkanı Sıddık el-Kebir olduğunu aktardılar.

Gelin görün ki...

O dönem taraflarla konuşan Bakan Soylu iddiaları reddederek takip emrini kendisinin vermediğini söyledi. Hatta, "Cumhurbaşkanı'nın ve çevresindekilerin namusu benim namusumdur" dedi. Ancak Kalın ve İnal kendilerini takip ettirenin Bakan Soylu olduğu konusunda ısrarcı davrandılar.

Sahi, Kalın ve İnal nasıl olur da bu kadar emindiler?

Yoksa?

"İbrahim Kalın takip edilsin" talimatı

Edindiğimiz bilgiye göre, söz konusu fotoğraf çekilmeden aylar önce dönemin İstanbul Emniyet Müdürü Mustafa Çalışkan'a İçişleri Bakanı Süleyman Soylu tarafından bir talimat verildi. Soylu talimatında Cumhurbaşkanlığı Sözcüsü İbrahim Kalın'ın takip edilmesini istiyordu. Bunun da Erdoğan'ın talebi olduğu izlenimi yaratmıştı. Ancak Mustafa Çalışkan bu talimatı yerine getirmedi. Aylar sonra ise bu fotoğraf karesi çekildi.

Gazeteci Seyhan Avşar'ın o dönem konuştuğu üst düzey emniyet kaynakları ise Bakan Soylu'dan Emniyet Müdürü Çalışkan'a gelen takip talebini doğrulayacaktı.

Bitirirken...

O gizli çekimden kısa bir süre önce...

Soylu ile Çalışkan'ın arasının bir süre sonra bozulduğunu artık herkes biliyor. Soylu, Çalışkan ile girdiği savaşta en önemli mevziyi 16 Haziran 2020 tarihinde kazandı.

Zira, o gün Cumhurbaşkanı Erdoğan İstanbul İl Emniyet Müdürü Mustafa Çalışkan'ı Emniyet Genel Müdür Yardımcılığı görevine atadı. Adana Emniyet Müdürü Zafer Aktaş da İstanbul'un yeni Emniyet Müdürü oldu.

Yani Çalışkan pasifleştirildi. Ve söz konusu takip fotoğrafı da sonrasında çekildi...

İlginç mi?

Aynı gün, aylar sonra fotoğraflanacak Erdoğan'ın avukatı Mustafa Doğan İnal, Twitter hesabından şu mesajı yazdı:

"Bugün bir avukat arkadaş dedi ki; 'Devşirmeler güçlü zamanda gelir, serdengeçti olur, öz evlatlar arka plana atılır ama sıkıntılı zamanlarda ilk ihanet devşirmelerden gelir' doğru söz...

"Bir abi de şunu yazmış: 'Kimse sınanmadığı sadakatin, bağlılığın, dostluğun, kardeşliğin, sırdaşlığın, davadaşlığın, mertliğin, cesaretin, yiğitliğin sahibi değildir. Gerçek ölçü; imtihandan geçmek, her türlü badirede, yoklukta, zorlukta, menfaatte ve tehlikede sağlam kalabilmektir.'"

Sahi Mustafa Çalışkan'la yakınlığı bilinen Mustafa Doğan İnal kime "devşirme" diyordu?

Doğru tahmin ettiniz!

Hatırlatmasak olmaz, Mustafa Doğan İnal'ın arası hem Saray'la hem de kimi işadamlarıyla oldukça iyiydi. Yargı üzerinde de herhangi bir avukattan daha fazla etkiliydi!

Saraylardaki savaşlar, tahtlar yok olduktan sonra görünür olur. Kim bilir belki bir gün duvarların ardında konuşulanları kulağımızın dibindeymiş gibi duyacağız.

5. BÖLÜM

SÜLEYMAN SOYLU'NUN TROLLERİ

"Alo İhbar" adlı web sitesini hatırlar mısınız?

Denizciler Sitesi'ni, Karanet TV'yi, TSK Kulis'i?

Ya Süper Denizciler, Hangarın Sesi, Bulut Altı, Paşa Keyfi desem ne gelir aklınıza?

Hiç kimse anımsamasa da "Haramzadeler" isimli hesabı Cumhurbaşkanı Erdoğan unutmaz.

Tıpkı MHP lideri Devlet Bahçeli'nin "Farklı Ülkücülük" adlı siteyi aklından çıkarmayacağı gibi.

Siber terörün adresleriydi bunlar. Fethullahçılar tasfiye etmek istediği insanları bu adresler üzerinden hedef gösteriyordu. Sonra orada yazılanları *Zaman* ve *Taraf* gazeteleri sayfalarına taşıyor, kamuoyunda operasyon için rıza oluşturma süreci başlıyordu.

Sonuç kimi zaman istifa, kimi zaman tutuklama, kimi zamansa intihar oluyordu. Kirliydi, çok kirliydi her şey.

Geçti mi o günler? Hayır, sadece klavyenin ucundaki parmaklar değişti.

Lakin...

Erdoğan'a gönülden bağlı, içeriyi bilen bir kaynağımız anlattı: "AK Parti'de kendi yarattıkları trollere dair rahatsızlık var. Örneğin, sevilmeyen bir trol hesabının tweet'ini paylaşması, sanılanın aksine kabinedeki bazı bakanları huzursuz ediyor. Zira ters tepiyor."

Konu konuyu açtı... Şunları duyduk:

"AK Parti ile ilişkili 3-4 ayrı trol ekibi mevcut. En büyüğü İletişim Başkanlığı ile bağlantılı. Parti içinde bu trollere dair kırılma ise Mustafa Şentop olayıyla yaşandı. Ondan sonra 'bu hesaplar başımıza bela olacak' diyenler ve uzak durmak isteyenler çoğaldı."

Unutanlar olabilir, "Mustafa Şentop Olayı" 2022'nin nisan ayında yaşanmıştı. AKP'ye reklam hizmeti veren bir ajansın sahibi olan "Cumhur Frankfurt" adlı hesap, TBMM Başkanı Mustafa Şentop'u tehdit etmişti.

Sahi, kimdi o Cumhur Frankfurt? Gerçek adı Mehmet Cumhur Temizsoy. 12 yaşında gittiği Almanya'dan bir süre önce Türkiye'ye döndü. Çünkü sosyal medyadan AKP'ye verdiği destek videoları artık ciddi kazanç kapısı oldu. 2020'nin sonlarında Ramiz Coşkun ile birlikte "Heysemist" adlı bir reklam ajansı kurdu. Bugün Beyoğlu merkezli bu ajansla hem AKP'ye hem de iktidara yakın kurumlara reklam hizmeti veriyordu.

Kavganın gerçek nedeni

Peki, böylesi bir hesap neden Mustafa Şentop'u etiketleyerek "Arkadaşa tütün ve temiz don lazımmış" derdi? Gösterilmek istenen gerekçe, Şentop'un tutuklanan gazeteci İbrahim Haskoloğlu ile fotoğrafının olmasıydı.

Fakat asıl gerçek o mu? Değil. Öyle ya, kimlerin kimlerle fotoğrafı çıktı, bu da ne ki...

Bundandır ki, bizzat Meclis Başkanı Şentop da "iç operasyon çekiyorlar" demişti. Ve asıl nedeni bildiği için "ilk defa bozuyorum prensibimi" diyerek yanıt verdi.

Herkes o tweet'in bir güç tarafından attırıldığına emindi. Kimi Pelikancıları, kimi İletişim Başkanlığı'nı, kimi Mustafa Varank'ı, kimi ise Süleyman Soylu'yu işaret etti...

Evet, kimdi o güç?

Bir bilen hatırlattı: "Haskoloğlu, 'kişisel verileri hukuka aykırı yayma' suçlamasıyla tutuklandı. Soruşturmadaki şikâyetçi kimdi? İçişleri Bakanlığı! Bu açıyla da bakmalısın Şentop'un kavgasına..."

Doğru, AKP cephesinden konuştuğumuz isimlerin çoğunluğu da Süleyman Soylu'yu işaret ediyordu. Hatta bizzat Şentop'un çevresinde de aynı isim fısıldanıyordu. Peki, Soylu cephesi neden hedef alsın Şentop'u?

İki ayrı isimden şu tezi duyduk: "Erdoğan sonrası için ismi öne çıkanlardan biri de Mustafa Şentop. Süleyman Soylu, MHP'nin de desteğiyle Adalet Bakanı Abdulhamit Gül'ü tasfiye etti. Şimdi de sıra Şentop'ta görülüyor. Keza, Soylu'nun 'Peker'den 10 bin dolar alan siyasetçi' tartışmasında Şentop'un takındığı tavırdan rahatsız olduğunu da unutmamalı. İntikamı gibi de yorumlanabilir bu hamle."

Karşı çıkanlar da yok değildi buna. Soylu cephesi de kendisinden bilindiğini fark ediyordu ve haliyle "biz yapmadık" iddiasındaydılar. Şunu hatırlattı biri: "Evet, Cumhur Frankfurt'u meşhur eden, onu yükselten aslında Süleyman Soylu cephesidir. Ama Soylu bir süredir mesafe koydu ona. Çünkü Cumhur Frankfurt bireysel hareket etmeyi seviyordu ve Soylu ile bu konuda anlaşamadılar. Belki Soylu'ya yakın isimlerin desteğiyle o mesajın atılmış olma ihtimali var. Ama Mustafa Varank'a da bir bakmak gerek!"

Nihayetinde, trolleri konuşurken Süleyman Soylu'yu atlamak olmazdı.

AKP'deki rahatsızlık

Zira, öğrendik ki...

AKP içinde Soylu'ya yakın olduğu bilinen web sitelerine ve sosyal medya hesaplarına dair de özel bir rahatsızlık vardı.

Öyle ki, Soylu'nun danışmanlığını da yapan akrabası C.D.'nin bu siber şebekenin başında olduğu konuşuluyordu. Onun koordinasyonunda 3 ayrı "haber" sitesi ve onlarca sosyal medya hesabı Bakan Soylu için çalışıyordu. O siteler ki her gün Süleyman Soylu propagandası yapıyor, Bakan'ın düşman gördüğü isimlere dair operasyon kokan metinleri paylaşıyordu. Hatta 3 ayrı sitede de aynı görseller, aynı başlıklar, aynı satırlar yayımlanıyordu. Gün geliyor, hedef gösteren o yayınların muhatabı bazen parti içinden Metin Külünk, bazen Mehmet Metiner bazen de başka bir AKP'li kurmay dahi oluyordu.

Sahi, Süleyman Soylu ne yapmaya çalışıyor?

Trolleri konuşurken şunu aklımızdan çıkarmamalıyız:

Bir doğru üç yalanı yaymak içindi. İşlenen suçlar kadar işleniş yolları da eskiydi. Değişen sadece suçluların adıydı. Akıbetleri ise değişmeyecek.

Ebabil yapılanması

Tarih: 11 Ocak 2023.

CHP Grup Başkanvekili Özgür Özel tartışma yaratan bir çıkış yaptı: "Yarın burada Süleyman Soylu'nun cevap vermesi gereken, cevap vermekten kaçamayacağı, yine kimyasının bozulacağı bir dosya açıklanacak. Böyle açıklamalar bu dönemlerde riskli. Kamuoyu merak etmesin. Özgür Özel yarın o dosyayı açıklayamayacak bir durumda olursa, o dosyayı açıklayacak üç arkadaşıma daha birer örneği teslim edildi."

Ertesi gün...

CHP'li Özel beklenen açıklamayı yaptı, Süleyman Soylu'nun trol ordularını anlatmaya başladı.

Ve bir ismin liderliğinden bahsetti: Emin Şen.

Şen, İçişleri Bakanı Soylu'nun kâğıt üstünde sosyal medya danışmanıydı. Ama aslında karakutusuydu. Twitter'da "Eminimsi" adlı hesabın kullanıcısıydı. O hesap ki, "Anıtkabir 2023'te yıkılacak", "Fethullah Gülen gelecek, birlikte tepeden KTÖ'nün (Kemalist Terör Örgütü) Galatasaray'daki eylemlerini seyredeceğiz" gibi mesajlar paylaşıyordu.[9] İşte o Şen, "Ebabil Harekatı" adlı sosyal medya yapılanmasının da yöneticisiydi.

Özel'in dediğine göre; Ebabil'in Telegram'daki kanalı üzerinden üretilen ve muhalefeti karalamayı amaçlayan içerikler, 8 bin kişilik trol ordusu üzerinden servis ediliyordu. Bu içeriklerle, kimi zaman muhalefet partisi yöneticilerinin, kimi zamansa İBB gibi kurumların terör örgütleriyle ilişkili olduğu iddiası yayılıyordu.

Meselenin önemli bir yanı da finansmandı. Zira CHP'li Özel bu trollerin İçişleri Bakanlığı tarafından maaşa bağlandığını da ileri sürdü.

Rezalet bitmiyordu.

Tüm bu siber örgütün başında olduğu ileri sürülen Emin Şen'in kamu ihaleleri aldığı da ortaya çıktı. Bunu da SM360 ve Native Teknoloji adlı şirketleri üzerinden yapıyordu. Öyle ki, Halk TV'den İsmail Saymaz'a konuşan Şen ihale iddiasını yalanlamıyordu. Gazeteci Saymaz'ın ağzından dinleyelim:

"Kendisine ait olan şirketlerden SM360 olan, kamudan çok sayıda ihale almış, yarım milyar civarında... Yüksek meblağda ihale almış. İhale aldığı kamu kurumları belli. TÜBİTAK, Jandarma Genel Komutanlığı, Çalışma ve Sosyal Güvenlik Bakanlığı gibi bakanlıklardan ihale almış. 'Sizin pozisyonunuz devletten çok sayıda ihale almanızı sağlamış' dedim, reddetmedi. Ama 'Aldığım ihaleler küçük küçük ihaleler, 50 bin lira, 100 bin lira'

---

9 https://www.cumhuriyet.com.tr/siyaset/emin-senin-paylasimlari-ortaya-cikti-anitkabir-yakilacak-fethullah-gulen-gelecek-2020955

diyor. Sosyal medya eğitimleri, sosyal medya sorumluluğuna ilişkin çalışmalar gibi kampanyalardan aldığını söylüyor."[10]

Özetle...

Anıtkabir'in yıkılmasını arzulayan, ülkenin kurucusunun terör örgütü lideri olduğunu yazan, Fethullah Gülen'e övgüler dizen bir isme ve onun binlerce kişilik trol ekibine vergilerimizle para ödüyorduk. O troller de yalanlar üzerinden kamuoyunu ve hatta devlet aygıtlarını yönlendirmeye çalışıyordu.

Tüm bunların da başında İçişleri Bakanı Süleyman Soylu'nun olduğu iddia ediliyordu.

Devlette görevli troller

Aslında işin perde arkasına girdikçe tablo daha da vahim hale geliyordu.

Şöyle ki...

Her şey Gezi direnişiyle başladı. İktidar Gezi sürecinde sosyal medyanın kitleler üzerindeki etkisini anladı. O süreçte bazı trol hesaplar etkin hale getirildi.

Ancak iktidar kanadındaki asıl atak 15 Temmuz 2016'dan sonra yapıldı.

Darbe girişiminin ardından, Fethullahçıların yasadışı dinleme üssü olan Telekomünikasyon İletişim Başkanlığı (TİB) binasının dinamitle patlatılması ve tüm bilgisayar sistemlerinin gömülmesi gündeme gelmişti. Ancak her nedense bu yapılmadı.

TİB'in Ankara Gölbaşı'ndaki binası Emniyet Genel Müdürlüğü'ne devredildi. Siber Suçlarla Mücadele Dairesi Başkanlığı Fethullahçılarla savaşını Fethullahçıların eski merkezinde yapacaktı. Devletin içinde "ulusal güvenlik riski var, yapmayın" diyenler ise dinlenmedi. Tıpkı, Fethullahçıların tüm Türkiye'ye dair istihbarat bilgilerini tuttuğu DEVA ve İRİS adlı sanal sistem projelerindeki kaynak yazılım kodlarının çöpe atılmadığı gibi...

Duyduk ki, İçişleri Bakanı Süleyman Soylu'ya FETÖ'nün sisteme erişebileceği izah edildi, tüm riskler anlatıldı ama o dinlemedi.

---

10 https://halktv.com.tr/gundem/emin-sen-ismail-saymaza-konustu-ihaleleri-ve-soyluyu-reddetmedi-713417h

Bir yandan da...

15 Temmuz sonrası incelenmesi gereken 2 milyona yakın dijital doküman vardı. Siber suçlar konusunda uzman polislerden haftada 50 bin veriyi incelemeleri isteniyordu. Öyle ya gün geliyordu, bir Fethullahçıda 44 ayrı USB bellek dahi ele geçiriliyordu. Lakin, tüm bunları inceleyecek personel yetersizdi.

İşte bu ihtiyaç Süleyman Soylu'ya Emniyet içinde önemli bir alan açtı. Nasıl mı? Şöyle...

Tarih: 22 Kasım 2016.

678 sayılı KHK ile Siber Suçlarla Mücadele Dairesi'ne 500 geçici uzman alınmasına karar verildi. Aradan bir yıl geçtikten sonra da alınan o uzmanlar yine KHK eliyle devlette kadrolu haline getirildi.

Meselenin görünmeyen yanı ise şuydu:

Üç yıl için geçici görevle alınıp devlette daimi kadroya taşınmak istenen 500 kişiye devlette itirazlar vardı. Emniyet'te kurulan komisyonda yer alıp, Bakan Soylu'nun "kadroya alalım" talimatına karşı çıkan polis müdürleri ya emekli ya da başka yerlere tayin edildi. Bunun üzerine kurulan ikinci komisyonun yeni üyeleri yüzlerce "uzmanı" devletin daimi kadrosuna aldı.

Aldı almasına da...

Kimlerdi onlar?

Yanıtını gazeteci Tolga Şardan'dan okuyalım:

"Aldığım bilgiye göre, siberci uzman kadroları verilenler arasında gerçekten bilişim konusunda yetkinliği olan ancak torpille kuruma kapağı atanların yanında ev kadını, kuaför, marangoz hatta taksici bulunuyor. Bilgisayar ve bilişimle hayatlarında hiç yolu kesişmemiş bu kişilerin kuruma siber uzman olarak alınması sıkıntıya da neden oldu kuşkusuz.

"Görüştüğüm bir kaynağım, bilişim teknolojilerinden habersiz olan söz konusu siber uzmanları tanımlarken, 'bilgisayarları açma / kapama düğmesinden açıp kapatıyorlardı' diyerek kuruma alımı yapılanların bilgi donanım eksikliğini esprili biçimde anlattı.

"Oldukça sıkıntılı bir dönemde Siber Suçlarla Mücadele Dairesi'nde uzman olarak görevlendirilen ancak uzmanlık yapmaya yetecek bilgisi olmayanlar, aynı dairede 'altı aylık' özel eğitim aldı. Torpilli siberciler, bu eğitim sonrasında gerçek siber suçlarla mücadele uzmanı olan polislerin yanında görev aldılar."[11]

Hatta ve hatta...

Bakan Soylu'nun Trabzon'dan yakınlarının bile "siber uzman" diye kadroya alındığı Emniyet kulislerinde konuşuluyordu.

Dahası...

Yüzlerce ismin büyük çoğunluğu MHP'nin kurmay kadrosunun referansıyla seçilmişti. İşe alımda AKP'den gelen taleplerin Soylu tarafından pek dikkate alınmaması, iktidar cephesinde de ayrı bir rahatsızlık yarattı.

Kritik soru ise şuydu: Neden gerçekten siber suçlar konusunda uzman isimler değil de, vasıfsız insanlar Emniyet'e alındı.

Yanıtına dair konuştuğumuz bir emniyet müdürü şöyle dedi:

"Sosyal medyayı izleme amacıyla alındığı ileri sürülen o isimlerin büyük çoğunluğunun başka bir görevi daha vardı: Süleyman Soylu propagandası! Maalesef, devlet içinde Soylu'nun trollerine yer açıldı, halen cebimizden çıkan paralarla maaş veriliyor. Siber dünyadaki suçları bulmak için görevlendirilen o yeni uzmanlar, koca Siber Daire'yi trol şubesi gibi yaptılar."

Yani...

Yanisi, iddia şuydu:

Süleyman Soylu'nun zor zamanlarında sosyal medyada ortaya çıkan, onu öven, rakiplerine ise hakaret eden sahte hesapların gerçek sahipleri aslında devlet çalışanıydı. Vergilerimizle hakaret yiyorduk, dahası suç işleniyordu.

Son bir detayla bitirelim...

2022'nin ortalarına kadar Siber Suçlarla Mücadele Daire Başkanı Erdal Çetinkaya idi.

Gelin görün ki, Çetinkaya'nın birinci dereceden yakınlarının FETÖ ile iltisaklı olduğu ileri sürülüyordu.

Ama ne önemi var ki! Öyle ya, "defolu" isimlerle çalışılması daha kolaydı.

Buna rağmen, Bakan Soylu "O kadar sıkıntına rağmen seni koruyorum, ama sen benim dediklerimi tam yapmıyorsun" diye sitem de ederdi Emniyet Müdürü Çetinkaya'ya.

---

11 https://t24.com.tr/yazarlar/tolga-sardan-buyutec/soylu-nun-siber-uzmanlarinda-ikinci-perde-ev-hanimi-taksici-marangoz-kuafor-siber-uzman-oldu,36994

Lakin...

Ne bilgisayar bilgisinin zayıf olması ne de FETÖ ile ilişki iddiası onu koltuğundan edebildi. Ancak özel hayatındaki bir ilişki, görevden alınmasına neden oldu.

Charles Colton, "yozlaşma kartopuna benzer, yuvarlanmaya başladı mı çığ gibi büyür" diyor. Her gün bir yerinden temas ettiğimiz maaşlı troller, tepemize düşen çığın bir parçası sadece.

6. BÖLÜM

SOYLU'NUN MENDERES'E SÖYLEDİKLERİ

Henüz 30'lu yaşlarının başlarındaydı. Babası gibi Doğru Yol Partisi'nde siyaset yapıyor, İstanbul İl Başkanlığı görevini yürütüyordu.

Partililer, Adnan Menderes için, idamının yıldönümü olan her 17 Eylül'de anma töreni düzenliyorlardı. 2000 yılındaki anmaya katılanlar şaşkınlık içinde birbirlerinin yüzlerine bakıyorlardı. O güne kadar anmalar sakin geçer, Menderes ya da Zorlu ailesi Kuran okutur, dualar edilirdi. Ancak o gün, ses sistemleri kurulmuş, adeta miting tertibatı alınmıştı.

Çok geçmeden, insanları şaşırtan düzeneğin sahibi kürsüye çıktı; "Her yıl törenlerle kutladığımız bugün" diye konuşmasına başladı. Herkes dil sürçmesi olduğunun farkındaydı ancak, bu gencin kim olduğunu birbirine merakla soruyordu.

Doğru Yol Partisi'nin 30'lu yaşlarının başındaki İl Başkanı Süleyman Soylu, kendisini tüm partiye gösterdiği ilk anda, hafızalara kazınmıştı.

Soylu'nun atılım fırsatı

Süleyman Soylu, Doğru Yol Partisi'nde, babasının izinden giderek siyaset yapmaya başladı. Baba Hasan Soylu, partinin İstanbul'da tanınan isimlerindendi. Oğlu Süleyman da gençlik kollarından başladığı kariyerine Tansu Çiller'in genel başkanlığı döneminde İstanbul İl Başkanlığı'na kadar yükselmişti.

Partililer onu Çiller'e yakın birisi olarak tanıyordu. Bu kadar genç yaşta partinin İstanbul İl Başkanı olması da şaşkınlık yaratıyordu, zira partide daha önce böyle biri yoktu.

2002 yılı hem Türkiye hem de Doğru Yol Partisi için büyük değişimler yarattı. AKP tek başına iktidar seçildi, Doğru Yol baraj altında kaldı. Partide liderlik mücadelesi başladı. 2002'deki kongrede, İlhan Kesici ve Mehmet Ağar yarıştı; bayrağı Ağar göğüsledi.

Lakin... Doğru Yol Partisi, 2007 genel seçimleri öncesinde Anavatan Partisi'yle birleşme çabaları esnasında "Demokrat Parti" ismini alarak girdiği seçimlerde baraj altında kaldı. Ardından Mehmet Ağar da genel başkanlıktan istifa etti. Partide bir boşluk oluştu.

Demokrat Parti'nin delegeleri arasında Tansu Çiller'in gelmesini isteyen de vardı, Ağar'ın hemen dönmesini isteyen de... Ancak ağırlıklı kesim, partinin bu halde olmasının nedeni olarak ikisini görüyordu ve yeni bir isme ihtiyaç olduğu görüşündelerdi.

Kongre tarihi yaklaşıyordu ancak ortada bir tane bile aday yoktu. Demokrat Parti geleneğinin kurucusu olarak görünen Adnan Menderes'in oğlu Aydın Menderes de bu dönemde partiye geri döndü. Etrafında Serhan Yücel gibi, partinin önemli isimleri vardı.

Aydın Menderes'in girişimleri sonucunda, Serhan Yücel adaylığını ilan etti. Kongreye 10 gün kalmıştı, ortada sadece tek bir aday vardı.

Süleyman Soylu, işte o dönemde Serhan Yücel'e telefon etti. Dedi ki; "Çok büyük bir medeni cesaret gösterdiniz. Tebrik ediyorum sizi. Parti sizin gibilerle büyüyecek."

Soylu, övgü dolu sözlerini, "Birlikte bu partide yol yürüyeceğiz inşallah" diyerek destek mesajıyla sürdürdü.

Ve adaylığını ilan ediyor

Demokrat Parti'nin kritik kongresine 4 gün kala, Mehmet Ağar, kongreyi iptal etti. Kulislerde Hüsamettin Cindoruk'la anlaşamadığı konuşuluyordu. Tüm bu tantana arasında Aydın Menderes, Serhan Yücel'i yeniden aradı:

Aydın Menderes: Bir görüşelim. Adaylığınız devam ediyor mu?

Serhan Yücel: Şimdi adaylığı ilan ettim, "çekildim" demem. Bir şartlara bakalım ama, başka adaylar çıkarsa yeni gelişmelere göre, yeniden değerlendirelim. O kongre yok artık. Tamamen kartlar yeniden dağılacak.

Aydın Menderes: Cindoruk'tan hiçbir şey bekleme. Cindoruk aday olmaz. Süleyman Soylu aradı beni. Soylu'nun bazı şartları var. Aday olmayı düşünüyor. Birincisi, nezaketen söylediği bir şey, "sizin desteğinizi almak istiyorum". İkincisi, "Çiller'in desteğini almam lazım". Üçüncüsü, "Maddi bir destek bekliyorum. Çünkü genel merkezde çok para var. Genel merkez birini aday gösterirse benim o seçim kampanyasına karşı eşitler arası bir mücadele olmaz, haksız rekabet olur. Dolayısıyla aday olmam. Para bulmam lazım" dedi. Çok uzaklardan, ta okyanus ötesinden de bir destek beklentisi var. "Sadece Pensilvanya'nın desteğini alırsam aday olurum" değil. Her yerden destek bekliyor. Aday olmayı kafaya koymuş ama bir yere dayanmak istiyor. Hem de parasal olarak... Ancak...

Soylu'nun şartları bunlarla sınırlı değildi. Belli kesimlerin desteğini de yine Menderes'ten istedi. Bundan kastı sadece Tansu Çiller ve Aydın Menderes değildi... Ya finans ya cemaat gibi belli çevrelerin desteğini beklediğini açıkça belirtti.

Görüşmeden ne çıktı bilinmiyor, ancak Mehmet Ağar kongrede adayının Çağrı Erhan olduğunu ilan etti. Gözler tam Tansu Çiller'e çevrilmişken Süleyman Soylu "ben adayım" dedi.

Serhan Yücel hemen Aydın Menderes'i aradı; "Demek ki şartlar yerine geldi" dedi. Menderes "Hayır" dedi, "Benimle konuşmadı". Telefon Yücel'in, "Demek ki diğer şartlar fazlasıyla yerine gelmiş sizi tolere edecek şekilde" sözleriyle kapandı...

Son dakikada caydı

Kongreye kısa bir süre kala, delege hesaplarında Çağrı Erhan'la Süleyman Soylu başabaş görülüyordu. Serhan Yücel'in tavrı, seçimin kaderini belirleyecekti. O da Soylu'ya desteğini ilan etti, adaylıktan çekildi.

Kongre günü salona birlikte girdiler. Soylu, Yücel'e "Size açık çek, Genel İdare Kurulu'na 20 kişiyi siz yazın. Ben partiyi bilmiyorum" dedi. Bu 20 kişi kurulun yarısını oluşturuyordu. Serhan

Yücel ise sadece üç isim verdi. İşte iki isim arasındaki kriz bu andan sonra başladı.

Zira...

Genel Başkanlık oylaması yapıldı, ilk turda Soylu 50 oy önde çıktı. Serhan Yücel, Soylu'yu aradı ancak ulaşamadı. Israrlı aramaları sonrası, "Serhan Bey bir dakikada arayacağım sizi. Serhan Bey hemen dönüyorum..." yanıtlarını aldı.

İkinci tura geçildiğinde Soylu, kazanacağını anladığı için Serhan Yücel'e Genel İdare Kurulu'na sadece bir isim vereceğini söyledi. Ve iki isim arasındaki bağ böylelikle koptu.

Yücel, "Ben karşı tarafa geçiyorum, siz kazandınız nasıl olsa. Ben kötü kazanacağıma, kirli kazanacağıma, temiz kaybederim" dedi ve ikinci tur oylamasında Çağrı Erhan'ın yanına geçti. Ancak sonuç değişmedi. Soylu, partinin yeni genel başkanı olmuştu.

Soylu'nun siyasi tarihinde 2008 kongresinin önemi büyüktü. Sedat Peker de o kongreyle ilgili yaptığı açıklamalarda, yakınlarının Soylu'ya destek verdiğini, koruduğunu söylemişti. Mehmet Ağar'ın ekibine karşı, Sedat Peker'in desteklediği aday, kıyasıya bir yarışa girmişti.

Demirel'den gelen telefon

Telefonu eline aldı, kulağına götürdüğünde, "Kongrede aday ol" cümlesini işitti. Sesin sahibi, merkez sağın en önemli figürlerinden Süleyman Demirel'di. Demirel, Adalet Partisi'nden Doğru Yol Partisi'ne, "Kırat" olarak simgeleştirilen siyasi çizginin yaşayan en önemli aktörüydü.

Ve o Demirel...

16 Mayıs 2009'da yeniden gerçekleşecek Demokrat Parti Kongresi için, uzun yıllardır birlikte siyaset yaptığı Hüsamettin Cindoruk'u arayıp, partinin mevcut Genel Başkanı Süleyman Soylu'nun karşısına aday olarak çıkmasını istemişti.

Bu kitap için Hüsamettin Cindoruk'u ziyaret ettik. Süleyman Soylu ile rakip olduğu o dönemin hikâyesini dinledik. En özel anları Cindoruk anlattı.

Merak ettiğimiz, Demirel'in bu telefonu açma ve adaylık ricasındaki ısrarının altında ne yatıyordu?

Hüsamettin Cindoruk'a göre, partide yaşananlar Demirel'i rahatsız etmişti:

"Sayın Süleyman Soylu'nun parti genel başkanı olduğu süreçte bir gün Demirel bana dedi ki, 'Parti yönetimi sıkıntı yaşıyor, arkadaşlardan şikâyet var, bu arkadaşın değişmesini gerekli görüyorum. Bir arkadaş bulalım aday olsun'. Bakarız dedim. Ben de uzaktaydım. Tekrar aradı beni. 'Hiçbir arkadaş bu zata karşı seçimi kazanamaz, delegeleri ayarlamış. Ancak sen kazanırsın' dedi. Ben aday oldum. Demirel'in şikâyeti Soylu'nun yönetim biçiminde israfçı ve talepkâr olduğu, partiyi küçülttüğü yönündeydi."

Süleyman Demirel'le birlikte siyaset yapan isimler, onun parti yönetiminde israfı önlediğini ve DP geleneğinde parti yöneticilerinin şatafatlı hayat sürmesinin önüne geçtiğini anlatıyor. Ancak, Soylu'nun yönetim anlayışı, DP geleneklerinin dışına çıkınca alternatif arayışı da beraberinde gelmişti. Cindoruk, parti tarihindeki önemli isimlere de atıfta bulunarak, yaşananları anlatıyor:

"Menderes de dahil partiye yük olmayız, partinin yükünü taşırız. Partinin kısıtlı imkânlarından faydalanmaz, onları siyasette kullanırız. İsrafçı bir genel başkanlık, lüks hayatlar bir genel başkanı yıpratır, bizi yadırgatır da açıkçası. Demirel'in de yadırgadığı anlaşılıyor."

Elbette bu sözler Soylu'ya eleştiriydi. Zira Soylu, partinin parasını har vurup harman savuruyordu.

Partinin ağır topu sahnede

Soylu'nun DP delegeleri üzerindeki ağırlığının, partinin ağır topları da farkındaydı. Sedat Peker'in ifşalarında da gördük ki, partideki seçimleri kazanabilmek için hep birilerinden destek almış, korunup kollanmıştı.

Bu kez, Genel Başkanlık yarışında, karşısında Hüsamettin Cindoruk gibi, parti geleneğinin önemli isimlerinden, tecrübeli bir siyasetçi vardı.

FETÖ'nün yayın organı *Zaman*, kongrede tarafını açıkça belli etmiş, Soylu'dan yana tutumunu gazetenin sütunlarına taşımıştı. Kongreye günler kala Cindoruk aleyhine başlayan "Ergenekoncu", "darbeci" propagandası kongre günü kürsüye taşınmıştı. Rakibi Hüsamettin Cindoruk ise Fethullahçıların Soylu'ya verdiği destekleri hatırlatarak, FETÖ'yle yakın ilişkilerine vurgu yapıyordu.

Merkez sağda yaşanan gelişmeleri yakından takip eden AKP ise kongrede oy kullanacak delegeleri arayarak, Soylu'ya oy istiyordu.

Cindoruk, Süleyman Soylu'nun babası Hasan Soylu'yla birlikte siyaset yapmış, partinin tüm kodlarına hâkim bir siyasetçi olarak, salondan zaferle ayrılmayı bildi.

O günü, "Beraber siyaset de yapmadık. Düşünün, babalarıyla yapmışım. Aslında bizim geleneğimize göre bir parti büyüğü aday olursa ona karşı çıkılmaz. Parti ona teslim edilirdi. Fakat Soylu adaylıkta ısrar etti. Çok ciddi seçim yarışı oldu. Kendi partimizi, kendisinin haline getirmiş bir kongrede yarıştık. Kongrede delegasyonu ele geçirdiğini gördüm. Seyirci de onundu. Kazanmak için zorlandığımı hatırlıyorum. Ayrıntılar parti içi meseleydi. Kıran kırana bir yarış diyebiliriz. Geçmiş tecrübelerimi birikimlerimi ortaya koyarak seçimi kazandım" diye anlattı.

Ayrılık rüzgârları FETÖ'ye götürdü

Soylu'nun yenildiği kongreden sonra neler yaşandı?

Hüsamettin Cindoruk ve ekibi partide bir hasar tespit süreci başlattılar. Türk siyasetinin en önemli partilerinden olan DP'nin malvarlığında azalma tespit ettiler. Partinin bazı gayrimenkulleri satılmıştı.

Cindoruk; Soylu hakkında Demirel'le aynı düşünceleri paylaşan Mesut Yılmaz'la da anlaşarak tek parti haline geldiler.

Kapıya 12 Eylül 2010 referandumu dayandı. Hani, FETÖ lideri Fethullah Gülen'in "Ölülere bile oy kullandırın" diyerek hayati bir önem atfettiği referandum...

DP yöneticileri, referandumda "Hayır" oyu kullanmaya karar verdiler. Ancak, partinin eski genel başkanı Süleyman Soylu, yönetime bayrak açmış ve "Evet" kampanyasına başlamıştı. Mitingler düzenliyor, FETÖ'nün yayın organlarına demeçler veriyordu. Kongrede "Ergenekonculuk" ve "darbecilikle" suçladığı Hüsamettin Cindoruk – Demirel çizgisine karşı yeniden savaş açıyordu. Soylu'nun "evet" mitinglerinin finansmanının nasıl sağlandığı bugün hâlâ tartışma konusu.

Soylu'nun "Evet" diyerek yaşadığı yol ayrımı, önce partiden ihracına, ardından da adının DP kütüğünden silinmesine kadar gitti. Partiden ihraç edildi, rüzgârı doldurduğu yelkenine bir gemi aramaya başladı.

Hatırlarsınız; çok ağır hakaretler ettiği Recep Tayyip Erdoğan'ın yanında buldu kendisini. Önce parti yönetimine girdi sonra bakanlık koltuğuna oturdu...

Zapsu'nun Erdoğan kehaneti

Aslında...

AKP'lilerin Demokrat Parti'ye ve partililere ilgisi yeni değildi. Bu kitap için araştırma yaptığımız dönemde Demokrat Parti'nin Genel Sekreteri Serhan Yücel, bizi 2001 yılına götürmüş ve partinin Recep Tayyip Erdoğan için hazırlanmaya çalışıldığını anlatmıştı:

"Cüneyt Zapsu, fiiliyatta 8 ay Demokrat Parti Genel Başkanlığı'nı yaptı. Genel Başkan Vekili sıfatıyla kongreye götürdü partiyi. Kongre Balgat'ta bir binada oldu. Tayyip Erdoğan yasaklıydı o dönem... Cüneyt Zapsu da orada Erdoğan'ın çelengini göstererek, 'Malum kişi bu partiye gelecek, 1 yıl içinde seçim yapılacak -ki seçimin adı falan yok, 2001'in nisanında oldu bunlar. AK Parti falan kurulmamış, Fazilet kapatılmamış- bir yıl sonra malum kişi başbakan olacak. Ve bu parti de iktidara gelecek' dedi.

"Demokrat Parti 0.01 bile yok. Yok yani Demokrat Parti diye bir parti... Tabela partisi bile değil, kimse farkında değil. Cüneyt Zapsu da tanınan ve bilinen bir isim değil o yıllarda. Fakat kongrede Cüneyt Zapsu kaybetti. Delege ciddiye almadı veya işte önemsemedi. Ve belki de inanmadı."[12]

"Hayat size öğretiyor"

Cindoruk'un, kongrede Soylu'nun Fethullahçılar tarafından desteklendiğini söylemesinin ve yaşananların üzerinden uzun yıllar geçti. Peki, Cindoruk şimdi o günlere dair ne düşünüyor?

Deneyimli siyaset adamının bize söylediklerini yazalım:

"Haklı çıkmışım. Bugünkü iktidar da FETÖ düşüncesini savunuyor. Siyasal İslam parsellere ayrılamaz bir bütündür. FETÖ

12 Cüneyt Zapsu'nun, 2006'da gerçekleşen Washington'daki bir toplantıda Başbakan Recep Tayyip Erdoğan için "onu delikten aşağı süpürmek yerine kullanın" dediği gündeme gelmişti.

rejimi neyse AKP de aynıdır. Hepsi siyasi İslamcıdır. Türkiye Cumhuriyeti'ni laiklikten çıkarmak için siyasi hareketler ortaya koyarlar, çarpışırlar. Birbirinden farkları yoktur. Sezgi ve tespit yaptım. İnsan yaşayınca düşüncelerini ifade etmiyor. Ben bir şey söylüyorsam yaşadıklarımdan söylüyorum. Hayat size öğretiyor."

Soylu'nun finansörü

Süleyman Soylu'nun Genel Başkan olduğu dönemde Demokrat Parti'nin kasasında 14 milyon TL vardı. O günün dolar kurundan hesaplarsanız yaklaşık 13 milyon dolara tekabül ediyordu. Partinin ayrıca gayrimenkulleri de bulunuyordu. Soylu ve ekibi önce parti binasını taşıdı, sonra binalar satılmaya başlandı. Parti kasasındaki para ise 16 ay içinde eridi. Bunun sebebini soranlara "yerel seçimlerde yapılan masraflar" gerekçe gösterildi. Daha sonradan Soylu'nun genel başkanlık yaptığı döneme ait kişisel ihtiyaçlarını bile partiye aldırdığına dair iddialar çıktı. Bu iddialar parti yönetimi tarafından mahkemeye dahi taşındı.

Mahkemeye taşınan belgelerde iç çamaşırından gömleğine, berber ücretinden mini bara birçok özel harcamanın parti kasasından yapıldığı ortaya çıkmıştı. Soylu'nun iç çamaşırı faturasının mahkemeye düşmesi, o gün gazetelerde "DP'de ikinci 'don vakası'" başlığıyla haber olacaktı.[13] Dedik ya, herkesin merak ettiği soru, özel harcamalarını bile partiye ödeten Soylu'nun tek başına yaptığı "evet mitingi" paralarını nereden bulduğuydu. Yaygın kanı, Soylu'nun arkasındaki gücün, o dönem "evet" için çalışan FETÖ olduğuydu.

Süleyman Soylu, 12 Eylül referandumundaki tavrı nedeniyle Demokrat Parti üyeliğinden atıldı. O gün partinin Disiplin Kurulu Başkanı olan Hasan Aksay'ı bugün bulup konuştuğumuzda ihracı şöyle anlattı:

"Genel İdare Kurulu bu referandumda 'hayır' oyu vermeyi kararlaştırdı parti olarak. Fakat Süleyman Soylu Bey karara uymayarak 'evet' oyu vereceğini açıkladı ve Türkiye'de birçok vilayette 'evet' için propagandaya gitti. Bu da kayıtlı olduğu Gaziosmanpaşa ilçesinin ve Fatih ilçe başkanlıklarının şikâyet dilekçeleri ile il disiplin kuruluna intikal etti. Biz de ihraç ettik, parti genel kurulu kararına uymadığı için."

13 https://www.milliyet.com.tr/siyaset/dpde-ikinci-don-vakasi-1277548

O gün "İç çamaşırlarının parasını bile partiye ödettirdi" diyen partinin Genel Muhasibi Özden Özbilun'la da yıllar sonra konuştuğumuzda, Soylu'ya karşı yerel mahkemeyi kazandıklarını anlattı. Her şeyi belgelediklerini söylüyordu. Ancak dava Yargıtay'dan dönmüş, Soylu lehine karar çıkmıştı.

Soylu'nun Cindoruk'a karşı Demokrat Parti'de birlikte siyaset yaptığı Vedat Demir gibi isimler FETÖ operasyonlarında tutuklanıp bırakılmasıyla haber oldu. Eski partisinde "pejmürde edilen" Süleyman Soylu ise ilginç bir şekilde yolunu değiştirerek, hakaretler ettiği AKP'de siyaset yaptı. Soylu'nun para kaynağı kim ise belki onu AKP'ye taşıyan da oydu.

7. BÖLÜM

ERDOĞAN DÜŞMANI SOYLU

Süleyman Soylu, Türk siyasi tarihinin en çok yön değiştiren lideri. Bugün yakın geçmişte söylediği birçok sözün çok uzağında görünüyor.

Sayfalar boyunca örnekler verdik. Ama bir türlü bitmiyor...

Nasıl atlanır: Soylu, Demokrat Parti günlerinde, Erdoğan'a ve AKP'ye karşı Türk siyasi tarihinde en ağır hakaretleri etmiş bir isim. Onun söylediklerini başka biri söylese kendisini çoktan hakaret suçundan hapiste bulmuştu.

Arşivi açtık. Neler karşımıza çıktı dersiniz...

9 Nisan 2008

(Recep Tayyip Erdoğan'la ilgili) "Gündüz imam gece ise papazı oynuyor. Demokrasi inancı samimi değil. Sıkışınca Menderes ve Bayar'a sarılıyor. Çıkarı için AB'yi de demokrasiyi de kullanıyor. Fakiri fukarayı da kullana kullana geliyor. Ama bu millet kimin gündüz imam, gece papaz olduğunu anlayacak derecededir."

17 Nisan 2008

"(AKP'ye) Bugün belediyeleri kapatan bu parti, kapatılmakla karşı karşıyadır. Biz yüzde 47 oy aldık diyerek kimseye zulmedemezsiniz. Kimse size zulüm yapma yetkisi vermiyor. Belediyelerin kapatılmasından yana değil geliştirilmesinden yanayız. Dünya demokratikleşirken hem de yerelleşirken bu hükümet maalesef her şeyi merkeze bağlamaya çalışıyor."

20 Nisan 2008

"(Erdoğan'a) Bu ülkenin herkese çatan ve kaos yaratan bir Başbakanı var ki, akşam evine gittiğinde karısına ve çocuklarına boynu bükük kalan esnafın, çiftçinin yerine kendini koymuyor. Kendisi evindekilerin yüzüne nasıl bakıyor. AKP iktidarından önce işsizlik yüzde 6'ydı bugün 11.3'e çıktı. Başbakan at üstünde durmayı nasıl beceremediyse, ülke yönetmeyi de aynı şekilde beceremedi."

8 Mayıs 2008

"Tayyip Erdoğan diyor ki 'durmak yok yolsuzluğa devam...' Hani millete efeleniyorsun ya... O yakınındakilere efelensene; ağzından bir laf kaçırdı 'Etrafımızda bu tür kişiler olursa temizleriz' dedi. Temizlesen adam kalmaz Tayyip Bey, adam kalmaz, etrafına bir bak bakalım."

25 Ağustos 2008

"Tayyip Erdoğan ikide bir 'Merkez Sağ partisiyiz' deyip sağ yanına Menderes'in, sol yanına Turgut Özal'ın, ortalarına da kendisinin fotoğrafını koyarak demokrat olduğunu söylüyor. 'Babasının ceketini giyen çocuk gibi' demokrat olmak sana bol gelir."

27 Ağustos 2008

"AKP'ye zıkkımın dibini göstereceğiz. Buradan sesleniyorum. AKP'yi yolsuzluğu, başarısızlığı, beceriksizliği ve samimiyetsizliğiyle baş başa bırakın. Millet iradesini nasıl duvara toslattıklarını anlatayım. Yazıklar olsun size, bir koltuk uğruna oynadığınız siyaset oyununa."

20 Eylül 2008

"Tayyip Erdoğan, bazı medya organlarını boykot çağrısıyla Türkiye'de demokrasi, fikir, ifade ve basın özgürlüğünü yok etmeye yönelik niyetini açıkça ortaya koymuştur. AKP medyayı tek sesli, kontrollü, yandaş ve iliştirilmiş medya haline getirmeye çalışıyor. Basın ve ifade özgürlüğü herkese lazımdır. Şantaj ve tehdit havasıyla medyayı da susturmak Türk demokrasisine yapılmış en büyük saldırıdır."

23 Eylül 2008

"İktidar ülkeyi yolsuzluğun ve yoksulluğun kucağına oturttu. Recep Tayyip Erdoğan demokrasi celladı."

30 Eylül 2008

"AKP yolsuzlukları aklama partisidir. Her gün yeni açılan yolsuzluk davasıyla AKP, Türkiye'de yolsuzlukları aklama partisine döndü. Hükümet bir taraftan yolsuzluğun bir taraftan yoksulluğun bir taraftan yasakların getirmiş olduğu bir politika ile Türkiye'yi karşı karşıya bırakıyor."

13 Ekim 2008

(Erdoğan'a) "Başbakan tuzruhu gibi girdiği her yeri eritti."

20 Kasım 2008

(Erdoğan'a) "3-4 ay önce Türkiye, Irak Hükümetini, Irak devlet başkanını muhatap alıyordu. Barzani'yi muhatap almak için Aktütün'de 17 evladımızın şehit olması, 6 polisimizin şehit olması mı beklendi? Korkak bir Türkiye Cumhuriyeti ile mi karşı karşıyayız? Terörle mücadelede kararlılık ortaya koyamayan bir Türkiye ile mi karşı karşıyayız? Sayın başbakan çiftçiye, esnafa, millete gelince Kasımpaşalı oluyor da Barzani'ye gelince iç güveysinden beter oluyor, sesi kısılıyor."

26 Kasım 2008

(Erdoğan'a) "4 yıldır Türkiye'de büyüme sürekli küçülmektedir. Cari açık sürekli artmaktadır. Hükümetin başka bir derdi var. O bebek katili Apo'ya arkadaş gönderecekmiş İmralı'ya. Ne derdin var senin Sayın Başbakan. Barzani'yi düşünürsün, Apo'yu düşünürsün, yolsuzluk yapan arkadaşlarını düşünürsün, bir de bu milleti düşünsen, çiftçiyi, işçiyi, memuru, emekliyi sanayiciyi, bir de bu ülkenin genç insanlarını düşünsen."

10 Aralık 2008

"29 Mart yerel seçimlerinde halk AKP hükümetine sarı, DP ise kırmızı kart gösterecek. AKP hükümeti, yanlış ekonomi politikası sonucu bayramları da millete zehir etti. İnsanlarımız gülmeyi unuttu. Beceriksizlik ve yetersizlikle, Türkiye'yi krizle karşı karşıya bıraktılar. Paçalarından yolsuzluk akıyor. Türkiye'de ihale ve yandaş belediyeciliği yapılmaktadır."

21 Aralık 2008

"İnsanların ümidini körelten, 6 ay sonrasını bile bizi görmekten men eden AKP iktidarına ve başbakana ders verilecek ve pabucu dama atılacaktır."

31 Aralık 2008

"Çeviriyorsun, boş geliyor. Bir daha çeviriyorsun, pas geliyor. Günlerdir, Filistin'de Müslüman kardeşlerimizin yaşadığı acılar ciğerimize saplandı. Sen Olmert'le görüşüyorsun, ertesi gün bu katliamlar oluyor. Eğer Kırat iktidarda olsaydı, gök kubbe bu katliamı yapanların başına yıkılırdı. Önce çıktın, 'Arabulucuyum' dedin, şimdi bölgedeki Müslüman ülkelerin kalbini almakla görevlendirildin. Ey Recep Tayyip Erdoğan, boyun eğdin, emir eri oldun, milletin ümitlerini boşa çıkardın. Boyan döküldü Tayip Erdoğan."

5 Ocak 2009

(AKP'li Belediyelerle ilgili) "Bu belediyeler kendi rant ve imar kapılarına baktılar. Ülke bir vurgun hükümeti tarafından yönetiliyor. Bir saadet zincirine teslim edildi. Silivri'de bir genel başkan yardımcısı 1 milyon dolara imar değişikliği yaptırdı. AKP belediyeleri ihale belediyeciliği yapıyor. Türkiye'de gelmiş geçmiş en büyük yolsuzlukların altına imza atıyorlar."

8 Ocak 2009

"AKP, Türkiye'yi uyutma ve uyuşturma projesidir."

Biter mi? Bitmez. Devam edelim...

24 Şubat 2009

"Ben 6 ayda bu Tayyip Erdoğan'ın hakkından gelmiyor muyum, paçasını aşağı almıyor muyum, onu kırmızı kartla oyun dışı bırakmıyor muyum görün bakalım."

25 Şubat 2009

"Halk 29 Mart'ta hükümete zıkkımın kökünü gösterecek... Her üç gençten birisi işsizlik girdabı içinde. Son 5 ayda 650 bin insanımız işsiz kaldı. Fabrikalar kapanmış, vergisini, elektrik, doğalgazını ödeyemeyen esnaf kepenk kapatıyor. Bu hükümet 6.5 yılda 220 milyar dolar borçtan 507 milyar dolar borca çıkarttı."

25 Şubat 2009

"Yolsuzluklarla mücadele edeceğim diyen hükümet, Türkiye'yi yolsuzluk çukuru içine batırdı. Tüyü bitmemişin hakkını yedirmeyeceğim dediler. Her gün tüyü bitmemiş yetimin üzerinden siyaset yapıyorlar. Bu ülkeyi rant ülkesi yapmayacağım dedi Sayın Başbakan, rantın babasını getirdi. Bunlar yarım doktor, yarım hoca."

Bitmedi...

11 Mart 2009

(Tayyip Erdoğan kendisini Adnan Menderes'e benzetince şu yanıtı verdi)

"Menderes'in adını anmak kim, sen kim?"

14 Mart 2009

"Seçim sürecinde Türkiye'de çok manidar işler oluyor. AKP mensupları uzun zamandır genel başkanları ve başbakanlarını, Başbakan da kendisini padişah olarak görmek istiyor. Ülkemizde sadaka kültürü var. Türkiye'de 3 kişiden biri fukaralık sınırının altındadır. Eleştirilmesi gerekenler insanları bu duruma düşüren hükümettir."

18 Mart 2009

"Millet AKP'ye zıkkımı gösterecek."

21 Mart 2009

"YSK'nın tavrı halkı tanımazlıktan kaynaklanmıyorsa hükümetle danışıklı dövüş içerisinde olduklarını zannediyorum. Bu tavır Türkiye'nin halen ceberut bir devlet olduğunu gösteriyor."

İşte böyle...

Soylu, Erdoğan'la ilgili o denli ağır konuşmuş ki...

AKP'ye girdiği günden başlayarak yön değiştirip en radikal Erdoğancı olması neredeyse her şeyi unutturmuş. Yalçın Küçük yıllarca, dönenlerin döndükleri fikrin en radikali olduğunu anlattı. Süleyman Soylu, Küçük'ün teorisinin en nadide örneği olarak siyaset tarihinde yerini aldı. AKP'ye ve Erdoğan'a en ağır hakaretleri eden lider olmakla kalmadı, AKP'ye katılıp, Reisçi olup, muhalefete en ağır ifadelerle saldıran isim oldu.

8. BÖLÜM

SOYLU'NUN FETÖ ABİSİ

Süleyman Soylu, Erdoğan sonrasına hazırlanan bir proje mi? Hemen herkesin aklında kuşkusuz bu fikir yatıyor. Ancak bunu bir adım öteye taşıyan birisi de var: CHP'nin kritik ismi Özgür Özel. Soylu'ya en sert yüklenen isimlerden olan Özel, buna dair kanıtlar da sundu. İşin ilginci o gün Meclis'te AKP'liler de pür dikkat CHP Grup Başkanvekili Özel'i dinledi.

16 Aralık 2017'de Meclis kürsüsüne çıkıp şunu söyledi:

"Süleyman Soylu, Sayın Recep Tayyip Erdoğan sonrası Adalet ve Kalkınma Partisi için genel başkan projesidir ama bu, bugünün projesi değildir; bu, kendisinin projesi de değildir; bu, yaklaşık dokuz on yıllık bir FETÖ projesidir."[14]

Sözler bıçak gibi sertti.

"Eğer dinlemeye sabrederseniz bu konudaki kanıtlarımı, argümanlarımı ifade edeceğim" diyen Özel, Soylu'nun DP döneminde FETÖ ile ilişkilerini hatırlattıktan sonra devam etti:

"Genel Başkanlık görevini yaparken, bir ifadeyle, 'FETÖ'nün Süleyman Soylu'yu yanına verdiği adam' denen, cemaat terminolojisiyle kendisinden sorumlu bir 'abi' vardır, abinin adı Vedat Demir. Vedat Demir, FETÖ tarafından Süleyman Soylu'nun

14 Bakan Süleyman Soylu'nun Erdoğan sonrasına hazırlandığı tezine dair en çarpıcı iddialardan biri de Ümit Özdağ'dan geldi. İçişleri Bakanı ile en çok kavga eden isimlerden olan Zafer Partisi Genel Başkanı Özdağ, 16 Eylül 2022'de yayımladığı bir videoda Soylu için şöyle diyecekti:
"Yeni bir parti kurma çalışmaları için Ankara ve İstanbul'da hâlâ iki büro çerçevesinde çalışmalarını sürdürüyorsun, bunu biliyoruz. Ve bazı eksikliklerin olduğunu da görüyorsun. Bunlardan bir tanesi ABD, Avrupa Birliği ülkeleri, özellikle İngiltere ve Almanya ile ilişkilerde eksiklik. Diğeri de Milli İstihbarat Teşkilatı ile olumlu temasta eksiklik. Özellikle ABD ile ilişkilerdeki eksikliği gidermek ve senin promosyonunu yapması için bir emniyet genel müdür yardımcısını, ABD Büyükelçiliği ile ikili ilişki kurması ve senin promosyonunu yapmasıyla görevlendirmişsin. Tabii bu temaslar, devletin istihbarat örgütleri tarafından haber alınmış ve Erdoğan'a bildirilmiş. Emniyet Genel Müdürü, Erdoğan'dan aldığı talimatla, Amerikan Büyükelçiliği ile ikili ilişkilere girilmesini yasaklayan bir talimat yazmış."

yanına verilmiş, kendisi tarafından Demokrat Parti'de Genel İdare Kurulu üyesi yapılmış ve o FETÖ'cü kişi, Süleyman Soylu size en ağır hakaretleri yaparken yanı başındadır ve destekçisidir."

Soylu'nun DP Kongresini kaybetmesi sürecini anlatan Özel, Soylu'nun abisi dediği akademisyen Vedat Demir'in işinin bitmediğini ise şöyle anlattı:

"Kongreyi kaybeder, bir ay sonra koşarak soluğu (FETÖ'nün) Abant toplantısında alır. Abant toplantısındaki konuşması manidardır ve aynen şu şekilde söylemektedir. 'Küçük partilerin siyasette zorlukları var, bu zorlukların en başında finansman gelir. Yanınızda, işi bilen, finansman yaratacak kişileri partilere dahil etmezseniz bu konuda partiler çok zorlanır' der.

"Devam ediyorum: Abant toplantısından ayrılır ve ardından, Sayın Süleyman Soylu, Demokrat Parti'nin bir önceki genel başkanı ancak üyesi sıfatıyla siyasete devam etmektedir. Peki, o sert Süleyman Soylu, yaklaşmakta olan 12 Eylül 2010 referandumuna doğru ne yapmaya karar vermiştir? Yine, yanında Vedat Demir olduğu halde, Süleyman Soylu, demokrasi buluşmalarının baş aktörüdür ve iki ay içinde 50 tane şehir gezer. Demokrasi buluşmalarında sonuna kadar 'evet'i savunur büyük bir başarıyla, büyük bir üstünlükle ve acayip bir finansmanla."

Süleyman Soylu'nun bunu finanse edecek durumda olmadığını örneklerle anlatan Özel, finansmanın Vedat Demir üzerinden FETÖ tarafından yapıldığını öne sürdü.

Özel'in anlattığına göre, Soylu'nun DP'den tasfiyesinin ardından AKP'ye monte edilmesi Vedat Demir aracılığıyla sağlandı. Gelgelelim, söylediğine göre bizzat Pensilvanya ziyareti de gerçekleştirilmiş, Soylu Gülen ile görüşmüştü:

"Bu Vedat Demir'le birlikte Sayın Süleyman Soylu'nun, Adalet ve Kalkınma Partisi'ne katıldığı günden aylar önce, şubat ayında Pensilvanya'ya gittiği ve Fetullah Gülen'le konuştuğu iddia edilmektedir. Çıkıp eğer kendisi Fetullah Gülen'le, yanında Vedat Demir olduğu halde, görüştüğünü kabul ederse başka bir şeydir, siyaseten tartışılır, reddedilirse tarih vereceğim birazdan söz alarak ve o tarihte kendisinin nerede olduğunu ispatlamasını isteyeceğim"

Peki, Vedat Demir de Soylu gibi yön mü değiştirdi?

CHP'li Özel, öyle olmadığını şöyle açıkladı:

"Vedat Demir, 15 Temmuz gecesi, daha sonradan güvenlik güçlerince ele geçirilen, sayın bakanın da vücut diliyle tasdik ettiği yazışmalarında 'Hocam, bu darbe başarılı oldu, oldu; olmazsa eğer hepimiz perişan olduk, tek adam diktatörlüğü' diye mesaj atmıştır 15 Temmuz akşamı."

Demir'in tahliyesindeki el

Hikâye daha da ilginç hale geliyor mu?

Hatırlayın, 15 Temmuz'da Soylu henüz İçişleri Bakanı değildi. Özel devamını da anlattı:

"8 Ağustos günü bu WhatsApp yazışmaları, terör örgütüyle irtibat, iltisak ve sürekli haberleşmeden dolayı önce ihraç edilmiş, 8 Ağustos günü de tutuklanarak cezaevine konmuştur. Peki, o Vedat Demir daha sonra ne olmuştur? Daha sonra, sayın bakan birkaç ay sonra İçişleri Bakanı olmuş -mahkeme dosyasına ne girmiş, ne çıkmış onu çok merak ediyoruz ama- Vedat Demir tahliye edilmiştir."

Tahliye o gün yandaş medyayı kızdırmıştı.[15] AKP medyasına göre bile bir el Demir'i tahliye ettirmişti. Özel bunu şöyle anlattı:

"*Sabah* gazetesinin kupürü: 'FETÖ davasında skandal tahliye.' Bu, sizin yakından takip ettiğiniz, bildiğiniz gazetenin vurgusu. Örneğin Cem Küçük, 'Bunlar net FETÖ'cü, nasıl tahliye edersiniz?' diye yazarken, darbe girişimini darbe girişiminden önce bilen Fuat Uğur 'Bunları koruyan bir el var, bunları koruyan el, kimdir?' sorusunu köşesinden sormuştur."

Özel'e göre o el Soylu'nundu. Soylu'nun hazırlanma hikâyesini de şöyle ifade etti:

"Bu cemaat uzun vadeli bakar, bu matruşkanın içi açıldıkça bir tane çıkar... İçi açıldıkça bir tane daha, bir daha, bir daha, bu biter... Buyurun, bu güzel tanımlamayı yapıyorsunuz da bu matruşkalardan, acaba içinden çıkacak son isim, son resim siz olmayasınız sakın."

Sataşmalar artınca, Soylu, Vedat Demir konusunda konuşmak zorunda kaldı. Meclis tutanaklarına göre Demir'i şöyle anlattı:

---

15 https://www.sabah.com.tr/gundem/2017/02/18/feto-davasinda-skandal-tahliye

"Vedat Demir Yeni Asya Cemaati'ne intisaplıdır. Doğru Yol Partisi'ni bilenler bilir, Doğru Yol Partisi, Yeni Asya Cemaati'yle beraber siyaset yapma kabiliyeti olan bir anlayıştaydı. Bunlar da oradaki çocuklardı. Vedat'ı akademisyen diye 2008 yılında Demokrat Parti'nin Genel İdare Kurulu'na ben aldım, doğru. 2009'da görevimiz bitti. Doğumundan itibaren anti FETÖ'cüdür Vedat, iyi bilirler. 2010'da biz referanduma çalışmaya başladık mı? 40 kişi bir araya geldik, arkadaşlarımız, Demokrat Parti'de siyaset yapan. Herkese uyarılarda bulundum, Vedat'a dedim ki: 'Bu *Zaman* gazetesi aleyhine ve Ekrem Dumanlı'nın aleyhine konuşmayacaksın.' 'Neden?' 'Biz bir çalışma yapıyoruz, 'Evet'e çalışıyoruz, işi bozma.' Ve beraber bir çalışma yürüttük. Ne zaman ki Vedat Amerika'ya gitti... Amerika'ya gidene kadar da birlikteydik. İstanbul'a geldi, İstanbul Üniversitesi'nden Amerika'ya gitti. Vedat orada Fetullah Gülen'in cemaatine intisap etti. Ve biz hepimiz Vedat'ı ayıkladık."

Soylu'nun anlattığına göre Profesör Vedat Demir, Yeni Asyacılıktan FETÖ'ye transfer olmuştu. FETÖ'cü olunca da Soylu onunla yolunu ayırmıştı.

Peki, mahkeme kayıtları Demir için ne söylüyor?

Demir hakkında, İstanbul Cumhuriyet Başsavcılığı tarafından, İstanbul Üniversitesi Rektörlüğü Personel Daire Başkanlığı'nın ihbarı üzerine iddianame yazılmıştı. İletişim Fakültesi'nde Reklam Ana Bilim Dalında hoca olan Prof. Dr. Vedat Demir, FETÖ'nün üniversiteler ayağında olmakla suçlanıyordu. Demir, darbeden sonra tutuklanmış, okuldan da ihraç edilmişti.

Yukarıda da değindik; iddianamede "Soylu'nun Abisi" olarak bilinen Demir'in WhatsApp mesajları yer alıyordu:

"Hocam darbe başarılı olamazsa hepimiz yandık. Tek adam faşizmi hakim olacak... Ben devlet anlayışına sahip askere bile razıyım."

Demir, darbe girişiminin ardından "Şu anda idealleri savunabilecek bir zemin ve ortam yok" diyerek FETÖ medyasında yazarlığı bırakmıştı. Ancak bu, kurtulmasına yetmemişti. Darbeden 10 gün sonra, 25 Temmuz'da gözaltına alınmış, 3 Ağustos'ta tutuklanmıştı.

Meclis'teki pasaport tartışması

Soylu'nun Vedat Abisi konuşulmaya devam ederken, bir hafta sonra Özgür Özel yeniden sahneye çıktı. Soylu hakkında verilen gensoruda söz aldı:

"Hafta boyunca 'tarih açıklayacağım' ifadelerime cevap vermedi. Şimdi tarihi açıkladık. 4 Şubat 2012'de Vedat Demir ile birlikte gittin, dedik. O konuya da hiç girmedi artık Süleyman Soylu, zımnen falan değil alenen Vedat Demir ile birlikte Pensilvanya'ya gittiğini kabul etti."

Özel'e göre o tarihin bir anlamı vardı:

"Üç gün sonra ne oluyor Türkiye'de? 17-25 Aralık'ın öncüsü kabul ettiğiniz 7 Şubat tarihli, MİT Müsteşarı Hakan Fidan'a ve MİT'e yapılacak FETÖ operasyonu başlıyor."

Özgür Özel, Vedat Demir'in MİT Kumpası'nın Adil Öksüz'ü olduğu iddiasındaydı:

"MİT Müsteşarı'na operasyondan üç gün önce Vedat Demir ile Pensilvanya'ya gittin. Vedat Demir senin yanında ya da sen olmadığın bir ara bir görüşme gerçekleştirdi mi? MİT Müsteşarı'na operasyon ile ilgili bilgi getirdi mi? Bu sorumuza da yanıt vermedi. Çok açık bir şekilde Süleyman Soylu FETÖ kumpasının bir parçasıdır ya da bir tanığıdır dedik. Yanıt hakkını kullanmadı. MİT krizinden üç gün önce bir akademisyene Pensilvanya ziyaretinde eşlik etmenin bir açıklamasının yapılması gerekirdi."

Soylu bu kez yanıt verdi. Özel'in söylediği tarihteki pasaport fotoğrafını paylaştı. O gün Pensilvanya'ya değil, Suudi Arabistan'a doğru Umre'ye gittiğini söylüyordu.

Peki, Soylu'nun Pensilvanya ziyaretinin başka tanıkları oldu mu?

Onu da bir başka bölüme saklayalım.

9. BÖLÜM

SOYLU PENSİLVANYA'DA

Ahmet Dönmez, FETÖ'nün kapatılan yayın organı *Zaman* gazetesinin Başbakanlık muhabiriydi. Türkiye'de olsa muhtemelen tutuklanacaktı. Yurtdışına gitti.

Dönmez, bir süre sonra içinde bulunduğu yapıyı sorgulamaya başladı. Hayır, itirafçı değildi. Örgütü, destekçilerini, taraftarlarını bütünüyle karşısına almıyordu. Ancak FETÖ'yü, daha doğrusu FETÖ içinde suç işlediğini söylediği bir yapıyı sorguluyor, hatta ifşa ediyordu. FETÖ içinde darbeye karışanları, sınav sorularını çalanları, dolandırıcılık yapanları, kumpas davalarında sahte belge üretenleri anlatıyordu. Ona göre bunları yapanlar yapıyı kirletmiş, Cemaat'i FETÖ haline getirmişti. Dönmez, ifşaların sonunda İsveç'te olmasına rağmen saldırıya da uğradı. Hastanelik oldu. FETÖ içindeki birileri belli ki ona "sus" diyordu.

Peki Dönmez, Süleyman Soylu ile ilgili de ifşalarda bulundu mu?

Elbette ki...

Bir önceki bölümde anlattığımız Özgür Özel hadisesinden başlayalım...

Ahmet Dönmez'e göre Özgür Özel'in olguları yanlış:

"Sadece Özgür Özel, yanlış bir tarih ve yanlış bir kişi adı (Vedat Demir) vermiş, bunun altında kalmıştı."[16]

Ancak ilişki doğru:

"Oysa cemaat ile Süleyman Soylu arasında tahminlerin de ötesinde çok güçlü ilişkiler vardı."

Öyle ki bu basit bir siyaset-tarikat ilişkisi değildi:

"Cemaat, Soylu üzerinde adeta bir 'proje' gibi çalışıyordu. Ona yatırım yapılıyordu."

---

16 https://www.ahmetdonmez.net/soylu-akpye-gecmeden-once-gulene-danisti/

Para itirafı

Gerçekten de, 12 Eylül referandumunda Soylu'nun "Evet" kampanyası için yaptığı gezilerin parasını FETÖ'nün verdiğini anlattı:

"Cemaatten 50 bin TL nakit destek almıştı. Üstelik paralar, bugün dahi Gülen'in en yakın halkası içinde bulunan Barbaros Kocakurt'un onayı ile verilmişti. Burada Soylu'yu bir nebze haklı çıkaracak tek unsur, paraların cemaatin merkezi tarafından gönderildiğini bilmiyor oluşu olabilir. Çünkü cemaat kanadı, paraları Soylu'nun iyi görüştüğü iki şahıs üzerinden göndermiş ve sanki onlar kendi cebinden destekte bulunuyor gibi sunmuştu."

Ahmet Dönmez'in aktardığına göre Soylu-FETÖ ilişkisi 2009'da Gülen'in onayı ile başladı. 2013'te ise Soylu'nun seçimlerinin sonucunda Gülen'in "görüşmeyi kesin" demesiyle koptu.

Bu kadarla kalmıyor...

Soylu için kurulan grup

Dönmez'in aktardığına göre; FETÖ, Soylu'yu eğitmek için sohbet grubu da kurdu:

"Aynı dönemde cemaatin Süleyman Soylu'yu sohbetlere daveti de söz konusu oldu. Daha doğrusu sırf onun için bir sohbet grubu ihdas edilmek istendi. Bu gruba dini sohbeti kimin yapabileceği düşünüldüğünde akla gelen isim, Fethullah Gülen'in talebelerinden Cemal Türk oldu. Konu Gülen'e de açıldı, ondan da onay alındı. Ancak bu sohbetler düzenli olamadı."

Dönmez'in verdiği bilgiler içinde bir detay daha var...

Dönmez şöyle anlatıyor:

"İlk buluşma Hazım Sesli'nin evinde oldu.[17] Soylu henüz bunun bir sohbet toplantısı olduğunu bilmiyordu. Cemal Türk'le ilk kez orada tanıştırıldı. Hizmet Hareketi ve Fethullah Gülen

---

17 Hazım Sesli "FETÖ'nün bürokrasi imam yardımcısı" olmakla suçlanmış ve hakkında terör örgütü üyeliğinden 15 yıl hapis cezası verilmişti. Gazeteci Can Bursalı'nın haberinden öğrendik; Hazım Sesli tutuklu bulunduğu Menemen Cezaevi'nde 2020'de saldırıya uğradı. Sesli, telefon görüşü sırasında 7 farklı yerinden şişlendi.
Sesli, 17 Eylül 2019'da Uşak 2. Ağır Ceza Mahkemesi'nde bir duruşmada, "Bildiğim çok şey vardır, şu anki bakanlara ve geçmişteki bakanlara ilişkin bildiklerim vardır. Şu ana kadar konuşmadım ancak konuşursam yer yerinden oynar" demişti. Sahi, Sesli'nin adını vermediği o bakanlar kimdi? Cezaevinde saldırıya uğramasında bu çıkışının payı var mıydı?

ile ilgili soruları varsa bunları en iyi cevaplayabilecek kişilerden birisinin Cemal Bey olduğu kendisine iletildi."

Pensilvanya ziyareti

Gülen'in en yakınlarından olan Cemal Türk, 15 Temmuz'un beyin takımından olan ve firar eden Adil Öksüz'ün akrabasıydı. Öksüz, Türk'ün kayınbiraderiydi.

Ahmet Dönmez, Soylu'nun Pensilvanya ziyaretini ise şöyle anlatıyor:

"2010 referandumu sonrası, 2011'in başlarıydı. Referandumdaki katkıları için kendisine orada teşekkür de edildi. Gülen'in ikamet ettiği yerleşkenin içindeki eski binanın alt katında 6-7 kişi beraber yemek yediler. Ulaştığım bilgilere göre Süleyman Soylu burada Gülen'e karşı son derece sitayişkârdı. 'Efendim buraya herkes gelmek istiyor. Böyle güzel hizmetlerin başındaki zâtı âhir ömrümde görmeden ölürsem eksiklik sayarım bunu kendime' şeklinde bir ifade kullandığını da teyit ettim. Soylu kısa süre öncesinde Hacca gidip geldiği için buradaki gözlemlerini anlattı. 'Orada sizin arkadaşlara da rastladım, gözyaşları içinde size dua edenleri gördüm' dedi. Karşılıklı hediyeleşmeler oldu. Orada bir gece kalan Soylu, AKP'ye katıldıktan sonra bir kez de ailesi ile ziyarete gitmeyi planladı. Fakat tam o sırada Gezi olayları patladığı için Amerika ziyaretini iptal etti."[18]

Ahmet Dönmez, *Zaman* gazetesi adına görüştüğü Soylu ile dershaneler krizi sırasında neler konuştuğunu da anlattı:

"Süleyman Soylu, yaptığımız görüşmelerde bana şunları söylüyordu: 'Cemaat bu işlerden anlamıyor. Olanın bitenin farkında bile değiller. Bu çok uzun bir süreç olacak. Hiç de kısa sürmeyecek. Cemaat yazmakla, çizmekle, twit atmakla bu işler çözülür zannediyor. Biz Hüseyin Abi (Çelik) ile, Nabi Abi (Avcı) ile, Bülent Arınç'la defalarca konuştuk. Bu dershane meselesinde patronu (Erdoğan) nasıl ikna ederiz diye çok konuştuk. En son etüt merkezlerinde karar kıldık. Bakanlar Kurulu öncesi MYK'da konuşuyoruz. Anlattık projeyi kendisine. Etüt merkezini icat ettik, belki bununla kendisini (Erdoğan'ı) ikna ederiz diye çalışıyoruz ama cemaatteki arkadaşlar ona da itiraz ettiler. Namus

18 https://www.ahmetdonmez.net/hazim-sesli-akp-ici-iktidar-savasina-mi-kurban-gitti-2/

meselesi yapıyorlar. Tutturmuşlar dershane diye. Dershane olmasa ne olur? Dünya mı biter? Farklı bir strateji üretemiyorlar. İşin ciddiyetinin farkında değiller. Bak bu iş çok uzun sürecek, haberin olsun.'"

Gülen'in talebi

FETÖ-Soylu ilişkisinin kopuşunun dershanelerle olduğunu anlatıyor Ahmet Dönmez. 18 Kasım 2013 tarihli Bakanlar Kurulu toplantısından önce Gülen'in Soylu'ya "Kendisinden daha önce hiçbir talebim olmadı ama bu tarihi süreçte ondan bir destek istiyoruz. Dershanelerin kapatılmaması noktasında yapabileceği ne varsa yapmasını istirham ediyorum" şeklinde mesaj gönderdiğini aktarıyor. Soylu'nun da "Evet zât-ı âlilerinin şu ana kadar hiçbir talebi olmadı, biliyorum. Bu ilk. Merak etmesinler, elimden geleni yapacağım" cevabını verdiğini söylüyor.

Soylu'nun bekleneni yapmaması üzerine ilişki koptu. Nitekim 17-25 Aralık'ta operasyona uğrayanlar arasında, Süleyman Soylu'nun kuzeni Sadık Soylu da vardı. Sadık Soylu, Çevre ve Şehircilik Bakanı Erdoğan Bayraktar'ın danışmanıydı. FETÖ belki de Soylu'dan verdiği sözü tutmamasının intikamını alıyordu.

Ahmet Dönmez'in FETÖ'nün iç yapısından aktardıkları böyle. En önemlisi, Soylu, AKP'de siyasete niyetlendiği zaman bunu Gülen'e sorduğunu, Gülen'in "mümkünse, dışarıda bir şeyler yapma şansı varsa AKP'ye girmesin" dediğini FETÖ kaynaklarına dayanarak aktarıyor.

Meşhur "kandırıldık" lafı tam da buraya göre galiba...

Yalnız, FETÖ mü Soylu'yu kandırdı, Soylu mu FETÖ'den yararlandı, işte bunun yanıtını vermek zor!

Voltaire'in dediği gibi, "insanın pişmanlığı, Tanrı tarafından bilgelik sayılır".

Belki de Soylu sadece pişmandır!

ByLock'tan Süleyman Soylu çıktı

Bir kritik detayla bitirelim bu bölümü...

Ahmet Hamdi Parlak ismini hiç duydunuz mu?

İçişleri Bakanlığı'nın "Terör Arananlar" adlı bir resmi web sitesi var. Orada firari terör örgütü üyelerinin önemlerine göre sınıflandırılmış uzun bir listesi yayımlanıyor.

İşte o sayfada "Mavi Liste" içinde Ahmet Hamdi Parlak'ın fotoğrafının altında "FETÖ / PDY Terör Örgütü" diye yazıyor. Parlak'ın yakalanmasına yardımcı olacaklara da 3 milyon TL'ye kadar ödül verileceği belirtiliyor.

Güzel.

AKP medyası ise işte o Fethullahçı Parlak'ı "FETÖ'nün CHP'den sorumlu siyaset imamı" diye haber yapıyor.

Peki...

Örgütün kritik isimlerinden olan ve İçişleri Bakanlığı'nın aradığı Ahmet Hamdi Parlak'ın, İçişleri Bakanı Süleyman Soylu ile bir ilişkisi var mı?

Fethullahçılara göre var!

Bunu da mahkeme dosyalarından biliyoruz...

Bakınız...

FETÖ'nün iş dünyası yapılanması TUSKON'a dair İstanbul 23. Ağır Ceza Mahkemesi'nce bir yargılama yapıldı. Haliyle, o davanın ek klasörlerinde İstanbul Cumhuriyet Başsavcılığı'nın topladığı deliller yer aldı. İşte o deliller arasında, bazı Fethullahçıların kendi aralarında yaptığı gizli ByLock yazışmaları da vardı.

23 Kasım 2015 tarihinde, iki Fethullahçının yaptığı yazışmada şu diyalog göze çarpıyordu:

- Şeytan bu CFR[19] (Ahmet Hamdi Parlak) ile ilgili kafamı çok karıştırıyor. Hem Soylu denilen ş...[20] ile içli dışlı ol, ona araba bile al, Ankara'da ev tut, AKP'ye geçince H.E.'ye (Fetullah Gülen) gönder, 52 ilde evet mitingi yaptır, hizmete bu kadar küfretsin soysuz. Ve CFR'yi satmasın. Havsalam almıyor. Bunda bir bit yeniği aramak yanlış mı?[21]

- Bilmiyorum.

---

19 Ahmet Hamdi Parlak'ın FETÖ içindeki kod adının "Cafer" olduğu ileri sürülüyor.

20 Bu kelime hakaret içerdiği için kitabın yazarları tarafından kullanılmamış ve kısaltılmıştır.

21 ByLock'taki bu yazışmanın, Londra'da yaşayan firari Fethullahçı Akın İpek'e ait olduğu öne sürülüyor.

Normalde, İstanbul Cumhuriyet Başsavcılığı'nın "bu ne iş" diye düşünüp, Süleyman Soylu hakkındaki iddiaları soruşturması gerekiyordu. Yaptı mı? Hayır, elbette!

Ama biz yine de, bir gün adil düzen kurulduğunda savcıların yanıt araması gereken soruları listeleyelim:

1- İçişleri Bakanı Süleyman Soylu'nun Fethullahçı Ahmet Hamdi Parlak ile ilişkisi olduğu iddiası doğru mu? Bir yakınlığı ya da bir ilişkisi var mıydı?

2- FETÖ imamı Parlak, Bakan Soylu'ya araba aldı mı ve Ankara'da ev tuttu mu?

3- Bakan Soylu'nun Fethullah Gülen'in yanına Pensilvanya'ya gitmesinde Fethullahçı Parlak'ın rolü neydi?

4- İstanbul Cumhuriyet Başsavcılığı bu gizli yazışmalara dair neden hiç harekete geçmedi?

5- Süleyman Soylu bu ByLock yazışmasından haberdar edildi mi?

10. BÖLÜM

FETÖ ARŞİVİ SOYLU'DA

FETÖ operasyonları oldu. Örgütün kurumlarına el kondu. Hepsi bir yana, örgütün belki de arşivini göreceğimiz yayınlar da silinip gitti. Bugün nedense onlara ulaşamıyorsunuz. *Zaman* gazetesinde ne demişler, *Taraf*'a ne söylemişler okuyamıyorsunuz.

Diyeceksiniz ki; dilinizin altında ne var?

Şöyle anlatalım...

Süleyman Soylu, kumpas davalarının en ateşli savunucularından biriydi. "28 Şubat da, 12 Eylül de, 12 Mart da, 1960 darbesi de Ergenekon tipi örgütlenmelerin yaptığı iştir" diyecek kadar ileri gitti.[22] Elbette bu destek FETÖ ile yakınlığından geliyordu.

Fakat bu ilgi sadece bir ideolojik destekten ibaret değildi. Soylu, o dönem bugüne ışık olacak bazı adımlar da attı. Örneğin 2009 yılının Ocak ayında, Demokrat Parti Genel Başkanı'yken ortaya çıktı. Başta *Zaman* olmak üzere FETÖ'ye yakın gazetelere röportajlar verdi.

Abdullah Gül'ün Cumhurbaşkanlığı sürecinde gündeme gelen 367 krizinin sözde Ergenekon tarafından yaratıldığını anlattı. O dönemde DP ve Anavatan yönetimine Meclis'e girmemeleri için baskı yapıldığını iddia eden Soylu, "Bunların hepsinin kayıtları vardır. Son günlerde ismi çok geçenlerden bir tanesinin direkt müdahil olduğu söyleniyor. Bire bir siyasi parti yöneticilerini aradığı ve baskı yaptığı söyleniyor" dedi.

Ne kadar Soylu cümlesi değil mi?

"Bunların hepsinin kayıtları var"ı kastediyoruz. Aynı ifadeyi yıllarca kullanmaya devam etti.

Peki, o gün Soylu kimi kastetti?

"İsmi geçenlerden bir tanesinin direkt müdahil olduğu söyleniyor" dediğinde herkes emekli Genelkurmay Başkanı İsmail Hakkı Karadayı'nın kastedildiğini konuştu.

22 https://www.yenisafak.com/roportaj/suleyman-soylu-darbeler-de-ergenekon-tipi-orgutlerin-isi-166658

Derken "pat" diye bir şey oldu.

Fethullahçılar o dönem klasikleştiği haliyle, eski Genelkurmay Başkanı İsmail Hakkı Karadayı'ya ait olduğu söylenen bir ses kaydını internetten yayımladı. Elbette gizli kayıt ve montaj yapılmıştı. Erkan Mumcu'yla Karadayı arasında geçtiği iddia edilen telefon konuşmasında, Abdullah Gül'ün cumhurbaşkanı seçilmemesi konusu konuşuluyordu.

İyi de Soylu'nun açıklamasının hemen ardından ses kaydının ortaya çıkması tesadüf müydü? Elbette değil... Mesele organize bir işti. Soylu'nun Karadayı'nın kaydını işaret etmesinin ardından kaydın çıkması bir FETÖ operasyonuydu. FETÖ'nün arşivini Soylu ile paylaştığını göstermesi bir yana, Soylu'nun da FETÖ kumpaslarından haberdar olduğunu kanıtlıyordu.

Soylu'nun Demokrat Parti'den tasfiyesinin altında işte bu arşiv sicili de vardı.

11. BÖLÜM

GÜLEN İÇİN BAHÇELİ'YE KARŞI ÇIKTI

Ağzınızdan bir çift kelam çıkıyor. Gökte yankılanıp, dinleyenlerin kulaklarında çınlamaya başlıyor. Sözün yolculuğu bitince, unutulur sanırsanız yanılırsınız.

Arşiv, görmek isteyen bir çift göze, büyük bir hazine sunuyor. Bu hazineden nasibimize düşeni almak için üstü tozlanıp görünmez olması istenen sayfaları aralıyoruz.

Süleyman Soylu'nun FETÖ'ye olan yakınlığı sadece televizyon programlarına çıkıp, referandumda oy istemek, kumpas davalara sahip çıkmak değildi.

AKP'ye transfer olup, partide hızla yükseldiği günlerde; AKP ile FETÖ arasındaki kavga şiddetlenmişti. Soylu, kavganın önüne geçmek için açıklamalarda bulunuyordu. AKP Genel Başkan Yardımcısı olduğu 23 Kasım 2013 günü, Kütahya'da AKP Siyaset Akademisi'nde bir konuşma yaptı. "Belki ileride lazım olur" diye düşünmüş olsa gerek ki, konuşmanın metnini kendi internet sitesine de koymuş, bu kitap yazılırken hâlâ yayında tutmuştu. Bugün açın bakın, resmi sitesinde duruyor.

"Gönlümüze sevgisi kapsamış Hocaefendiye..."

Peki, ne diyordu Soylu o konuşmasında? Soylu'nun internet sitesinden aktaralım:

"Hükümetle cemaat arasında, bir çatışma alanı ortaya konuluyor ise bu da yanlış olur. Buradan bir kavga çıkarmayalım, birbirimizi üzmeyelim, incitmeyelim. Hele sosyal medyadaki rezillikleri görünce iğreniyorum. Bir taraftan sabahtan akşama kadar Sayın Başbakana, diğer yandan da gönlümüze sevgisi kapsamış hocaefendiye hakaretler bizi üzmektedir. Burada hükümet samimiyetle adım atmaktadır. Biz birlik ve beraberlikle bu noktaya geldik. Allah korusun eğer bunu zedelersek, bunu iyi yönetemezsek büyük bir felakete doğru gideriz. Bu proje, Türkiye'de gelecek nesil için iyi bir adımdır. Herkes bu adıma ehemmiyet vermeli, hükümetimize itimat etmelidir. Özellikle vazoyu çatlatmamakla beraber, herkes görevini yerine getirmelidir. Hükümetin önerdiği teknolojiye ayak uydurmalıyız, birbirimizi üzmeyelim. Birbirimizi rencide edecek, yaralayabilecek sözlerden çekinmeliyiz."[23]

Soylu'nun önüne geçmeye çalıştığı kavga büyüdü, 15 Temmuz'a uzanan bir yola evrildi.

Bahçeli'yi karşısına aldı, Gülen'i korudu

Soylu'nun FETÖ'ye samimiyeti keşke sadece bununla sınırlı kalsaydı!

2011 yılında, kumpas davaların en şiddetli olduğu dönemdi... Bu kitabın yazarları da Silivri'de tutuklu bulunuyordu. Davaların arkasında Fethullahçıların olduğu ortaya çıkmış, siyasiler bu gerçeği dillendirmeye başlamıştı.

MHP Genel Başkanı Devlet Bahçeli ve CHP'li İsa Gök, "Cemaatin faaliyetleri askıya alınsın" çağrılarında bulundu. Bu çağrıların yayılmasının ardından örgütün medya organları devreye girdi. Kendilerine yakın kim varsa görüş alıp manşete koyuyorlar, Samanyolu TV'de canlı yayına bağlıyorlardı.

Yayına bağlananlardan birisi de Süleyman Soylu'ydu. FETÖ'ye yönelik eleştirilerin ve tepkilerin önüne geçmeye çalışıyordu.

Bugünlerde Devlet Bahçeli'ye yakın durmaya çalışan Soylu, 2011 yılında onu şöyle hedef alıyordu:

"Bir taraftan Sayın Bahçeli, Fethullah Gülen hakkında, diğer taraftan İsa Gök yine Fethullah Gülen ve onunla birlikte hizmette bulunan insanlar hakkında ipe sapa gelmez, bir merkezden yönetildiği apaçık olan açıklamalarda bulunuyorlar. Bunun tesadüf olduğunu bana kimse söylemesin."

Süleyman Soylu, konuşmasında FETÖ'yü övmek için el yükseltiyordu:

"Buradan Türkiye'yi yönetenleri uyarıyorum, bu aynen 28 Şubat gibi, 12 Eylül öncesi gibi büyük bir senaryodur. Derin devlet bütün ama bütün her şeyiyle beraber harekete geçmiştir.

"Bütün dünyanın üzerinde ittifak ettiği, dünyanın her noktasında okullarıyla eğitime yaptığı seferberliği hem diyaloğa hem

23 https://suleymansoylu.com/kutahya-siyaset-akademisi/

dinler arası bir şekilde uzlaşmayı sağlayacak nefreti ortadan kaldırmaya çalışacak mümtaz bir şahsiyete saldırı vardır. Bu saldırının sebebi Fethullah Gülen değildir aslında Türkiye'de mazlum insanlar ilk defa iktidara gelmektedirler.

"Hakkında bütün dünyanın övgüler düzdüğü, aslında bütün memleketimizin minnettar olması lazım gelen bir anlayışa çirkin bir saldırıya muhatap olmamak lazım. Fakat insanın içi hazmetmiyor. Ömründen tek bir dikili ağacı olmayan insanlar, Allah rızası için bu ülkenin her noktasına Diyarbakır'dan Edirne'ye kadar dünyanın her noktasında Afrika'dan Asya'ya kadar Balkanlara kadar Amerika'ya kadar her noktada bu milletin temel değerlerini dünyayla birleştirmeye çalışan bir anlayışa şiddetle saldırıyorlar. Benim bunu bakınız açık söylüyorum, Müslümanlık adına, Anadolu insanı adına, Türklük adına milliyetçilik adına, bu ülkenin geleceği adına kabul etmem mümkün değildir."

Zekeriya Öz'ü unutmadı

Süleyman Soylu, 15 Temmuz'a giden yolun taşlarını döşemek için yüzlerce insanı kumpas davalarla hapse atan, firari eski savcı Zekeriya Öz'e de selam göndermeyi unutmadı. "Öz'ün çok cesur olduğunu" anlatıyor, ona övgüler yağdırıyordu:

"Türkiye'de 4 yıldan beri hiç kimsenin cesaret edemediği, daha önce cesaret edilip bunu canıyla ödeyen insanlardan sonra bu iş için adım atan bir kişi çıktı ve arkadaşlarıyla beraber çıktı, evet siyasi irade de bunun arkasında oldu, bunun da hakkını teslim etmek lazım ama Türkiye'de olmayan, olması hiçbirimiz tarafından hayal edilmeyen, hepimizin siyasi ve ülkenin geleceğiyle ilgili beynimizi formatlayabileceğimiz, bizi yeni bir alana doğru çekti. Bu ülkenin de haksızlık yapan insanlarının haksızlığının yanına kâr kalmayacağını, bir tek adam bir işportacının oğlu, ortaya koydu. Bu ağırlarına gitmiş olabilir. Ankara'da müsteşar yardımcılığı yaparken Ankara'da orada bürokraside bulunurken elbette her hükümete kuyruk sallarken bu adamın aldığı riski, Zekeriya Öz'ün aldığı riski veya onu arkadaşlarının aldığı riski bunlar almadılar."

Dedik ya, görmeyi isteyenler için arşiv büyük bir hazine, diye... Bakmayın bugünlerde, Soylu'nun kükremesine.

İnsan geleceğini kendisi yazabilir ama, geçmişini silmek için her zaman zayıf bir hafıza gereklidir!

12. BÖLÜM

"İHANET EDİYORUM" DEDİ AMA...

Karşıdaki ses "Bir damar buldun, gidiyorsun. Kes artık" diyordu. Tehditle devam etti: "Haddini bildiririm."

Dediği oldu.

Peki, neydi o sözleri duymasına neden olan? Filmi geri saralım...

Erdoğan Bayrakdar adlı bir başsavcı vardı. "Ülkücü muhafazakâr" kimliğiyle bilinirdi. 15 Temmuz darbe girişiminden günler önce Tokat'ta göreve başladı. FETÖ'nün mülki idare yapılanmasına dair çok ciddi bir soruşturmayı yürütüyordu. Örgüt imamlarının itiraflarıyla ülkenin dört bir yanındaki FETÖ mensubu kaymakamlara, vali yardımcılarına ve valilere ulaştı. Çektikçe, çorap söküğü gibi geliyordu. Deyim yerindeyse, FETÖ'nün ciğeri sökülüyordu.

Öyle ki...

Bir itirafçı sanığın Başsavcı Bayrakdar'a şu sözü unutulmayacaktı: "40 yıllık emeğimizi heba ettiniz!"

Aynı itirafçı, "Kaç kişinin ismini vereceksin?" şeklindeki soruya karşılık ise şu çarpıcı ifadeleri kullanacaktı:

"Yanlış soru. Size sistemi anlatacağım. Oraya girince herkesi bulacaksınız... İnkâr edilemez delillere ulaşacaksınız."

Misal, FETÖ'nün mülki idare imamlarından Yusuf Acar'ın üst üste yaptığı isim isim itiraflar da örgütün kritik koltuklara nasıl yerleştiğini açıkça ortaya koyuyordu.

Lakin Tokat Başsavcısı soruşturmayı ilerlettikçe büyük bir duvarla karşılaştı. Konuşulan o ki; her şey başsavcının FETÖ şüphelisi kaymakamların referansını İçişleri Bakanlığı'na sormasıyla başladı.

Önce bakanlık bürokratları müdahale etmek istedi. İstenilen şuydu; soruşturma dosyası Ankara'ya gönderilmeliydi.

Öyle ya, Tokat gibi küçük bir Anadolu şehrinin imkânlarıyla yürütülemezdi bu dosya! Şaka değil; söz konusu olan İçişleri Bakanlığı'nın emrindeki yüzlerce mülki amirdi. Ancak Başsavcı Bayrakdar asıl niyeti anlamıştı, dosyanın üstü kapatılacaktı, taviz vermedi. Halbuki Ankara'da yapılan devletin bir gizli toplantısında, kaymakamlar soruşturmasının Tokat'ta kalmasına karar verilmişti.

Lakin... Aynı devlette buna karşı çıkanlar da vardı.

Görüşmelerden netice alınmayınca, İçişleri Bakanı Süleyman Soylu telefona sarıldı.

İddia o ki; Cumhuriyet Başsavcısı'na önce adeta hesap sorar gibi talimat vermeye kalktı. Ama beklemediği bir cevapla karşılaştı.

Bunun üzerine, Soylu bölümün girişinde alıntıladığımız ağır sözleri söyledi.

Deniyor ki; Soylu, Başsavcı Bayrakdar'a "Haddini bildiririm" demekle kalmıyor, soruşturulan FETÖ şüphelisi devlet görevlilerine de sahip çıkıyordu:

"Onlar gencecik ve temiz insanlar. Hem onları da alırsak görevden, kiminle çalışacağız?"

Başsavcı Bayrakdar'ın Bakan Soylu'ya yanıtı şu olacaktı: "Tarlalardan toplayın gerekirse, isterseniz bin tane vatan evladı bulursunuz!"

Evet, bu konuşmaları ilk kez bu kitapla öğrendiniz...

Dahası, Başsavcı Bayrakdar Bakan Soylu ile telefonun hoparlöründen konuşmuştu. Haliyle, o sırada makamında olan savcılar ve hâkimler tüm diyaloğa şahit olmuştu.

Sonra ne mi oldu? Erdoğan Bayrakdar kışın ortasında jet hızıyla Yargıtay'a sürüldü.

Yerine gelenler de soruşturmanın seyrini değiştirdi.

Yargı kulislerinde Bayrakdar'ın şu sözleri halen yankılanır:

"O dosyaya devam edilmemiz istenmedi. En çok üzüldüğüm nokta; devlet için mücadele ediyorum ama arkamdan darbe yiyorum. Kışın ortasında tayinimi çıkardılar. Terör soruşturmalarının dışına atıldım."

Bu kez sahnede Bahçeli var

Aradan bir süre geçti...

Bayrakdar bu kez Kırıkkale Cumhuriyet Başsavcısı olarak görevdeydi. Lakin, Devlet Bahçeli'nin Alaattin Çakıcı'yı hastanede ziyaret etmesinden kısa süre sonra yine koltuğundan oldu. Bahçeli ise Başsavcı Bayrakdar'a sahip çıktı: "Görevden alınmasının arkasında yatan asıl gerçek ve gerekçenin bizim ziyaretimizle ilgisi olmadığına inanmak istediğimi özellikle belirtmek istiyorum. Bu durumun vuzuha ermesi, tavzih ve telafi edilmesi arzum ve beklentimdir."

Sonunda...

Duyduk ki; Başsavcı Erdoğan Bayrakdar tüm bu yaşadıklarını anlattığı bir mektubu Cumhurbaşkanı Erdoğan'a bizzat elden dahi verdi. Ama görünen o ki, pek dikkate alınmadı.

Zira, Ankara Batı Başsavcı Vekili oldu. Belki iyi bir rütbeydi ama, biliyoruz ki FETÖ ile mücadele konusundaki deneyiminden faydalanılamayacaktı.

Evet, Tokat'ta başlayan soruşturmanın üzerinden yıllar geçti. Peki, Fethullahçı yüzlerce mülki idare mensubunun akıbeti ne oldu?

İnsanın aklına gelmiyor değil:

Acaba Başsavcı Erdoğan Bayrakdar devam etseydi...

Şu an halen görevde olan valilerden ya da kendisini başka tarikata aitmiş gibi gösteren nüfuzlu bürokratlardan gözaltına alacakları olacak mıydı? Kim bilir?

Fikir vermesi için şunu söyleyerek bitirelim:

Eski AKP Milletvekili Mehmet Metiner "devletin kılcal damarlarında hâlâ FETÖ'cüler var" demiş ve İçişleri Bakanlığı'nı işaret etmişti. Bakan Soylu ise "Bir tek FETÖ'cüyü göreve getirmişsem ihanet ediyorum" diyerek iddialı bir karşı çıkış yapmıştı.

Gelin görün ki, Soylu'nun bu meydan okumasından kısa süre sonra onlarca kaymakam ve vali yardımcısı görevden alındı. Fethullahçı oldukları iddiasıyla tasfiye edilen o isimler arasında bizzat Süleyman Soylu'nun İçişleri Bakanlığı döneminde atananların da olduğu ortaya çıktı.

Hatta ve hatta, Soylu'nun kendi memleketi Of'a atadığı kaymakamın bile FETÖ'cü olduğu görüldü.[24]

---

24 https://t24.com.tr/yazarlar/tolga-sardan-buyutec/feto-cu-mulki-amirler-sorusturmasinda-liste-krizi-icisleri-bakanligi-ile-emniyet-karsi-karsiya,34444

Bakınız...

Bugün gelinen nokta öyle bir halde ki...

FETÖ'nün irtibat yöntemleri ve kendilerini saklama taktikleri değişti. Örneğin, şu an daha çok Türkiye'deki sığınmacılar üzerinden telefon hattı aldıkları ileri sürülüyor. Gelin görün ki, mücadele akamete uğradığında bunları net olarak bilmek imkânsız oluyor.

Düşünün...

Güvenlik bürokrasisinin önemli bir isminden dinledik: "Kritik bir FETÖ itirafçısının verdiği isim listesi var. Halen aktif görevdeki bazı emniyet müdürlerine de operasyon yapılması gerekiyor. Ancak 'seçim öncesi[25] böylesi bir operasyon iktidara zarar verir' diye bekletiliyor."

Kısacası, FETÖ ile mücadeleyi Soylu'nun insafına verdiler. Ama Soylu'nun kendisinin atadığı birçok isim de FETÖ bağlantılı çıktı. Haliyle, onları soruşturan savcıya ise Soylu etmediğini bırakmadı. Yetmedi, sürekli kendisini FETÖ ile mücadele ediyor gibi anlattı.

Nietzsche'nin dediği gibi, "insanın kendisinden söz etmesi, kendisini gizlemenin bir yoludur".

25 14 Mayıs 2023 tarihli Cumhurbaşkanlığı ve Parlamento seçimleri.

13. BÖLÜM

SEDAT PEKER HAREKETE BAŞLADI

Sedat Peker, Türkiye'de organize suçlarla mücadele eden polisleri uzun yıllar peşinden koşturdu. Senelerce hapis yattı. Suç kaydı kabarıktı. Gelgelelim, Ergenekon kumpasında hapisten çıktıktan sonra AKP'ye yakın durmayı seçti. Başta Erdoğan olmak üzere AKP'li siyasetçilerle birlikte duruyor, iktidara destek mitingleri düzenliyor, kimi zaman muhalifleri tehdit ediyordu. *Hürriyet* gazetesinin camlarının kırılması ya da eski vekil Feyzi İşbaşaran'ın dövülmesi olayındaki gibi iktidarın vurucu gücüydü.

Lakin, gün geldi Peker ile AKP arasındaki bahar havası bozuldu. Mafya dünyasını yeniden dizayn edenler Peker'i dışarıda bırakmaya karar vermişti. Hakkında soruşturma açıldı. O da Sezgin Baran Korkmaz gibi bundan haberdar oldu. Yurtdışına çıktı. Kriz çözülmeyince videolar çekerek içinde bulunduğu ilişkileri ifşa etmeye karar verdi.

Tam da burada... Ankara'nın derin dehlizlerinde konuşulan bir iddiayı yazalım:

Deniyor ki...

Mehmet Ağar, Alaattin Çakıcı'nın hapisten çıkması için çabaladı. Çıkınca da "bizim adamımız o" diyerek Çakıcı'yı destekledi. Bunun için de Sedat Peker'in uzaklaştırılması operasyonu başlatıldı. Bakan Süleyman Soylu bunu organize etti.[26] Ancak

26 Burada bir parantez açmak lazım. Sedat Peker'in Soylu Ailesi ile olan dostluğu 1992 yılında başlamıştı. O tarihlerde Süleyman Soylu'nun babası Hasan Soylu, DYP'nin Gaziosmanpaşa ilçe başkanıydı.
Peker cephesi o sürece dair şöyle bir anı da paylaşıyor: "Gaziosmanpaşa Taşlıtarla'da Hüseyin Ceylan isimli iş damının sahibi olduğu binada Doğru Yol Partisi ilçe başkanlığı teşkilatı da kiracıydı. İşlerinin kötü gitmesi ve o dönemin önemli mafya liderlerinden birinin yakınlarından faizle para alması üzerine, Hüseyin Ceylan sahibi olduğu binayı garanti olarak vermişti. Parayı zamanında ödeyemeyince de mafya grubu binaya çökmüştü. Hasan Soylu ve Hüseyin Ceylan, Sedat Peker'in akrabaları olan Reşat Fazlıoğlu ve Zafer Salman üzerinden Peker'e ulaşıp yardım istemişlerdi. Sedat Peker'in

polisten Peker'e bilgi sızınca, o da ülke dışına gitti. Peker olayı tertipleyenleri öğrenince direkt Ağar'a ve Soylu'ya karşı cephe aldı. Türkiye'nin tartıştığı videoların ana çıkış nedeni buydu.

Sedat Peker'in yakınlarının ise bu iddiaya dair şöyle düşündüğünü öğrendik:

"Sedat Peker'in ilk yayımladığı videolarda Süleyman Soylu'ya karşı bir düşmanlık asla söz konusu değildi. Pelikancılar ve Mehmet Ağar'a karşı bir savaş başlatıyordu. Ancak Süleyman Soylu'yu da çok iyi tanıyordu. Soylu, Berat Albayrak'ı parti içinde etkisizleştirmeyi ve neredeyse toplumun en sevilmeyen kişisi haline getirmeyi başardığı için, kendi gücünü pekiştirmek adına mutlaka devreye girecekti. Bundan dolayı, Peker tüm baskın karakterlerle ilgili çalışma yaparken, Süleyman Soylu ile ilgili çalışmasını da zaten tamamlanmış bir şekilde bekletiyordu.

"Sedat Peker cezaevinden çıktıktan sonra yaşanan bir olay var. O dönem MHP'nin kritik ismi olan Şefkat Çetin'in, bir cenazede Peker'in yolladığı çiçeği kaldırtmasıyla başlayan karşılıklı gerilim, geri dönülemez bir safhaya varmıştı. Sadece Mehmet Ağar değil, MHP'deki yönetim kadrolarının geçmişin intikamını almak için Süleyman Soylu'yu Sedat Peker'in üzerine yönlendirdiği bilinmekteydi."

Gerçekten de Peker, Soylu'yu ilk üç videosunda es geçmişti. 2 Mayıs 2021'de "Şahsıma yapılan kanunsuzlukların taşeronu Mehmet Ağar ve Pelikancılardır" başlıklı videosunda o yoktu. 6 Mayıs 2021'de "Mehmet Ağar ve Pelikancıların Gerçek Yüzü (Ödeşmek Adettendir!)" başlıklı videoda da... 9 Mayıs 2021'de "Derin Devletçiler, Pelikancılar; Bir Tripoda, Bir Kameraya Yenileceksiniz" başlıklı videoda da gözler Soylu'yu aradı...

Gelgelelim, Peker'in açıklamaları derinleştikçe gözler Soylu'ya çevrildi. CHP lideri Kemal Kılıçdaroğlu, "İçişleri Bakanı, bu tartışmalara sadece seyirci" diyerek Peker meselesinde Soylu'nun sessizliğini eleştirdi. İlk sesi bunun ardından sakin bir dille verdi. Soylu 11 Mayıs 2021'de Peker için "Bir mafya

devreye girip bu sorunu çözmesi üzerine de bina tekrardan gerçek sahibi Hüseyin Ceylan'a iade edilmişti. Süleyman Soylu'nun babası Hasan Soylu da Sedat Peker'i kapılara kadar yolcu edip 'Sen Karadeniz'in gururusun. Bizim mahcubiyetimizi giderdin' diyerek övgülerde bulunmuştu. İlk dostluk o tarihte başlamış, 2021 yılına kadar kesintisiz devam etmiştir. Yapmış olduğu bu yardım üzerine Sedat Peker'e hediye olarak '34 BLU 34' plakalı mavi renkli bir Mercedes ve bir çanta dolusu para yollanıldığı da bilinir."

pisliği"[27] ifadesini kullanınca, Peker'in Soylu ifşaatları başladı. O artık halka mal olduğu haliyle "Süslü Sülü" idi. 13 Mayıs 2021'de "Bazıları Aslan Hikâyesini Anlatmadan Avcının Hikâyesine İnandılar. Görüşeceğiz" başlıklı 4. videosunda Soylu hakkında konuşmalarına başladı.[28]

Peker, "Bir arkadaş aradı, 'Süleyman Bey'in üzerine çok geliyorlar, bir şeyler söyleyecek, arkadaş kusura bakmasın' dedi. Tamam dedim, sorun değil normal" diyerek Soylu'nun kendisiyle danışıklı dövüş yaptığını ima ediyordu. Sonrasında Soylu ile Peker arasında halen aracılar olduğu ortaya çıkacaktı. Soylu, Peker'e mesaj göndermeye devam etmişti.

Gelgelelim, Peker için "mafya pisliği" fazla olmuştu. Gemileri yakmaya karar vermişti. "Bizim ülkeye geri dönüş biletimiz ya, hayallerimizi de çaldı, bilet de gitti" diyerek bir zamanlar kendisine ülkeye dönüş güvencesi verenin Soylu olduğunu açık etti.

"Tayyip Bey"li rica

"Berat Bey'e sen beni düşman etmedin mi?" diyen Peker, "Yahu benim akrabam gelip, 'Reis'in kulağına bir şeyler geliyor, İstanbul'da sorunlar var' dediğinde, 'İstanbul'u ben yönetemiyorum, Berat yönetiyor' dedin mi, demedin mi? 'O yaptırıyor her şeyi' dedin mi, demedin mi?" ifadeleriyle Berat Albayrak ile Süleyman Soylu kavgasına kendisinin ortak edildiğini ifade etti.

O sürece dair Peker cephesinde çarpıcı söylentiler de vardı. Yakınlarından dinleyelim:

---

27 https://www.cumhuriyet.com.tr/haber/pekerin-iddialari-uzerine-soyludan-aciklama-1835880

28 İçişleri Bakanı Süleyman Soylu'nun, Sedat Peker'in videoları sonrasında yargıdaki bazı isimler üzerinde baskı kurduğu da ortaya çıktı. DW Türkçe'den Alican Uludağ'ın haberine göre; Ankara Organize Suçlarla Mücadele Şube Müdürlüğü, Mersin'de Sedat Peker'le bağlantılı bir grubu uyuşturucu iddiasıyla izlemek istedi. Konu soruşturmaya dönüşmesi için Ankara Cumhuriyet Başsavcı Vekili Alparslan Tufan'ın önüne getirildi. Ancak Başsavcı Vekili Tufan, buna usuli gerekçelerle izin vermedi. Zira Tufan, suç yerinin Mersin olduğunu belirterek yetkinin Mersin Cumhuriyet Başsavcılığı'nda olduğunu kaydetti. Kulislere göre bu durum, Ankara Emniyet Müdürü Servet Yılmaz aracılığıyla İçişleri Bakanı Süleyman Soylu'ya iletildi. Soylu'nun da Tufan'ın görevden alınması yönünde iktidar içinde kulis yaptığı iddia edildi. Sonunda, Hâkimler ve Savcılar Kurulu Alparslan Tufan'ı görevden aldı ve Ankara Batı Adliyesi'ne atadı.
Benzer bir baskının da, İstanbul Anadolu Adliyesi'nde görülen Peker hakkındaki davaya dair yaşandığı gündeme geldi. Halk TV'den Seyhan Avşar'ın haberine göre, Bakan Soylu ilgili mahkemenin verdiği bir karardan dolayı Başsavcı İsmail Uçar'ı arayıp, öfkesini dile getirdi.

"İşin enteresan tarafı, akrabası Reşat Fazlıoğlu Sedat Peker'i arayarak 'Süleyman Bey rica etti; Berat Bey'in üzerine gitmeyip, bir video çekerek konuyu düzeltmeni istiyor. Bu ricadan Tayyip Bey'in de haberi varmış' demiş. Sedat Peker o sırada yanında kalan arkadaşlarına dönerek 'Bu Süleyman çok tehlikeli biri. Hem bizi doldurup adama düşman ediyor, hem de kurtarıcı rolüne bürünüp Tayyip Bey'in nazarında puan kazanıyor' diyerek gülümsemiş.

"Süleyman Soylu'nun parti içinde ikinci adam olabilmesi için Berat Albayrak'ı tahtından indirmesi gerekiyordu. Sedat Peker'in Karadağ'da Berat Albayrak'la ilgili videolar çekince, bunu düzeltmesinin Süleyman Soylu tarafından istenmesi bazılarına fantastik bir hikâye olarak görünebilir. Bunun kanıtlanması çok kolay bir şey. Bakan Soylu'nun, koruma müdürünün ve aynı gün Reşat Fazlıoğlu'nun telefonundan Karadağ'daki Sedat Peker'in arandığı bulunabilir. Ve bu aramaların akabinde de Sedat Peker'in Berat Albayrak'ı suçlamaktan vazgeçip, adeta temize çıkarmaya çalıştığı videonun yayımlandığı, savcılık tarafından, HTS kayıtlarının istenmesiyle çok kolay bir şekilde ortaya konulabilir."

Evet, Peker'e yakın kaynaklar çok kritik iddialarda bulunuyordu. Bitmiyordu.

Peker, kendisine "kaç" diyenin Soylu olduğunu da söyledi:

"Ben yurtdışına kaçmadan önce 'Sedat Peker'e dosya hazırlıyorlar. Ben tehlikeli bir durum olunca haber vereceğim' demedin mi?... Dönüş biletimizdin sen be, yaktın bizi."

Peker, Süleyman Soylu'nun, pandemide istifa ettiği gün, vazgeçmesi için atılan tweetlerin kendisinin desteğiyle hazırlandığını da açıkladı:

"O bir milyon 300 bin tweet var ya. Sen de biliyorsun, benim kardeşim gibi o çocukların hepsi. Benim destek olduğum, benim açılmasına destek olduğum haber portalları da sana destek oldular. Orada duruyor kayıtlar."

Peker, Soylu'nun Erdoğan'ın altını oymak için çalıştığını söyledikten sonra, ilk kritik dosyasını açıkladı. Konu Silivri Emniyet Müdürü'nün intiharıydı. İşin içinde Soylu'nun olduğunu herkes biliyordu.

İşte şimdi o konuya girelim...

14. BÖLÜM

SOYLU'NUN SORUMLU OLDUĞU İNTİHAR

Uyandırmak için önce telefonla aradı. Çaldı, çaldı, çaldı... Açmadı.

Kapıyı iki kez tıkladı; içeri girdi.

Müdürü, koltuğunda kanlar içindeydi. Silahı yanı başındaydı.

Çok geçmeden, tüm Türkiye duydu:

Silivri Emniyet Müdürü Hakan Çalışkan makam odasında ölü bulundu.

Hemen "intihar" denildi.

Medyaya yansıtılan haberlere göre; aksini kanıtlayacak bir şüphe de herhangi bir not da yoktu. Eldeki izlerden, tetiği polis müdürü Çalışkan'ın kendisinin çektiği anlaşılıyordu.

İstanbul Emniyet Müdürlüğü tarafından yapılan yazılı açıklamada, "3. Sınıf Emniyet Müdürü Hakan Çalışkan'ın, çalışma odasında henüz sebebi bilinmeyen bir nedenden dolayı kendisine ait beylik silahı ile intihar etmiş olduğu olay yeri incelemesinden sonra anlaşılmıştır. Konuyla ilgili tahkikata Silivri Cumhuriyet Başsavcılığı devam etmektedir" denildi.

Ölümü soruşturmakla görevli Silivri Cumhuriyet Başsavcılığı da yazılı açıklama yaptı. Emniyet Müdürü Hakan Çalışkan'ın 31 Temmuz 2017 tarihinde İlçe Emniyet Müdürlüğü Hizmet Binasındaki makam odasında saat 10.40'da ölü vaziyette bulunduğunun hatırlatıldığı açıklamada; "Cumhuriyet Başsavcılığımıza olayın saat 10.57'de ihbar edilmesi üzerine derhal Nöbetçi Cumhuriyet Savcısı ile olay mahaline gidilmiş, olay yerinin güvenliği sağlanmış, olayın tahkiki için acil ve gerekli önlemler alınmıştır" denildi.

Başsavcılığın açıklamasının devamında şu ayrıntılar vardı:

"Olay yerinde yapılan ilk incelemelerde; Emniyet Müdürü Hakan Çalışkan'ın, makam odasındaki koltuğunda oturur vaziyette olduğu, başında ateşli silah yarası ve koltuğunun yanında zeminde beylik tabancası olduğu görülmüştür. Müdür Hakan Çalışkan'ın 31 Temmuz 2017 saat 01.10 civarında istirahat etmek üzere makam odasına geçtiği, saat 10.30 civarlarında özel kalem personeli tarafından önce telefon ile arandığı, telefonlara cevap vermemesi üzerine makam odasına girildiği, hareketsiz ve başından yaralı olduğunun görülmesi üzerine sağlık ekiplerine haber verildiği, ex olduğu anlaşılınca sıralı Amirlere ve Başsavcılığımıza haber verildiği tespit ve müşahede edilmiştir."

Açıklama şu satırlarla bitiyordu:

"Başsavcılığımızca, olay yeri inceleme ekipleri ile birlikte olay mahallinde gerekli delil tespitleri ve incelemeler yapılmış, adli yönden önem arz eden herhangi bir şüpheli duruma rastlanmamış, Nöbetçi Cumhuriyet Savcısı ve Adli Tıp Doktoru ile Adli Muayene işlemleri icra edilmiş ve cenazesi sistematik otopsi yapılmak üzere İstanbul Adli Tıp Kurumuna sevk edilmiştir. Olayla ilgili olarak başlatılan Adli Soruşturma titizlikle ve çok yönlü olarak sürdürülmektedir."

Sus!

Uzun uzun alıntıladık. Zira, yıllardır bir türlü yanıtlanmayan sorular vardı:

39 yaşında bir Emniyet Müdürü neden intihar etti?

Pazarı pazartesiye bağlayan gece 01.10'da, neden Emniyet binasına, makamına geçti?

Ölümünden kısa süre önce, sabaha karşı saat 03.24'te WhatsApp'ta neden online olarak görünüyordu? En son kimlerle mesajlaşmıştı ve konuşmuştu?

Bu soruları kime sorsak, yanıt için kimin kapısını çalsak derin bir sessizlikle karşılaştık.

Deyim yerindeyse, tüm Emniyet Teşkilatı "sus" işareti yapıyordu.

Nedeni acaba, ölümün ucunun İçişleri Bakanı Süleyman Soylu'ya dayandığı iddiası mıydı?

Sahi, nedeni neydi?

Gazeteci ve bugünün TİP Milletvekili Ahmet Şık, *Cumhuriyet*'te bakın neler yazdı:

"Silivri Emniyet Müdürü Hakan Çalışkan'ın ölümüyle ilgili başlatılan adli ve idari soruşturma İçişleri Bakanı Süleyman Soylu'ya uzandı. Hakan Çalışkan'ı intihara sürükleyen olayın Bakan Soylu'nun oğlunun gözaltına alınan bir arkadaşının usulsüz biçimde serbest bıraktırılmasıyla ilgili olduğu iddia ediliyordu. İstanbul Emniyet Müdürü Mustafa Çalışkan'ın konuyu öğrenmesi üzerine olayla ilgili tutanak tutarak Bakan Soylu hakkında resmi işlem başlatmasını istediği, Silivri Emniyet Müdürü Çalışkan'ın da oluşan baskıya dayanamayarak intihar ettiği öne sürülüyordu.

"İçişleri Bakanı Süleyman Soylu hakkında CHP'nin verdiği gensoru teklifinin TBMM'de görüşüldüğü günlerde Meclis kürsüsünde yaptığı konuşmada CHP Grup Başkanvekili Özgür Özel de üstü kapalı olarak konuyu dile getirmişti. Özel'in isim vermeden yönelttiği iddialara ilişkin Bakan Soylu ise sessiz kalmayı tercih etmişti.

"İddiaya göre...

"2017 Temmuz ayı sonunda, Terörle Mücadele Şubesi ekiplerinin yaptığı rutin bir kontrol sırasında İçişleri Bakanı'nın oğlu Engin Levent Soylu'nun bir arkadaşı gözaltına alındı. Adli bir olaydan ötürü hakkında yakalama kararı bulunan kişi, arkadaşı olan Engin Levent Soylu'ya telefon açarak yardım istedi. Oğul Soylu'nun arkadaşı, gözaltına alındığı bölge olan Silivri Emniyet Müdürlüğü'ne teslim edilerek nezarethaneye konuldu. Ancak bir süre sonra Emniyet Genel Müdürlüğü Koruma Daire Başkanı Ekrem Gülen, Silivri Emniyet Müdürü Hakan Çalışkan'ı arayarak gözaltında bulunan kişinin serbest bırakılmasını istedi. Müdür Hakan Çalışkan'ın, gözaltı işleminin resmiyete döküldüğünü belirterek talebe olumsuz yanıt vermesi üzerine iddiaya göre kendisine, 'Şahıs Bakanın yakını ve serbest bırakılması isteniyor' talimatı verildi.

"Resmi işlem başlat"

"Koruma Daire Başkanı Gülen'in talimatı üzerine oğul Soylu'nun arkadaşı serbest bırakıldı. Ancak, konu Bakan Soylu ile aralarında husumet olduğu bilinen İstanbul Emniyet Müdürü Mustafa Çalışkan'a aktarıldı. Bunun üzerine Silivri Emniyet Müdürü Hakan Çalışkan'ı arayan İstanbul Emniyet Müdürü

Mustafa Çalışkan, kendisinden İçişleri Bakanı Soylu ve Koruma Daire Başkanı Ekrem Gülen'in sorumluluğunu belirten bir tutanak tutarak olayla ilgili resmi işlem başlatmasını istedi. Hem Ankara'dan hem de İstanbul'dan amirlerinin oluşturduğu baskıya dayanamayan Silivri Emniyet Müdürü Hakan Çalışkan, 31 Temmuz sabahı makamında intihar etti.

"Olayla ilgili hem adli hem de idari soruşturma açılırken, Emniyet Genel Müdürlüğü'nden üst düzey kişilerin Silivri Cumhuriyet Başsavcılığı üzerinde baskı kurarak dosyayı kapatmaya çalıştığı da iddia edildi. Ancak İçişleri Bakanı Süleyman Soylu'nun, aynı zamanda Cumhurbaşkanı Recep Tayyip Erdoğan'ın damadı da olan Enerji Bakanı Berat Albayrak ile giriştiği veliahtlık savaşı nedeniyle soruşturmanın önü kesilemedi. Soruşturma kapsamında telefon kayıtlarında yapılan incelemelerde Hakan Çalışkan'ın intihar etmeden önceki günlerde kimlerle konuştuğu ve mesajlaştığı da mercek altına alındı. Bu incelemeler sonucunda Çalışkan'ın, Koruma Daire Başkanı Gülen tarafından arandığı bilgisine de ulaşıldı.

Bakan mı arattı?

"Hakkında yakalama kararı olduğu için gözaltına alınan bir kişiyi usulsüz serbest bıraktırması yönünde Emniyet Müdürü Hakan Çalışkan üzerinde baskı kurulduğu iddialarıyla ilgili yürütülen idari soruşturmada müfettişler İçişleri Bakanı Soylu'nun korumalarının da ifadesini aldı. Koruma polislerine Hakan Çalışkan'a telefon açıldığı sırada Bakan Soylu'nun nerede olduğu, kendisinin telefonla konuşup konuşmadığına yönelik sorular sorulduğu öğrenildi. Koruma Daire Başkanı Gülen'in, intihar eden Silivri Emniyet Müdürü Çalışkan'a, Bakan Soylu'nun talimatıyla telefon açıp açmadığı da soruşturuldu."[29]

"Müdür arandı ama Bakan'la ilgisi yok"

İçişleri Bakanlığı Genel Sekreteri Türkay Öksüz, Ahmet Şık'a yaptığı açıklamada, söz konusu olayda Süleyman Soylu ya da oğlunun herhangi bir dahlinin bulunmadığını söyledi. Hakan Çalışkan'ın intiharı ile gözaltına alınan kişinin serbest

29 https://www.cumhuriyet.com.tr/haber/emniyet-mudurunun-intihar-dosyasi-bakan-soyluya-uzandi-970169

bıraktırılmasının aralarında bağ olmayan iki farklı olay olduğunu savunan Öksüz şunları söyledi:

"Haberinizde bahsettiğiniz 'gözaltına alındı' denilen kişi annesinin ağır hastalığı olan bir vatandaş. Olay günü annesini hastaneye götüren ambulansın arkasından kendi aracıyla takip ederken polis uygulama noktasında durdurulmuş. Zaten annesi de hastanede vefat etmiş. Konuyu kesin bilmiyorum ama Orman Kanunu ile ilgili adli makamlara yansıyan bir olay nedeniyle kendisi ifadeye çağrılmış ve gitmemiş. Bu nedenle hakkında yakalama kararı varmış. Gözaltı işlemi yapılmak istenince kendisi, önceden tanıdığı Koruma Daire Başkanımızı aramış ve yardım istemiş. Daire Başkanımız da Silivri Emniyet Müdürünü aramış. Toplamda 3 kez konuşmuşlar ama süresi 2 dakikayı geçmemiş. Kişinin annesi ile ilgili mağduriyetini anlatıp yasal imkânlar dahilinde yardımcı olunmasını istemiş. Emniyet müdürümüzün intiharı başka bir olay. Bu iki olay arasında herhangi bir bağ yok. Zaten intihar vakasından sonra İçişleri Bakanımız İstanbul Emniyet Müdürümüzü arayarak konu hakkında bilgi almış. Polis başmüfettişleri de, mevzuat gereği olayı idari açıdan soruşturmak için görevlendirildi. Adli soruşturma da sürüyor. Bakanımızın oğlunu bu ve benzeri olayların içinde göstererek çamur at izi kalsın mantığıyla yalan iddialarda bulunan çevreler var. Bakan Bey'in kendisinin ya da oğlunun bu süreçte bırakın bir müdahalesini herhangi bir etkisi dahi yok. Olayın içinde değiller. Sadece Koruma Daire Başkanı ile Silivri Emniyet Müdürü arasında geçen ve yasal sınırlar içinde kalınarak yardımcı olunması istenen bir telefon konuşması yapılmış, o kadar. Koruma Daire Başkanımızın da ifadesi alınmış değil. Zaman zaman Bakan Bey'in de benim de ya da özel kalemimizin telefonlarına ulaşıp arayan, çeşitli konular için yardım isteyen vatandaşlarımız oluyor. Çeşitli talepler, şikâyetler oluyor. Bunlar hukuki midir, değil midir araştırıyoruz. Yasal sınırlar içinde kalarak yardım etmeye çalışıyoruz. Burada olan da budur."

Mustafa Çalışkan: Ben olayın tarafıyım

Ahmet Şık, konuyla ilgili görüşlerine başvurmak için İstanbul Emniyet Müdürü Mustafa Çalışkan'ı da aradı. Çalışkan "Bu konuyla ilgili soruşturmalar sürüyor. Ben de olayın bir tarafıyım ve benim bir şey söylemem doğru olmaz. Benim dışımda kalan yerlerden bilgi toplamanız daha doğru olur. Haberinizde hakkımda geçen kısımla ilgili bilgilerin doğru olup olmadığına vicdani kanaatinizle karar vereceğinizden eminim. Merhum emniyet müdürümüzün başarılı ve kendisini intihara sürükleyecek herhangi bir sorunu olmadığını bildiğimiz bir kişi olduğunu da söyleyeyim" dedi.

Gelinen noktada...

15 Temmuz darbe girişimi sürecinde İstanbul Emniyet Müdürlüğü'nde Mali Şube'nin başında olan ve çok önemli FETÖ soruşturmalarını yürüten...

Eşini ve mesleğini çok seven...

Kendi isteğiyle Silivri'ye atanan ve buna çok sevinen 39 yaşındaki Emniyet Müdürü Hakan Çalışkan...

Atandıktan aylar sonra sır bir şekilde hayatını kaybetti.

Peker'in açtığı dosya

Yıllar geçti.

Ama halen o tetiği çektiren el bulunamadı.

Her şey bitti, derken Sedat Peker'in ifşaları ortalığa saçıldı.

Peker, açıkça Soylu'yu Çalışkan'ın intiharından sorumlu tutuyordu. Peker şunları söyledi:

"Silivri Emniyet Müdürü temiz, genç bir arkadaş. Emniyet Müdürü arkadaşları onun neden intihar ettiğini biliyorlar, neden söylemiyorlar? Söylemediler çünkü söyleseler inanmayacaklardı, cezaevine atacaklardı, en iyi ihtimalle sürgüne yollayacaklardı. Demek şartlar uygun olmayabiliyor. Temiz Süleyman'a da soracağız bunu. Anlat temiz Süleyman, tertemiz Süleyman, süslü Süleyman"

Süleyman Soylu'nun Habertürk'te katıldığı programda, gazeteci İsmail Saymaz, Peker'in iddialarını sordu. Soylu şöyle yanıt verdi:

"Dedi ki Koruma Daire Başkanı, Hızır ve Osman Kaptan'ın annesi kalp krizi geçirdi. Mahkemesi varmış, polis durdurmuş. 'İlgilen, arkadaşlarla konuş, ne yapabilirsen' (dedim). Benim bildiğim bu kadar."[30]

---

30 Oysa daha önce *Cumhuriyet* gazetesinden Ahmet Şık'a açıklama yapan İçişleri Bakanlığı Genel Sekreteri Türkay Öksüz, "Gözaltı işlemi yapılmak

Soylu'ya yakınlığı sır olmayan Koruma Daire Başkanı Ekrem Gülen'in olay yerinden arandığı görüntüler de soruşturma dosyasına girdi.[31] Gerçekten de durdurulan isimler Soylu'nun adamlarına ulaşmışlar ve haklarındaki yakalama kararına rağmen serbest bırakılmışlardı. Bu yapılan hukuka aykırıydı. Nitekim bu olay nedeniyle, Hakan Çalışkan dahil, serbest bırakan polisler hakkında da soruşturma açılmıştı. Hakan Çalışkan da belli ki bu baskı altında kalmış, sonunda canına kast etmişti. Aslında ölmeyi hiç düşünmüyordu.

Bunu da o gecenin telefon kayıtlarından biliyoruz. *Cumhuriyet* gazetesinde, Hakan Çalışkan'ın telefon kayıtlarını yayımlayan Seyhan Avşar, şunları yazdı:

"Soruşturma dosyasına giren Müdür Çalışkan'ın intihar ettiği gece eşiyle yaptığı yazışmalar ve telefonuna gelen aramalar ise dikkat çekti. Çalışkan olay gecesi birçok kez dönemin İstanbul Emniyet Müdür Yardımcısı Terörle Mücadele Şube Müdürü Kayhan Ay tarafından arandı. 23.37'de ise Mustafa Çalışkan kendi kişisel telefonundan Hakan Çalışkan'ı aradı. Çalışkan gece 00.40'ta ise eşine attığı mesajda, 'Geç oldu. İşler çok gelemem' dedi. Eşiyle 00.53'te yaptığı yazışmada ise eşinin ütü yaptığını öğrenmesi üzerine Çalışkan, kendisine ait bazı eşyaların ütülenmesini istedi. Saat gece 03.22 olduğunda ise Çalışkan eşini aradı. Eşinin açmaması üzerine mesaj atarak, 'Sesini duymak istedim' diye yazdı. Çalışkan'ın eşine son mesajı ise 03.24'te attığı, 'Seni çok seviyorum bir tanem' oldu."[32]

Acıklı konuşmalar Çalışkan'ın ölüme sürüklendiğini doğruluyor. Zira herkesin kabul edebileceği gibi, insan o gün ölmeye karar verdiyse eşine gömleğini ütületmez. "Gömleğimi ütüle, yarın onu giyeceğim" diyen insan intihar etmez. O insan intihara sürüklenmiştir. Genç bir Emniyet müdürü de kendisinden istenen hukuk dışı bir işi gerçekleştirmek zorunda kalmış, sonunda baskıya dayanamayarak kendisini öldürmüştü.

---

istenince, önceden tanıdığı Koruma Daire Başkanımızı aramış ve yardım istemiş. Daire Başkanımız da Silivri Emniyet Müdürünü aramış" demişti. Soylu ise çok sonra yaptığı açıklamada, vatandaşla Koruma Müdürü arasındaki telefonlaşmadan haberdar olduğunu ortaya koymuş oldu.

31 https://halktv.com.tr/makale/silivri-emniyet-mudurunun-intihar-sorusturmasi-kapandi-dosyadan-bizi-birakin-telef-650655

32 https://www.cumhuriyet.com.tr/haber/cumhuriyet-intihar-eden-hakan-caliskanin-telefon-trafigine-ulasti-1840284

Dosyası kapatıldı. Ölümü bile kendi kusuru sayıldı. Üzerine gidebilecek kimse de yoktu. Kanı kuruyup gitti. Soylu'nun adamlarının hukuksuz isteğini kabul etmek ve sonunda bunu kendisine açıklayamamak ona yetmişti.

Belki bir gün hesabı sorulur...

15. BÖLÜM

PEKER'İ KORUMALARLA DOLAŞTIRDI

Sedat Peker'in bir iddiası da korumaları üzerineydi. Soylu'yu bu konuda da mahcup etti. Peker, "sen benim koruma polisi kararımı vermedin mi, sen uzatmadın mı ondan sonraki sene de" diye soruyordu. Koruma polisinin kendisiyle yurtdışına bile çıktığını söylüyordu.

Süleyman Soylu, Habertürk'e çıkıp Peker'in iddialarına yanıt verdi. Öyle bir yanıttı ki bu, kendisini aklamaya çalışırken, Emniyet'te husumetli birçok ismi ateşe atıyordu:

"16 Ocak 2015. DHKP/C'nin Sedat Peker'e, ilgili kişiye tehdidi... 26 Ocak 2015 'ben koruma istemiyorum', daha sonra 'ben istiyorum' diyor. Tekrar komisyon toplanıyor, istihbarat ve terör bir araya geliyor ve kendisine koruma veriliyor. İstanbul Emniyet Müdürü Selami Altınok, terörden sorumlu da zannediyorum Mustafa Çalışkan. Şimdi şu adam, Nurettin Demir. Biz nelerle uğraşıyoruz. Nurettin Demir Kadıköy eski ilçe emniyet müdürü. Kardeşi Nurten Demir, 1992'de DHKP/C'den öldürüldü, diğer kardeşi DHKP/C ile iltisaklı. Sanal tehditle, kurgu bir tehditle... Ben İçişleri Bakanıyım. İstanbul'da her dönem kimlere koruma verildiğini bilemeyebilirim."

Anadolu Ajansı da bu dönemde Soylu'yu destekleyen bir haber yaptı. "Suç örgütü elebaşı Sedat Peker'e 'DHKP-C tehdidi' bahanesiyle verilen koruma kararında FETÖ izi tespit edildi" başlıklı haber, aynı polis görevlilerini suçluyordu.

Peker, bu iddialara da yanıt verdi:

"Ben desem ki, Nurettin diye birini tanımıyorum, kimse aksini ispat edemez. Çünkü telefon konuşmam yok, resmim yok, hiçbir şeyim yok. Ben Nurettin'i tanıyorum. Tanımıyorum desem hiç kimse kanıtlayamazdı ama, ben tanıyorum. Bir şey var, bunu anlatmak lazım. Komiser muaviniydi. Bir gün çevirme yaparken bu arkadaşla tanıştık, birkaç kez. Sonra bir arkadaşı anlattı, böyle biraz içine kapanık bu arkadaş. O sırrını biliyormuş, sır gibi olaydı. Bu Polis Akademisi'ne giderken, 13-14 yaşlarında, ablası varmış bunun. DHKP-C'li. Bu gidip bilgi veriyor, ablasının toplantılar yaptığını. Onlar da teslim olmuyor, çatışma çıkıyor. Nurettin'in ablası ölüyor. Nurettin'in ablası üzerinden, diyor ya. Ya 34 sene önce ablası ölmüş ya. Benim DHKP-C'den koruma almaya ihtiyacım mı var? PKK'nın bütün yöneticileri 'Sedat Peker çeteci, diz çöktüreceğiz' dedi. FETÖ'nün ilk etkisiz hale getirilecekler listesindeyim. USB'den çıktı. Kim hangi otelde, evde, yanında kaç koruma var, yazılı. Benim DHKP-C'nin tehdidi diye korumaya ihtiyacım mı var?"

Sonuçta bütün evraklar çıkınca gerçek de anlaşıldı. İçişleri Bakanı 2015 diyerek kendisinden öncesini kastediyordu. "Benden 1.5 yıl önce koruma verilmiş, benim zamanımda da alındı" diyordu. Gelgelelim belgeler onu yalanladı. Evet, Peker'e koruma ilk kez 2015'te verilmişti. Ancak Soylu göreve geldikten sonra tam 3 yıl, 2019 yılına kadar koruma kararı uzatılmıştı. Peker, yurtdışına çıktığı yıl dahi hakkında koruma kararı vardı.

Kısacası, Soylu her ne kadar kendi sorumluluğunu yok saysa da aslında Peker'e en uzun süre koruma veren İçişleri Bakanı oydu. Öte yandan koruma kavgası bir şeyi daha netleştirdi. O da Soylu'nun hedefindeki polis müdürlerini... Mustafa Çalışkan ve Selami Altınok gibi isimler bu dönemde Soylu'nun açık hedefi olmuştu.

Öte yandan...

Bakan Soylu her ne kadar "bilmem mümkün değil" dese de bu dönem gösterdi ki korumalarla son derece ilgiliydi. Canan Kaftancıoğlu'ndan hükümeti eleştiren açıklamaya imza atan amirallere kadar, Soylu istemediği kim varsa koruma kararlarını birer birer kaldırmıştı. Yani, Peker'in korumasından haberinin olmadığına dair sözlerinin altı boştu.

16. BÖLÜM

İÇİŞLERİ BAKANININ ÇOK SEVDİĞİ AİLE

Biri konuşunca herkes korkusunu silkiyor gibi. Sedat Peker'in ifşalarının ardından, Ordulu gazeteci Cihan Çakır, cesaretini topladı. 4 yıl önce, 2019 seçimleri sırasında tehdit edilme hikâyesini açıkladı.

2019 yerel seçimlerinde, Ordu'nun Ünye ilçesindeki AKP adayı, bugünkü belediye başkanı Hüseyin Tavlı idi. Gazeteci Çakır da Tavlı'nın geçmişe dayanan şaibeli ilişkilerini kaleme alıyordu. Ancak bunların "yazılmaması" isteniyordu. "İhale" o günlerde hükümete yakın olan Sedat Peker'e düşmüştü. Peker, Çakır'ı arayıp önce bir haberi kaldırttı. Ardından tehdit etti. "Bu iş seni aşar" dedikten sonra, "bu işin içinde bakanlıktan dostlar var" sözleriyle devam etmişti.

İşin ilginci; Çakır tehdit edildiğini açıkladıktan sonra Peker de konuştu. "Söyledikleri doğrudur" dedi. "Samimi ikrar yapıyorum" diye yaptıklarını kabul etti. Yani tehdit eden de edilen de olayı teyit ediyordu.

Aslında Sedat Peker de aracıydı. AKP'li Başkan Hüseyin Tavlı, parti içindeki hizip kavgasının, ayak oyunlarının sonucunda göreve gelmişti. Üstelik bu sır da değildi.

Halbuki son ana kadar Ünye'de AKP'nin adayı Adem Atik'ti. İlçede hem teşkilat hem seçmen Atik'i seviyordu. Ordu Büyükşehir Belediye Başkan Adayı olan Hilmi Güler de Ordu üzerinde etkisi bilinen Numan Kurtulmuş da Atik'in yanındaydı. Nitekim ilk olarak Atik'in adı partinin adayı olarak açıklandı.

Erdoğan'ın elindeki liste

Fakat...

Son anda kritik bir olay yaşandı. 20 Ocak 2019 günü Erdoğan miting için Ordu'ya geldi. Uçaktan inerken onu karşılayan isimlerin arasında Hilmi Güler de vardı. Erdoğan, elindeki aday listesini Güler'e uzattı. Adem Atik'in adının üstü kırmızı kalem ile çizilmişti. Onun yerine Hüseyin Tavlı'nın adı yazılmıştı. Ortalık buz kesti.

İddia odur ki; Atik'in yerine Tavlı'nın konması için "yüksek düzeyde" kulis yapanlar vardı. Elbette baştaki isim İçişleri Bakanı Süleyman Soylu'ydu! O gün Erdoğan'ın uçağında Soylu'ya yakınlığıyla bilinen bugünün Zagreb Büyükelçisi Yavuz Selim Kıran'ın da olması tesadüf değildi. Kıran da Soylu'ya yakın bir isimdi. Erdoğan ikna edilmiş, Atik yerine Tavlı konmuştu.

İşte Peker'in, gazeteci Cihan Çakır'ı, Tavlı aleyhinde yazmaması için tehdit ederken, "bakanlıktan dostlar" dediği sözlerin sırrı buradaydı.

Yaşandı ama bitmedi.

Türk medyası olan biteni fark etmedi. 20 Ocak günü, ilçelerinde Atik yerine Tavlı'nın aday olduğunu gören AKP'liler, AKP Ordu İl Binası önünde protesto gösterisi yaptı. Yaklaşık 400 kişiye ulaşan kalabalık, "siyasi darbe" yapıldığını söylüyordu. Bu işte eski Ordu Belediye Başkanı Enver Yılmaz'ın da parmağı olduğunu iddia ediyorlardı. O Enver Yılmaz ki, Sedat Peker ile samimiyeti de sır değildi. Neyse...

Parti binası önüne gelen polis, kalabalığı yatıştırdı. Seçimde yine de Tavlı kazandı ama ilçede Saadet Partisi yüzde 22.26 oy oranı ile ikinci parti oldu. Bunun sebebi elbette AKP'ye küsen oylardı.

Peki neden? Soylu'nun Tavlı ısrarının sebebi ne? Ordu'nun yerel medyasında hakkında FETÖ geçmişinden, silahlı olaylara karışmasına kadar bir dizi iddia ortaya atılan Tavlı'yı İçişleri Bakanı neden koruyor?

Herkes sebebini biliyor. Tavlı Ailesi ile Soylu Ailesi'nin ilişkisi İstanbul Gaziosmanpaşa'ya kadar uzanıyor. Tehdide uğrayan gazeteci Çakır, "Süleyman Soylu'nun sigortacılık yaptığı dönemde Hüseyin Tavlı da İstanbul Gaziosmanpaşa'da elektrikçilik yapıyordu. Bu iki isim komşu" diye ilişkiyi anlatırken, tanışıklığın belgeleri de var. Ticaret Odası kayıtlarına göre Tavlı Ailesi'nden Süleyman Tavlı ile Bakan Süleyman Soylu geçmişte ticari ortaklık da yaptı. Yani Soylu, eski ortaklarını kolluyor.

İktidar savaşlarının merkezi oldu

Bir soru daha var.

Nasıl oluyor da resmi rakamlara göre nüfusu 130 bin olan bir ilçe (Ünye) bu denli iktidar savaşlarının merkezi oluyor? Yanıtı yine ilçenin rantında gizli. Karadeniz'in kritik bir limanının Ünye'de olduğunu söylersek, herhalde sorumuz yanıt bulur.

Geçmişte eski İçişleri Bakanı İdris Naim Şahin'e yakın bir ekip tarafından işletilen liman her zaman tartışmaların odağındaydı. Limana verilen ad bile uzun tartışmaların konusu oldu.

Şimdi yakın zamanda yaşanan bir olayı hatırlatalım...

Yer: Ünye Belediye Meclisi. Bir belediye meclis üyesi toplantıda şunları söyledi:

"Ünye Limanı, Ünye'nin en önemli projelerinden bir tanesi. (...) 2015 yılında Büyükşehir Belediyesi'ne devroldu. Burada bu zamana kadar 45 milyon dolar, Ünye'nin parası bu... Bu parayla 3 tane Ünye Limanı yapıyorsunuz. Bu para bu sistem içerisinde dönmüş ama yatırıma dönüşmemiş."

Konuşan kişi kim mi? Başlangıçta AKP'den Ünye Belediye Başkanı olması beklenen ancak ayak oyunlarıyla elenen Adem Atik'ten başkası değil. Ünye Belediye Başkanı yapılmayan Atik, AKP'den Ünye Belediye Meclis Üyesi olmuştu. Yetmemiş, Ordu Belediye Başkanı Hilmi Güler onu yanına almış, Başkanvekili yapmıştı. Üstüne üstlük, Ünye'deki limanın idaresini ona bağlamıştı.

İçişleri Bakanı ve mafyanın karıştığı bir komployla yerinden edilen AKP'li Atik'in, kendi partisinin içindeki isimleri, 45 milyon doları yutmakla suçlamasının öyküsü böyle. Konu, "AKP'li AKP'liyi suçladı" diye konuşuldu, geçti. Ama okuduğunuz gibi, kavga çok yukarılara uzanıyordu. Elbette ucu milyon dolarlara dayanan bir çatışma vardı.

Üstelik...

Soylu'nun Tavlı için harcadığı tek isim Atik de değil...

Bir kişi daha var: Avukat Ahmet Çamyar...

Ünye'de, bir önceki seçimde, yani 2014 yılında seçilen belediye başkanı. Çamyar, MHP'nin de yüzde 20'nin üzerinde oy aldığı seçimde yüzde 58.5'le başkan seçilmişti.

Millî Görüş kökenliydi. Siyasete Refah Partisi'nin gençlik kollarında başlamıştı. Erdoğan'ın İstanbul Belediye Başkanı seçildiği 94 seçimlerinde, sokaklarda afiş asan isimlerden biriydi. AKP'nin kuruluşunda yer aldı. Partinin ilçe başkanlığını yaptı. Kısacası "mahallenin yabancısı" değildi.

Gelgelelim...

2019 yerel seçimleri yaklaşırken ilginç bir şey oldu. Nadir görülecek şekilde, AKP'li bir belediye başkanı olan Çamyar, İçişleri Bakanı tarafından görevden alındı. Hem de yerel seçimlere dört buçuk ay kala.

"Birilerinin ayağına basmışsınız"

Peki, nasıl oldu?

Bir gün beklenmedik şekilde İçişleri Bakanlığı müfettişleri belediyeye geldi. Elbette Başkan Ahmet Çamyar şaşkındı. Hemen partinin kritik isimlerini arayıp "Neler oluyor" diye sordu. Aldığı yanıt daha da tuhaftı: Birilerinin ayağına basmışsınız! Söylenene göre müfettişlere "Gidin, bir şey bulun, görevden alalım" denmişti.

Müfettişler belediyede bir aya yakın çalıştı. Her şey didik didik edildi. Bu sırada Başkan Çamyar, İçişleri Bakanlığı Teftiş Kurulu Başkanı'nı aradı. "Neler oluyor" diye sordu. Başkandan aldığı yanıt adresi gösteriyordu: Bunlar beni aşan konular, yukarıdan talimat var!

Sonunda bulundu. İki müfettiş rapor hazırladı. Ahmet Çamyar, belediyeyi zarara uğratmakla suçlanıyor, hakkında soruşturma açılması isteniyordu. Soylu tarafından görevden alındı.

İki ay içinde soruşturmanın sonlandırılması gerekiyordu. Yapılmadı. Seçim süreci beklendi. Fiilen tasfiye edildi. Halbuki, suç işlediyse yargı hesabını sormalıydı. İşlemediyse görevine devam etmesi gerekirdi. İkisi de olmadı. İçişleri Bakanlığı'nın kararı, hukukun da devletin de üstündeydi.

Ahmet Çamyar veda konuşmasında AKP içinde bir grubun kendisine kumpas kurduğunu söyledi. Anlattığına göre, genel merkezin anketlerinde oy oranları yüzde 70'lerde çıkıyordu. Ancak parti içinde bir güç, koltuğuna başkasını oturtmak için onun tasfiye edilmesini istiyordu.

Hukukçu olan Çamyar, Danıştay'a başvurdu. Ancak karar neredeyse üç yıl sonra çıktı. Danıştay, "soruşturmaya yer yoktur" kararı verdi. Haliyle, Ünye'de olan Ünye'de kalmıştı.

Koltuğunda artık Soylu'yla dostluğu ile bilinen Hüseyin Tavlı oturuyordu.

Yani Soylu, Tavlı'yı başkan yapmak için hem eski Başkanı hem de yerine gelme potansiyeli en yüksek olan ismi harcamıştı. Sonra da kendisine yakın Tavlı Ailesi'nden ismi başkan yapmıştı. Bunun için de İçişleri Bakanlığı'nı kullanmıştı.

Kritik şehirdeki vali

Bitmedi.

Meselenin daha kritik bir ayrıntısı var.

Sedat Peker'in iddialarıyla, marinasından otellerine kadar konuştuğumuz şehir hangisi? Elbette Muğla. Hani Mehmet Ağar'ın görevini "ben olmazsam mafya çöker" diye açıkladığı marinanın olduğu şehir. Hani çökülen otellerin Ankara'daki ilişkilere uzandığı şehir.

Peki, idaresi bu kadar tartışılan şehirdeki Vali kim? Orhan Tavlı. Soyisim benzerliği değil. Tavlı, Ünye Belediye Başkanı Hüseyin Tavlı'nın amcasının oğlu. Kısacası İçişleri Bakanı Soylu'nun, Muğla'da mülki idare amiri olan gölgesi de Tavlı Ailesi'nden...

Peki, Orhan Tavlı'nın Muğla Valiliği'nden önceki görevi neydi? Tavlı, uzun süre boyunca İçişleri Bakanlığı'nda müfettişlik yaptı. 2014-2016 aralığında ise İçişleri Bakanlığı Teftiş Kurulu Başkanlığı görevinde bulundu.

Tavlılar bitmiyor. Ailenin bir başka üyesi Ayhan Tavlı da halen İçişleri Bakanlığı'nda müfettişlik yapıyor. Bu kitap yazılırken Bulanık Kaymakamı olan Oğuzhan Ocak da aileden.

Hatta... Kahramanmaraş depremi sonrasında "koordinatör vali" olarak görevlendirilen Şırnak Valisi Osman Bilgin de bugün Ünye Belediye Başkanı olan Hüseyin Tavlı'nın eniştesi. Aslen Trabzonlu olan ve Soylu'ya yakınlığıyla bilinen Bilgin, valilik öncesinde İçişleri Bakanlığı İdari ve Mali İşler Dairesi Başkanı idi. Onun da çok sayıda akrabası bakanlık çalışanı.

Kısacası Soylu'nun İstanbul Gaziosmanpaşa'dan dostu olan, aralarında iş ortaklığı da bulunan Tavlı ailesi, İçişleri Bakanlığı'nda oldukça etkili. Elbette Soylu sayesinde...

Bölümü bitirmeden yazalım... Halen AKP üyesi olan, "devrik başkan" Ahmet Çamyar, RS FM'e verdiği söyleşide, Soylu'ya şöyle göndermede bulundu: "Tazminat davası açsak İçişleri

Bakanlığı'na açarız. Üç kuruşluk bir dava açmak içimden geliyor, bunu yapanların üç kuruşluk adam olduğunu ortaya koymak için. Parti içerisinde partiyi ele geçirmeye çalışan, Cumhurbaşkanlığı sonrasında güç devşirmekle alakalı operasyonların neticesinde oldu bunlar."

Ünye'den Türkiye'ye bakanların gördüğü doğru: Mesele Erdoğan sonrasına güç toplamaktı.

Peki Soylu, "Erdoğan öncesi"nde nasıl güç topladı?

Şimdi sizi yine oraya götürelim...

17. BÖLÜM

SOYLU'NUN OMUZBAŞINDAKİ "ERDAL BEY"

AKP'den öncesi hep muamma... Belki sonrası da!

Tartışmasız bir şey var ki, "yıkacağım" dediği AKP'de merdivenleri çok hızlı çıktı. 5 Eylül 2012'de, genel merkezde düzenlenen törenle, yakasına parti rozeti takılmıştı. Çok değil, 25 gün sonra, 30 Eylül'de, AKP'de Merkez Karar Yönetim Kurulu'na seçildi. Ardından Genel Başkan Yardımcısı oldu. Ar-Ge'den (Araştırma-Geliştirme) sorumluydu. Partinin merkez sağ vizyonunun yüzüydü. Dışarıdan bakanlara ılımlı-demokrat kıyafetini gösteriyordu.

2014'te Denizli'ye, AKP Teşkilatı'nın "5. Olağan Kongre Teşkilat Bilgilendirme ve Eğitim Toplantısı" için gelmişti. Bir zamanlar merkez sağın güçlü olduğu ilde, herkesin hafızasında, Soylu'nun geçmiş konuşmaları vardı. Sıra gazetecilerden soru almaya geldi. Bir gazeteci söz istedi. 6 yıl önce aynı şehirde söylediklerini okuyarak sorusunu sordu: "2008 yılında DP Denizli İl Kongresi'nde Erdoğan hakkında, 'Etrafındakileri temizlesen adam kalmaz Tayyip Bey' demiştiniz; şimdi fikrinizi değiştiren ne oldu?"

Soylu kısa bir şaşkınlık yaşadı. Nefes aldı. Gülmeye başladı. Bir süre gülmeye devam etti. Kafasını kaldırdı. "Başka soru var mı?" dedi.[33]

Sahiden gazeteci doğru hatırlıyordu. Önceki sayfalarda yazdık; Erdoğan'a bugün hiçbir muhalif ismin söyleyemeyeceği ağırlıkta hakaretler eden Soylu, 2008'de, DP Genel Başkanı olarak aynı şehirde şunları söylemişti:

"Tayyip Erdoğan diyor ki 'durmak yok yolsuzluğa devam'. Hani millete efeleniyorsun ya... O yakınındakilere efelensene,

33 https://www.cumhuriyet.com.tr/video/video/118783/iste_Suleyman_Soylu_nun_zor_anlari.html

ağzından bir laf kaçırdı 'Etrafımızda bu tür kişiler olursa temizleriz' dedi. Temizlesen adam kalmaz Tayyip Bey, adam kalmaz, etrafına bir bak bakalım."

Vatandaş kime inanıyor?

Yakın zamanda olanları düşünün...

Bir tarafta İçişleri Bakanı konuştu. Öte yanda Sedat Peker. Peki, toplum hangisine inandı? Yöneylem Araştırma şirketi vatandaşa sormuştu. Milletin yüzde 24.9'u "değerlendirme yapacak kadar bilgim yok" diyordu. Yüzde 52.6'sı ise "Sedat Peker'in söyledikleri doğru" fikrindeydi. "Gerçek dışı" diyenler ise sadece yüzde 22.5'ti.

Sebebi kuşkusuz sadece Peker değildi. Soylu gibi ona yanıt verenlerin, inandırıcılığını tamamen yitirmiş olmasıydı. BBC Türkçe'nin bir hükümet üyesi ile konuşması da gösterdi ki, aslında Soylu'nun AKP'de de inandırıcılığı kalmadı.[34]

Sadece bu kadar değil...

Soylu'nun yaptığı konuşmalar somut olaylarla da yalanlandı. Sadece ortaya çıkan koruma belgesi ya da süreçlerin tanıkları değil. Peker'in yayımladığı Hadi Özışık videosu da Reşat Hacıfazlıoğlu ile konuşma görüntüleri de Soylu ile Peker arasında aracılar vasıtasıyla irtibatın olduğunu doğruluyordu.

Meselenin bir tanığına konuyu sorduğumuzda şunu söyledi:

"Hadi Özışık ile Süleyman Soylu'nun hukuku çok eskiye dayanıyor. Demokrat Parti döneminde işsiz olan Özışık'ı, Süleyman Soylu danışmanı yapmıştı. Sonrasında da ilişkileri günden güne artarak sürdü. Son olaya kadar kadim dostlardı. Peker ile daha yakın olan Süleyman Özışık'tı. Hadi Özışık, Peker ile onun aracılığıyla tanıştı. Zaman zaman görüşüyorlardı. Yeni değil, uzun süre önce Peker, Hadi Özışık'a kendisiyle ilgili soruşturmadan bahsetti. Özışık, o günlerde söylediğine göre Süleyman Soylu'ya konuyu sordu. Anlattığına göre Soylu, 'onunla ilgili bir sıkıntı yok, sorun yok' dedi. Bunu da Peker'e aktardı. Lakin Özışık, daha sonra Süleyman Soylu'yu korumak için sözlerin arkasında durmadı. Ama o gün bunlar biliniyordu."

Keza...

34 https://www.bbc.com/turkce/haberler-turkiye-57229634

Demokrat Parti ilişkilerindeki bir diğer ayrıntı, Peker'in yayımladığı konuşmaydı.

Şöyle hatırlatalım...

Peker, kendisi ile Soylu'nun dolaylı yollarla görüştüğünü iddia ediyordu. Bu dolaylı görüşmenin aracıları vardı. Bunlardan birisi Reşat Hacıfazlıoğlu idi. Peker'in akrabası olan Hacıfazlıoğlu, Soylu ile de yakın ilişkiye sahipti. Peker'in anlattığına göre; Soylu, Hacıfazlıoğlu üzerinden Peker'e, "kaç" bile demişti.

İşin ilginci, Soylu, katıldığı Habertürk canlı yayınında, Hacıfazlıoğlu için, "tanırım, arkadaşım" dedi. Bir anlamda ilişkisini kabul etti. Sedat Peker de Hacıfazlıoğlu ile kendisi arasında geçen konuşmanın videosunu yayımlayarak, ilişkiyi yalanlayamayacak hale getirdi.

"Ağar'a karşı nöbet tuttuk"

Bu kısmı şimdilik burada bırakarak, meselenin bam teline gelelim...

Akraba Reşat Hacıfazlıoğlu, Peker ile yaptığı konuşmada, DP dönemine, yani "Erdoğan öncesi"ne işaret eden ilginç bir ifade kullanıyordu: "Ağar'a karşı nöbet tuttuk biz 6 ay yahu."

Evet, DP günlerinde Mehmet Ağar ile karşı karşıya gelen Soylu'nun, Peker'in dostlarından destek aldığı anlaşılıyordu. Peker'in konuşmasında "Sokmuyorlardı illere, siz gittiniz, 20 küsur senedir emeğimiz var" dediği, işte bu süreci anlatıyordu.

Kısacası Peker, Soylu'yu DP döneminden beri desteklemiş, yanında durmuştu. Bu sayede Soylu, DP Genel Başkanlığı'na kadar yükselmişti.

Bu kısa hatırlatmadan sonra devam edelim...

Peker, Soylu'nun kendisini yalanlamasının ardından, bir fotoğraf paylaşmıştı. Fotoğrafta, DP Genel Başkanlığı'nı kazanmanın sevincini yaşayan Soylu'nun solunda, omuz omuza bir başka isim görünüyordu. Belli ki birlikte verilmiş bir mücadele vardı.

Sedat Peker'in "Genel Başkan seçileceğin zaman paraları ben yolladım, Erdal dağıttı paraları herkese. 14 oyla seçimi kazandın. Erdal Aras'ı DP MKYK üyesi ve Sancaktepe Belediyesi Başkan adayı yaptın. 'Erdal Baba' diyordun benim adamıma" dediği "Erdal" için Bakan Soylu şöyle bir açıklama yaptı: "Benim eski sağ kolum olan Erdal Aras."

Soylu'yla Aras'ın ilişkisi doğru mu, yalan mı?

Arşivleri açalım...

İstanbul'un Çekmeköy ilçesinde yayın yapan yerel *Flash* gazetesinin 26 Şubat 2013 tarihli haberinde bazı ipuçları var.[35]

Gazete, daha birkaç ay önce AKP'ye katılan Süleyman Soylu'nun "partili yol arkadaşları ve dostlarıyla buluşup hasret giderdiğini" yazıyor. Yemekte Erdal Aras'ın da aralarında olduğu DP'de yöneticilik yapmış kişiler bulunuyor. Yan yana gelme sebebi ise "Gelecek adına fikir alışverişi yapıldı. Siyasetin konuşulduğu buluşmada Soylu, kendi yol haritası ve partinin durumuyla ilgili de analiz yaptı" diye anlatılıyor.

Unutmadan...

7 Haziran 2015 seçimlerinde aday adaylık başvurularında da dikkat çeken bir isim yer alıyor. Erdal Aras'ın eşi Zübeyde Aras, milletvekili olmak için AKP Antalya sıralarına başvurusunu yapıyor.

35 https://www.flashaber.com.tr/siyaset/suleyman-soylu-cekmekoyde-dostlariyla-bulustu-h9368.html

Soylu'nun bilmemesi mümkün mü?

Peki, Erdal Aras sahiden Peker'in adamı mı? Yoksa Peker, Soylu'nun mücadele arkadaşına iftira mı atıyor?

Bu sorunun yanıtı da arşivlerde gizli.

1998 yılında yurtdışından Türkiye'ye gelerek teslim olan Peker, polis tarafından 6 gün boyunca sorgulanmıştı. "90'lı yıllar" dediğimiz, mafyanın devletin yerine geçtiği dönemde ortaya çıkanlar, tüyler ürpertiyordu. Zira, mahkemelerin çözmesi gereken milyonlarca liralık alacak-verecek dosyalarını, devletin dev ihalelerindeki anlaşmazlıkları, kısa sürede çözen kişi Peker'di. Mafya, para ile hukuksuzluğun gayrimeşru ilişkisinden doğan bir çocuktu.

Polis, 26 Ağustos 1998 günü tutuklanan Peker'le ilişkili işadamlarını anlatan kalabalık bir dosya hazırlamıştı. 27 Ağustos 1998 tarihli *Hürriyet* gazetesi, ayrıntılı bir Peker portresine yer verirken, şu ifadeleri kullanmıştı:

"Peker, cezaevine girip çıktığı sırada, Mecnun Otyakmaz, Erdal Aksakal, Tuncay Okay, Erdal Aras, Önder Ercan ile tanıştı. Bu şahıslar, Peker Çetesi'nin omurgasını oluşturdu. Peker, cezaevinden çıktıktan sonra bu şahıslarla irtibatını sürdürüp, çeteyi hayata geçirdi."

Kısacası...

2008 yılında Soylu, DP'nin genel başkanı olduğunda, omuz omuza durduğu Erdal Aras'ın, Peker'in yapılanmasının omurgasını oluşturduğunu, uçan kuş bile biliyordu. Soylu'nun bilmemesi mümkün müydü? Yoksa hatırlamamak şu sıralar daha mı iyi geliyordu? Yoksa gazetecilerin sorularına ilgisiz yanıtlar vermek, geçmişten bahsetmemenin kolay bir yolu muydu?

Siyasal İslamcılar; "90'ları, mafyaları, Ağarları bitireceğiz" diye meydanlarda bağırıyordu. Düzenin sahibi oldukça onlara da birer koltuk buldu. Sonunda kendisi "bitireceğiz" dedikleri oldu. Soylu'nun ilişkileri de sadece bu dönüşümün resminden ibaretti. Mafya desteğiyle DP'nin tepesine çıkan Soylu'nun, İçişleri Bakanlığı'ndaki hali bu nedenle şaşırtmıyordu. Gelgelelim, Peker artık Soylu'nun dostu değildi.

Ne demişti Henry Brooks Adams: "İktidara gelmiş bir dost, yitirilmiş bir dosttur."

18. BÖLÜM

SOYLU AİLESİ'NİN "SAĞLIKLI" İŞLERİ

Bir zamanlar zenginleri ne kadar yakından tanıyorduk. Sosyete dergilerinden kıyafetlerini, takılarını, toplantılarını izliyorduk. Soyadları ağzımıza bir deyim gibi yerleşmişti. Şimdi yeni zenginler sanki koca bir bulutun içinde geziyor. Kim olduklarını anlamaya çalışıyoruz.

Öyküye başlayalım...

Malum, Sedat Peker, Türkiye'de gündemi sarstı. En çok da Soylu üzerine konuştu. Sadece Soylu'yu değil, Soylu'nun çevresini de hedef aldı.

Şimdi bu hikâyelerden birinden bahsedeceğiz...

Hikâye zaten karışık, tane tane anlatalım...

Burak Başlılar bir iş insanı. Cihan Ekşioğlu da öyle.

Türkiye bu iki ismi Peker'in iddialarıyla yakından tanıdı. Oysa yaptıkları işlerle değil ama başka ilişkilerle daha önce de haber olmuşlardı.

Burak Başlılar hakkında FETÖ soruşturması vardı. FETÖ'cü Zekeriya Öz'e 500 bin, FETÖ'nün Kimse Yok Mu Derneği'ne 140 bin dolar verdiği ortaya çıkmıştı. Hakkında FETÖ ilişkisini gösteren pek çok tanık vardı. Zekeriya Öz ile 158 kez görüşme kaydı mevcuttu. Gelgelelim, Başlılar hakkında takipsizlik kararı verilmişti. İşin ilginci, Başlılar da Öz'e para verdiğini kabul ediyordu. "FOREX oynasın" diye para verdiğini öne sürüyordu.

Ekba Holding Yönetim Kurulu Başkanı Cihan Ekşioğlu ise son yıllarda özellikle savunma ve inşaat sektöründe adını duyurmuştu. Hükümetin zirvesindeki isimlerle olan fotoğraflarıyla dikkat çekiyordu. En önemlisi, Süleyman Soylu'ya yakın bir isimdi. Zenginliğinin kaynağı sır olmakla birlikte, güvenlik bürokrasisine WhatsApp dahil sosyal medyayı izleyebilecek program sattığını anlatıyordu. Ekşioğlu, bir ordu kadar korumayla geziyordu.

Peki, Burak Başlılar ile Cihan Ekşioğlu, Sedat Peker'in iddialarında nasıl buluştu?

Sedat Peker, yayımladığı mesajlarda, İçişleri Bakanı Süleyman Soylu'nun himayesinde, iş insanı Ekşioğlu'nun ve Başlılar'ın alengirli işler çevirdiğini ileri sürdü. Peker'in anlattığına göre, Burak Başlılar, FETÖ Borsası ile hakkındaki soruşturmadan kurtarılmakla kalmamıştı. Cihan Ekşioğlu'nun da içinde olduğu bir organizasyon, kimi iş insanlarını, FETÖ operasyonlarıyla korkutarak, mallarına çöküyordu. İddiasına göre, işin içinde, Süleyman Soylu'nun kuzeni Mehmet Soylu da vardı.

Cihan Ekşioğlu'na seslenen Peker, "bürolarınız Akmerkez'de altlı üstlü. Mehmet Soylu (Bakanın kuzeni) ve sen, zengin işadamlarını önce CİMER'e şikâyet ettirip, sonra terör savcılarından soruşturma evrakı çıkartıp, birçok namuslu insanın mal varlığına çöktünüz" dedi.

Derken Cihan Ekşioğlu'na devletin koruma verdiği iddia edildi. İçişleri Bakanlığı'na bağlı İstanbul Valiliği, Bakan Soylu döneminde Cihan Ekşioğlu'na koruma verildiğini kabul etti.[36] CHP İstanbul İl Başkanı dahil pek çok kişinin koruma kararını kaldıran Soylu, Cihan Ekşioğlu'na koruma sağlamıştı.

Peker iddia ediyordu. Süleyman Soylu'nun kuzeni Mehmet Soylu ile Cihan Ekşioğlu-Burak Başlılar arasında kurulduğu söylenen organizasyon kafaları karıştırdı. Herkes doğru mu, diye soruyordu.

Biz de yanıtını Akmerkez'e uzanan ilişkilerin peşine düşerek bulmaya çalıştık.

Biraz önce söyledik. Ekba Holding, Cihan Ekşioğlu'na ait. Ekba bünyesinde, Cemd Savunma Sanayi A.Ş., Harp Arge A.Ş. gibi savunma şirketleri var.

Adreslerine bakıyoruz. Sürpriz değil! Harp Arge için resmi kayıtlarda şöyle yazıyor: "Akmerkez Residence D: 14"

Yani Cihan Ekşioğlu'nun şirketleri, Peker'in söylediği gibi Akmerkez'de.

Ekşioğlu'nun Harp A.Ş.'sinin referanslarına bakıyoruz. Emniyet Genel Müdürlüğü'nün ve Katar devletinin olduğunu görüyoruz.

---

36 https://www.cumhuriyet.com.tr/haber/sedat-pekerin-eksiogluna-koruma-iddiasi-istanbul-valiligi-dogruladi-1848305

Kısacası Ekşioğlu yalnızca bir iş insanı değil, şirketleri İçişleri Bakanı ile sürekli kesişen bir isim.

Ve devam edelim...

Soylu'ya yakın yöneticiler

Sadece bu kadar değil...

Ekşioğlu'nun holdinginin bünyesindeki Cemd A.Ş. de Akmerkez'de. Cemd A.Ş.'nin yöneticileri arasında Süleyman Soylu'ya yakın isimler görülüyor. Mesela Gündüz Memişoğlu hemen dikkatimizi çekiyor.

Neden mi?

Bir dönem İstanbul Asayişten Sorumlu Emniyet Müdür Yardımcısı olan Gündüz Memişoğlu, Erdal Acar'ın şirketine transfer olmasıyla, Acar'a o dönem eski polislerden oluşan koruma ordusu kurmasıyla haber olmuştu.

Bugün mü?

Memişoğlu, şu sıralar İçişleri Bakanı Soylu'ya ve ailesine çok yakın bir isim olmasıyla biliniyor.

Devam edelim...

Ekba Holding'in sahibinin Cihan Ekşioğlu olduğunu söyledik ya... Peki, hep böyle miydi?

Hayır.

Aslında şirket, 81 doğumlu Cihan Ekşioğlu'nun annesi Canan Ekşioğlu'nun üzerine. Ancak holding tarihinde daha ilginç bir ayrıntı var. Ekba Holding taze bir şirket. Resmi kayıtlara göre 18 Haziran 2015 tarihinde kuruluşu tescil edilmiş. Kurucusu ve ilk yönetim kurulu başkanı kim dersiniz? Resmi kayıtlara göre Burak Başlılar! Hani başlangıçta anlattığımız, Zekeriya Öz'ü maaşa bağlayan iş insanı. Başlılar'ın kuruluş sermayesi, kayıtlara göre 50 bin lira.

Gelin görün ki, şirket daha ikinci toplantısında önemli bir karar aldı. 28 Aralık 2015'te tüm haklar anne Canan Ekşioğlu'na devredildi. Garip mi, Başlılar sanki şirketini Ekşioğlu'na vermek için kurmuştu!

Gel zaman, git zaman...

16 Haziran 2016'da ise Cihan Ekşioğlu Yönetim Kurulu Başkan Yardımcısı yapıldı. 2017'ye gelindiğinde 50 bin liraya kurulan şirkette bir şey daha oldu. Kayıtlara göre sermaye artırımı ile şirket sermayesi 2 milyon liraya çıktı.

Ekba Holding'in kuruluş adresi de Akmerkez içinde bir yer değişikliği yapıldığını gösteriyordu: "Akmerkez Residence Daire: 520"

Kısacası Ekşioğlu'nun, İçişleri Bakanlığı ile iş yapan şirketleri hep Akmerkez'de. Gerçekten de Burak Başlılar ile de garip bir ortaklık ilişkisi var.

Cihan Ekşioğlu orada, Burak Başlılar orada. Peki ya Peker'in sözünü ettiği kuzen Soylu?

Ailenin şirketi kriz yarattı

Geçelim başka katlara...

"Akmerkez Residence 536" numarada bir sağlık şirketi var. Bu şirketin tabelasında Invamed-RD Global yazıyor.

2016 tarihinde ortaya çıkan şirketin kurucusu ve yönetim kurulu başkanı Raşit Dinç olarak görünüyor. 1987 doğumlu olan Raşit Dinç aynı zamanda Sağlık Federasyonu Başkanı.

RD Global'in bir başka Yönetim Kurulu üyesi kimdi dersiniz? Evet, Mehmet Soylu. Sedat Peker'in sözünü ettiği Mehmet Soylu, Süleyman Soylu'nun amcası Neşat Soylu'nun oğlu.

Ekşioğlu'nun Akmerkez'deki komşusu olan, sosyal medya paylaşımlarında da Ekşioğlu'nun yöneticileriyle omuz omuza duran şirket, Soylu Ailesi'nin yönetimindeydi.

Bir ayrıntı daha dikkati çekiyor. 500 bin lira sermaye ile kurulan şirket, 2018 tarihinde kuzen Soylu girdikten sonra sermayesini 7 milyon 200 bin liraya çıkarmış. Bu arada Mehmet Soylu ile Raşit Dinç, Sağlık Federasyonu yönetiminde de birlikte görev yapmış.

Bir detay daha...

140 Journos'taki salgın belgeseline konuşan ve ismini açıklamayan bir bürokrat şunları söylemişti: "İçişleri Bakanı Soylu'nun elinde Sağlık Bakanı Fahrettin Koca aleyhinde çok ciddi dosyalar var."

Sağlık Bakanlığı kaynaklarını arayıp, "Soylu'nun kuzeninin yönettiği Akmerkez'deki RD Global ile bir sorun mu oldu" diye sorduk. "Evet" yanıtını aldık. "Koronayı önlüyor diye önümüze getirdikleri spreye onay vermedik" dediler. Meğer Akmerkez'de Cihan Ekşioğlu dahil çok kişinin kullandığı o spreye, bakanlık onayı çıkmayınca ipler fena halde gerilmiş.

Sahi, Akmerkez'den çıktık, nerelere geldik... Ordu'da milyarlık Şehir Hastanesi'nin Cihan Ekşioğlu'na nasıl verildiğini mi anlatalım? Yoksa "nereden çıktı" denilen Burak Başlılar'ın Fettah Tamince ile ortaklığının öyküsünü mü? Ya da Başlılar'ın Caddebostan'daki meşhur Ragıp Paşa Köşkü'nü Kalkavan'dan nasıl aldığını mı?

Kısacası son dönemin "kim bunlar" dediğimiz zenginlerinin Soylu ve akrabalarıyla ilginç bir kesişmesi var.

Biz devam edelim...

İBB tesislerindeki mekân

Kuzen Mehmet Soylu'nun marifetleri bu kadar değil...

Bilmeyenler olabilir, Süleyman Soylu'nun kuzeni Mehmet Soylu, Türkiye Voleybol Federasyonu'nda yöneticilik yaptı. "Yeliz" lakaplı Ahmet Hamdi Çamlı gibi, Soylu da İstanbul Büyükşehir Belediyespor Kulübünün yönetimindeydi.

Süleyman Soylu'nun AKP'ye katılması sadece kendisinin değil kuzeninin de işlerini açmıştı. 2013'le birlikte atılım yapan ticaretine baktık. Kuzen Soylu'nun Nezih Restoran adıyla bir restoranı vardı. AKP döneminde, İBB'nin elindeki Yıldız Parkı içindeki restoranın da işletmesini almıştı. İskender satan bir başka restoran açmış, onunla da dönercilik işine girmişti. Hatta restoranlarının kamuyla ilişkileri bir zamanlar haberlere konu olmuştu.

Mesela 2013'te restorancılığın yanı sıra kongre ve toplantı tesisleri işletmeciliği işine de girmişti. Adres olarak da yine Yıldız Parkı'ndaki İBB'nin mekânlarından birini göstermişti.

Fakat en önemlisi, Sağlık Federasyonu'nda da yönetim kurulu üyesiydi. Aynı anda federasyonun başkanlığını Raşit Dinç yapıyordu. Nihayetinde Dinç ve Soylu, yöneticilik deneyimlerini, Akmerkez'deki Invamed-RD Global'de de devam ettirmişti.

RD Global'in büyümesi dikkat çekiciydi. Kamu kuruluşları RD Global'i çok seviyordu. Devlet Malzeme Ofisi onun tedarik ettiği ürünleri satıyor, RD Global markasını nedense Anadolu Ajansı reklam-haberiyle duyuruyordu.

RD Global'in açıklamasında "Kurucumuz ve şirketlerimizin tek hissedarı Sayın Raşit Dinç, 2006'dan bu yana 15 yıldır tıbbi cihaz ve sağlık alanında faaliyet göstermektedir" ifadesi dikkatimizi çekti.

"Dolandırıcılık, sahtecilik" suçlaması

Okuyunca şirketin sahibi Raşit Dinç'in doktor olduğunu sanabilirsiniz. Ancak öyle değil. Resmi kayıtlardaki kendi ifadesine göre, Dinç, laboratuvar teknisyeni. 1987 doğumlu olan Dinç, 2008 yılının kasım ayına kadar Maya Tıp Merkezi'nde çalışıyordu. Ancak işten ayrılışı bir dolandırıcılık hikâyesine konu oldu. Kuzen Mehmet Soylu'nun çalışma arkadaşı Raşit Dinç, 50 bin liralık dolandırıcılıktan yargılandı. 28 Aralık 2011'de Ankara-Sincan 2. Ağır Ceza Mahkemesi'nde hüküm giydi.

Çok değil, 12 sene önce, 50 bin lira için dolandırıcılık yapmaktan, üstelik bunun için SGK evrakları kullanmaktan hüküm giyen Raşit Dinç, nasıl olmuştu da kısa sürede büyük bir ticari başarı elde etmişti? Üstelik Raşit Dinç'in en büyük işi, kendisini "dolandırıcılık" ile suçlayan devlet kurumlarıylaydı. Bu sırada adının başına "Prof." unvanı da koyan Dinç'in bu hızlı yükselişinin sırrı neydi? Kuzen Soylu ile birlikte iş yapması mı? Öyle ya, aynı anda kuzen Soylu da yükselmişti. Bir sürü iş yapar olmuştu.

Sağlık sektörünün kritik bir ismiyle konuyu konuştuğumuzda şunları söyledi:

"Bu şirket ilk kurulduğundan beri birtakım tuhaf işlerle anılsa da, asıl büyümeyi Mehmet Soylu ile ilişkisiyle yakaladı. Şirket kısa sürede milyonlarca dolarlık hale geldi. Raşit Dinç, bir mikrobiyoloji teknisyeniyken sadece birkaç yılda zırhlı Maybach ile gezen, büyük bir mal varlığına hükmeden, yurtdışında bile mal varlığı edinen bir isim haline geldi. Sürpriz değil, kendisine de resmi koruma verildi."

Sağlık sektöründe işlerin nasıl ilerlediğini anlatan isim, Invamed-RD Global'in ürünleri için CE sertifikası alma sürecindeki sıra dışı olaylardan, Sağlık Bakanlığı'nın ürün takip sistemine kaydettirmede yaşanan ayrıcalıklara, SGK'nın ödeme sistemi olan SUT'ta firmanın kısa sürede öne geçmesinden, doktorlarla kurulan kolay satış zincirine, firmaya öncelikli ödeme için devreye giren devlet yetkililerinden, Çin'den alınıp Türkiye'de paketlenen ve yüksek standartlı gösterilen ürünlere kadar sağlık düzenindeki olağanüstü sistemi anlattı. Kazanç öyleydi ki, varis tedavisinde kullanılan, şişesi yüz dolara alınan bir medikal yapıştırıcı, yaratılan mekanizmayla binlerce dolar kazandırıyordu.

Kısacası RD Global-Invamed, devlet gücünün "şefkatini" arkasına alarak, diğer firmaların önünde, kendisine kolay kazançlı bir yer açıyordu. Ürünlerinin kalitesi kimi doktorlara göre tartışmalıydı ama onay, kayıt, yüksek fiyat ve tahsilat sürecindeki hızı onu rakiplerinden avantajlı hale getiriyordu. Raşit Dinç-Mehmet Soylu ilişkisinin "başarısı" anlatılana göre buydu.

İşte Peker'in Akmerkez'de Soylu ile bağlantılandırarak sözünü ettiği şirketlerin hikâyesi böyle. Gerçekten de Akmerkez'deki yapı bir FETÖ borsası kurdu mu, bilmiyoruz. Ama açık bir şey var ki, Soylu ile bağlantılı bir dizi şirket Peker'in söylediği gibi Akmerkez'de ilginç işler yapmış.

1 milyar TL'lik usulsüzlük

Üstelik...

Peker'in açıklamalarının ardından, devlet de bu iddiaları dikkate almış olacak ki söz konusu şirket bir soruşturmaya da konu oldu. T24'ten Eray Görgülü'nün haberine göre SGK'da başlatılan 1 milyar TL'lik usulsüzlükle ilgili soruşturmanın hedefi Invamed'di.[37] Firma, Soylu'nun ortağı olduğu döneme dair çok sayıda ürün grubunun geri ödemesinde usulsüzlükle suçlanıyordu. Bu nedenle çok sayıda üst düzey personel görevden alındı.

Diyeceksiniz ki "evet, Soylu'nun kuzeni olabilir, şirket Soylu döneminde büyümüş olabilir ama konu sağlık" değil mi?

Evet, sağlık...

Ancak konuştuğumuz kişiler bize Soylu'nun İçişleri Bakanlığı'ndan önceki görevini hatırlattı. Çalışma ve Sosyal Güvenlik Bakanı'ydı. Yani tam da bu ilişkilerin ortasındaydı. SGK'nın altın anahtarı onun elindeydi. Haliyle, kendisi Çalışma ve Sosyal Güvenlik Bakanıyken, kuzeninin SGK ile iş yapan şirketi orantısız büyüyor ve bir dizi sıradışı işle suçlanıyordu.

Gelgelelim...

Soylu'ya bunu sorabilecek birileri var mı derseniz, "güldürmeyin bizi" deriz.

---

37 https://t24.com.tr/haber/sgk-nin-milyarlarca-liralik-usulsuzluk-sorusturmasi-soylu-nun-kuzeninin-yakin-zamana-kadar-ortagi-oldugu-sirket-usulsuzlukle-suclaniyor,978003

19. BÖLÜM

SOYLU'NUN EN SEVDİĞİ SES

Bir televizyon programında kendisi açıkladı. En sevdiği ses poliçe yazan yazıcının sesiydi. Öyle ya, Süleyman Soylu aslında bir sigorta şirketi sahibiydi. Gelgelelim, bu kıt kanaat geçinen bir şirket değildi. Zira büyük sigorta işleri de yapıyordu.

Sedat Peker, konuya şöyle girdi:

"Son dört senede, İçişleri Bakanlığı döneminde bu ülkedeki ne kadar büyük holding var, kuruluş var, hepsi bunun şirketine (sigorta şirketi) geçti, biliyor musunuz? Bu makamı suiistimal etmek değil mi, bu bile suç. Yahu senin şirket nasıl büyüdü bir anda bu kadar, açıklasınlar. Diyor ya 'Ben poliçeyi kesince çok mutlu oluyorum' diye, ee ben de mutlu olurum, gelsin paralar paket paket, çuval çuval, dev gibi kuruluşlar onda."

Peker, Soylu'nun şirketinin nereden nereye geldiğini şöyle anlatıyordu:

"Şirketin yüzde 5 bin 700 büyümüş. 57 kat büyümüş."

Peker'in açıklamalarını CHP'li Özgür Özel'in söyledikleri tamamladı. Soylu'nun şirketinin 2009 yılında aylık 10 bin lira kâr ettiğini öne süren Özel, "Soylu, kendi halinde bir siyasetçiyken, AKP'ye yanaşmamışken sigortacılık şirketi 2009'da 10 bin TL aylık kâr ediyormuş, 2016 kârı 500 bin lira olmuş. 53 kat artmış" dedi.

Soylu'nun İçişleri Bakanı olduğu 2016'dan bu yana birçok kamu kuruluşunda da sigorta işlemlerini yaptığını ve şirketin şu anki kârının 2-3 bin kat arttığının iddia edildiğini belirten Özel, Soylu'nun şirketin son 4-5 yıllık bilançosunu açıklaması gerektiğini ifade etti. Özgür Özel, İçişleri Bakanı Süleyman Soylu'nun devlete bağlı kamu kurum ve kuruluşlarında sigortacılık yapıp yapmadığını da sordu.

Sigorta şirketi Türkiye gündemi olunca, Soylu yaptığı hamleyle şirketteki hisselerini devretti. Bir anlamda "artık ticaretle gündeme gelmek istemiyorum" diyordu. Öte yandan Soylu'nun şirketi, yeni acentalıklarla büyümesiyle haber olmaya devam etti.

Engin Sigorta ise yaptığı açıklamalarla büyümesinin bu denli olmadığını söyledi.[38] Ancak ortada etik bir sorun vardı. Zira İçişleri Bakanlığı, görevi gereği sigortacılık ile doğrudan ilgiliydi. Hal böyleyken, bir İçişleri Bakanı'nın sigorta işleriyle bu kadar içli dışlı olması ne kadar doğruydu?

---

38 https://www.hurriyet.com.tr/gundem/bakan-soylunun-kurucusu-oldugu-engin-sigortadan-aciklama-41821580

20. BÖLÜM

SS PLAKALI POPÇU SOYLU

Sedat Peker'in iddialarına Süleyman Soylu'dan gelen ilk tepkiyi hatırlayalım: "Aylardır bu senaryonun bu noktaya geleceğini bekliyordum. Birilerinin elinde operasyon elemanı olan mafya pisliği..."

Gelgelelim, Peker ne dediyse yalanlanamıyordu. Hatta bir popçu hikâyesi bile...

Peker'in anlattığına göre, İçişleri Bakanı Soylu'nun ablasının oğlu Hasan Berk Işık şarkıcı olmak istiyordu. Soylu'nun eniştesi, yani ablasının eşi, oğlu için Peker'e gelmiş, ondan yardımcı olmasını istemişti. Peker, prodüktör Polat Yağcı'yı arayıp yardımcı olduğunu söylüyordu: "Polat Yağcı, telefon açtım, enişteni, ablanın kocasını tanıştırdım. Bu çocuğun tüm şeylerini tüm kanallarda yayınlattırın, dedi; yayınlattırdım. O zaman iyiydim, her şeyi yaparken iyiydim. Ne oldu kardeşim, ne oldu ya?"

Kamuoyunun gözleri bir anda Soylu Ailesi'nin popçu yeğenine döndü.

1998 doğumlu Işık, ilk klibini "Berk X Berr" ismini kullanarak 10 Haziran 2020'de "Âşığın Teki" adlı şarkıyla yayınlamıştı. İkinci şarkı ve klip "Senin Ağzın Ne Söylüyor" ise 9 Ekim 2020 tarihinde yayına girmişti.

Cumhurbaşkanlığı Sözcüsü İbrahim Kalın'ın da albümünü yapan Yağcı, Soylu'nun popçu yeğenine yardımcı oldu.

İşte o yeğenin fotoğrafları Peker'in açıklamalarının ardından ortalığa saçıldı.

Örneğin, Süleyman Soylu'nun adının baş harflerini taşıyan "SS" plakalı lüks araçla gezen fotoğrafını, Amerikalı rapçi Coolio'nun ünlü "Gangsta's Paradise" (Gangsterin Cenneti) şarkısını hatırlatarak paylaşmıştı.

Berk Işık'ın en çok konuşulan karesi ise Bakan Soylu'nun makamındaydı. Hem de "Gangsta's Paradise" şarkısının ruhuna uygun bir isimle...

Fotoğrafta Soylu ve Işık ile birlikte ünlü Thodex dolandırıcısı Faruk Fatih Özer de vardı. Soylu ise Özer'i kendisinin yanına getirenin yeğeni olduğunu saklamaya çalıştı.

"Bir yakını"nın aracılığıyla yazılımcı gençlere verdiği randevuya eklemlendiğini söyledi. İşte o yakını popçu yeğendi.

Halbuki, Faruk Fatih Özer meselesi o kadar karışık ki...

Mesele fotoğraftan ibaret değil. Binlerce kişiyi Thodex üzerinden dolandırıp yurtdışına kaçan Özer'i İçişleri Bakanlığı adeta yakalamak istemedi. Sedat Peker için Birleşik Arap Emirlikleri'ne kadar giden Soylu, Özer için adeta suskun bir duvar oldu.

Şöyle bir iddiayı ülkücü bir yargı mensubundan duyduk:

"Devlet Bahçeli ile Süleyman Soylu arasında sıkıntı var. Konu, MHP milletvekili Saffet Sancaklı ile Thodex'in sahibi Faruk Fatih Özer'in ilişkisine dair... Özer'in Arnavutluk'ta yakalanması ve Türkiye'ye iadesi konusunda fikir ayrılıkları mevcut."

Öyle ya, MHP Darıca İlçe Başkanı Yücel Bektaş da görevinden istifa ederken şöyle dememiş miydi:

"Arnavutluk'ta yakalanan Fatih Özer'in Darıca'da yaşayan aile fertleri partimize gelerek, çocuklarının hiçbir şey yapmadığını, sorunların aileye kaldığını ancak Saffet Sancaklı ve oğlunun paraları alıp kendilerini kurbanlık koyun gibi ortada bıraktığını ifade ediyor."

Thodex dolandırıcılığı davasında da garip şeyler oluyordu...

Mesela, tutuklu altı sanığın avukatlarının dava dosyasına girmesini istediği bazı raporlar vardı. Ama nedendir bilinmez, mahkeme heyeti bir türlü bu talebi kabul etmiyordu. Yani, SPK'dan ya da BDDK'dan daha önce Thodex'e dair yaptıkları incelemeler istenmiyordu.

Keza, mahkeme vergi dairesine "Thodex bugüne kadar kaç para kazandı, ne kadar vergi ödedi" bilgisini de sormuyordu.

Dahası...

İddianamenin esas aldığı MASAK'ın ana raporu yaklaşık yedi ayda geldi. Ancak ne zaman ki sanık avukatları rapordaki hataları gösterdi, mahkeme de kurumdan ek rapor, yani düzeltme istedi. Gelin görün ki, koca MASAK küçük bir değişimle gönderceği bu ek raporu da aylarca bir türlü mahkemeye iletmedi. Sahi, kimler neden işi yavaşlatıyordu?

Kaldı ki sanık avukatları MASAK raporuna imza atanların tanık olarak dinlenilmesini de istiyor, mahkeme onu da kabul etmiyordu.

Bitmedi. En can alıcı noktalardan biri de şu...

MHP milletvekili Saffet Sancaklı'nın oğlu Mert Sancaklı'nın Thodex'in sahibi Faruk Fatih Özer ile ortaklığı da ortaya çıktı. Bundandır ki, hem sanık hem de mağdur avukatları Sancaklı'nın da soruşturulmasını talep ediyordu. Ancak mahkeme bu talepleri de duymazdan geliyordu.

Öyle ki...

Mahkeme başkanı bu talepleri reddetmekle kalmayıp, Mert Sancaklı'nın ismini anmaktan bile çekiniyordu. "Bir isim söylemiştiniz ya, ben o talebi reddediyorum" diyor, duruşma salonundakiler "Mert Sancaklı" diye bağırınca ancak isim kayıtlara geçiyordu.

Peki, Thodex'in sahibi Özer, Arnavutluk'ta ne zaman yakalandı?

30 Ağustos'ta.

Dosyaya bakan Arnavutluk'taki Başsavcı Kreshnık Ajazı'nın 9 Eylül'deki şu açıklaması kritikti:

"Bizim ceza hukukumuzun ve suçluların iadesine dair Avrupa sözleşmesinin öngördüğü süre içerisinde Türk makamlarının şahsın iadesi için resmi iade talebi göndermesini bekliyoruz. Bu süre 40 gün olarak belirlenmiş durumda. Sürenin bitimine kadar resmi prosedür neyse o uygulanacaktır. Şu an Türkiye'ye dair resmi bir iade talebinde bulunulmadı. Resmi talebin gelmesini bekliyoruz."

Evet, yakalanmasının ardından 10 gün geçmesine rağmen iade talebinin bulunmadığı, bizzat Arnavutluk cephesi tarafından ileri sürülüyordu.

İşte bu durumu fark eden davanın sanıklarından Cem Uzunoğlu'nun avukatı Orhan Keskin, mahkemeden şu istekte bulundu:

"Resmi iade talebini Arnavutluk makamlarına iletmesini Adalet Bakanlığı'ndan isteyin!"

Mahkeme ne yaptı? Bu haklı talebe de ret kararı verdi! Zaten yakalanmış Thodex'in sahibi hakkındaki kırmızı bülten kararının devamına hükmetti.

Davanın ek klasörlerinden bazı evrakların kaybolduğu, verilen dilekçelerin bulunamadığı iddialarına ise hiç girmiyoruz...

İşin ilginci, bu tuhaf durumu bu kitabın da yazarlarından olan Barış Pehlivan, *Cumhuriyet*'te gündeme getirince, Adalet Bakanlığı harekete geçip Özer'i Arnavutluk'tan istedi.

Belli ki Soylu'nun SS plakalı yeğeniyle birlikte Thodex dolandırıcısıyla buluşması basit bir buluşma değildi.

Üstelik...

SS plakalı araçta da tuhaflıklar ortaya çıktı.

Gazeteci Baransel Ağca, söz konusu aracın sahibi şirketle görüştü. Araç, popçu yeğenin değil, "İsmerun Gıda" isimli bir şirketindi. O şirket ki İsmet Çelik'e aitti, galeta unu üretiyordu. Şirket yetkilisi, "Süleyman Bey'in yeğenleri sigorta işindedir zaten. Bizim araçları da onlar sigortalar. O nedenle araları iyidir, o arabayı kiralamamıştır rica üzerine alıp kullanmıştır" dedi.[39]

Ağca, İsmet Çelik adına açılan bir erkek öğrenci yurdunun FETÖ bağlantılı olduğu için kapatıldığını da ortaya çıkardı. Sahi, İçişleri Bakanı yeğeninin bu tuhaf ilişkilerini neden engellemiyor, üstüne İçişleri Bakanlığı'nda ağırlamaya kalkıyordu? Biz de bilmiyoruz... Devam edelim...

39 https://twitter.com/brnslagca/status/1386346520140726272

21. BÖLÜM

SOYLU'YA "KAÇ" DİYEN BAKAN

Sedat Peker'in hedefinde bir başka kuzen daha vardı: Sadık Soylu. Peker, ona dair şöyle seslendi:

"Senin akraban var ya Ankara'da, Sadık Soylu. Bir iş merkezi var yine Ankara'da, Next Level diye geçiyor. Bu devletin bir yeri. Şimdi bakanlığın tüm yüksek bürokratları orada, tüm işadamları orda. Murat Kurum mu yönetiyor Çevre ve Şehircilik Bakanlığı'nı, Sadık Soylu mu? Bir de Erdal Kayapınar var, bakanlığın mekânsal planlama genel müdürü. Bu adamla ilgili FETÖ soruşturması varmış, o nasıl kapandı? Sayın savcılar siz delil mi istiyorsunuz, kameralar var, bu Sadık Soylu'nun resmi bir unvanı yok, devletin bakanlığa ait resmi binasında nasıl oturuyor müsteşar gibi, bakan gibi... Neden işadamları ile devletin görevlileri orda. Sayın savcı bir yazı yazacaksın, HTS kayıtları gelsin diye, hangi bürokratlar bu adamın yanına gidip geliyor, hangileri arıyor. Ben iddia ediyorum, Murat Kurum'u o kadar aramıyorlardır."

İstanbul Büyükşehir Belediyesi'ne bağlı KİPTAŞ'ta, Erdoğan Bayraktar'ın TOKİ Başkanlığı döneminde TOKİ'de danışman olarak görev yapan bir isimdi Sadık Soylu. Bayraktar'ın Çevre ve Şehircilik Bakanlığı görevine başlaması üzerine kadrosu Emlak Konut'ta kalmak üzere bakanlıkta danışman olarak görevlendirilmişti. FETÖ'nün başını çektiği 17-25 Aralık operasyonlarının ardından önce Bayraktar istifa etti. Ardından Soylu görevden alındı.

Eski Şehircilik Bakanı Erdoğan Bayraktar tam da Sedat Peker açıklama yaptığı dönemde, 17-25 Aralık için "Dosyamda ne varsa, hem tapeler doğrudur hem teknik takip doğrudur hem de benim telefon konuşmalarım A'dan Z'ye kadar doğrudur" dedi.[40]

40 https://www.youtube.com/watch?v=vL6sriJxMVg

Sözünü ettiği konuşmalarda Soylu'yu ilgilendiren bir bölüm vardı.

17 Aralık sabahı, FETÖ'cü savcıların operasyonu başladığında, Bayraktar'a ilk haber veren oğluydu. Abdullah Oğuz Bayraktar, 06.36'da babasına "Benim evi polisler bastı, acil birilerini arar mısın" demişti. Erdoğan Bayraktar neler olduğunu anlamıştı. Telefon trafiği saat 06.57'de danışmanı Sadık Soylu'yu aramasıyla sürdü. "Sadık polis birazdan gelip seni alacak, evden kaç" demişti. Bayraktar, "Konuşmaların hepsi doğru" dedi ya. Aslında Sadık Soylu da kabul etti. Soylu, Meclis'te verdiği ifadede şunları söyledi: "Erdoğan Bey benim babam gibidir. 'Kaç Sadık' demiştir. Ben de 'Efendim kafede oturuyorum. Orada bekleyeceğim' dedim."

Meselenin bam teli burada...

Peker'in sözleriyle anlaşıldı ki aradan geçen 10 yılda, eski düzen devam etmişti. Ama bir farkla... Yıllarca o düzeni kurmak için her şeyi göze alan Erdoğan Bayraktar, oyundan atılmıştı. Süleyman Soylu'nun kuzeni yola devam etmişti.

Keza Next Level, AKP Ankara Milletvekili Asuman Erdoğan'ın eşine ait Pasifik İnşaat'ındı. Açılışını Tayyip Erdoğan yapmıştı. Gerçekten de Next Level, bürokrasinin merkez üslerinden biriydi. Ankara'da pek meselenin orada konuşulduğu herkesin bildiği sırdı.

Bu kadarla kalmadı...

Peker, Twitter hesabı üzerinden "Çevre Bakanlığı Mekansal Planlama Genel Müdürü Yavuz Erdal Kayapınar'ın Sadık Soylu tarafından kapattırılarak (kendisine köle hale gelmesini sağladığı) FETÖ soruşturma evrakı. 'Sayın savcılar, başka delile ihtiyacınız var mı?'" mesajı paylaştı.[41] Dosyanın kapanma belgesini de paylaşan Peker, adeta sözlerini ispatlamıştı.

41 https://twitter.com/sedat_peker/status/1396500559943905281

22. BÖLÜM

SOYLU'YU BÜYÜTEN İLÇE

Peker'in Soylu'ya ilişkin bir başka iddiası Esenyurt ve Özyurtlar ile ilgiliydi. Peker, İstanbul'un Esenyurt ilçesindeki müteahhit Yüksel ile Orhan Özyurt'un, Süleyman Soylu'nun gizli ortağı ve kasası olduğunu iddia etti. Peker'e göre, Özyurt kardeşler, Aralık 2017'de görevi bırakan AKP'li Esenyurt Belediye Başkanı Necmi Kadıoğlu'na kaset tuzağı kurmuş, onu görevden almıştı:

"Esenyurt Belediyesi el değiştirene kadar o ilçedeki hemen hemen bütün gökdelenleri senin ortağın olan bu iki kardeş yaptı (usulsüz imar değişiklikleri sayesinde). Yani yine milletin hakkını çaldınız. Ayrıca belediye el değiştirene kadar ilçenin hemen hemen bütün ihalelerini senin gizli ortağın olan bu iki kardeş aldı. Çaldınız, çaldınız yine çaldınız ama doymadınız. Gizli ortağın olan Yüksel Özyurt'un oğlunun Çırağan Sarayı'ndaki düğününde nikâh şahitliğini sen yaptın."[42]

Gerçekten de Kadıoğlu bir kaset komplosuyla tasfiye edilmişti. Peker'in yaptığı açıklamalardan sonra "Sedat Peker'in ortaya koyduğu iddiaları ben de merak ediyorum" demişti.

Soylu'nun merkezinde olduğu bu ilişkileri gelin isterseniz bir başka gözle anlatalım...

"Akbil skandalının kilit ismi yakalandı."

4 Haziran 1999 günü, Necmi Kadıoğlu'nun Türkiye'ye dönüşünü gazeteler bu başlıkla duyuruyordu. Tayyip Erdoğan'ın bir numaralı sanık olduğu davanın kritik ismiydi. İBB'nin İştirak Dairesi Başkanı'ydı. "Akbil Necmi" diye anılıyordu. Operasyon başlayınca yurtdışına kaçmış, sonra teslim olmuş ve tutuklanmıştı.

Savcılığın iddiasına göre Akbil gelirleri kayıtdışı bırakılarak, "bir yerlere" para aktarılmıştı. İddianame, Akbil sonrası toplu

42 https://twitter.com/sedat_peker/status/1411339516732841985

taşıma araçlarını kullanan İstanbulluların yarıya düştüğünü anlatıyor, bunun hayatın akışına aykırı olduğunu vurguluyordu. Aslında Akbil davası kamu kaynaklarından kaçak yaratarak servet biriktirmenin kritik yargılamalarından biri olarak tarihe geçti. Yandaş şirketlere mi gitti, partinin kasasına mı, yoksa birilerinin cebine mi atıldı ya da AKP'nin kuruluşu için mi harcandı? Yıllar içinde hep böylesi tartışmaların odağı oldu. AKP'nin iktidar olması ise davanın kaderini değiştirdi. Sanıklar beraat etti.

Akbil davasından kurtulan herkes yükselirken, Necmi Kadıoğlu 2004 yerel seçimlerinde Tayyip Erdoğan'dan Esenyurt'u istemişti. O tarihte Esenyurt henüz ilçe bile değildi. 2008 yılında çıkan yasayla beldeden ilçeye dönüştü. Erdoğan'ın oluruyla 2004'te belediye başkanı olan Kadıoğlu, 2017'ye kadar 13 yıl Esenyurt'u yönetti. "Sağlık sorunları" diye açıklanan bir kaset operasyonu sonrası da görevi bıraktı.

Sahi, neden başka bir ilçe değil de Esenyurt? Necmi Kadıoğlu'nun 17 yıl önce aklından geçeni bugün Esenyurt sokaklarında gezince daha iyi anlıyorsunuz. Ne altın, ne dolar ne faiz... Hiçbiri İstanbul toprağı kadar kazandırmıyor. Zira, Esenyurt'ta küçük bir toprağa dikilen kule milyonlarca para demek. Haliyle yıllar önce adı üstünde, yeşil ve rüzgâr esen bir yurt olan ilçe, Kadıoğlu döneminde bir beton cennetine dönüştü. Birilerine de çok kazandırdı. Esenyurt büyürken, dükkânları holdinge dönüştü. Binalar yükselirken kimi siyasetçiler zenginleşti. Halkın dev kulelerdeki odalara sıkıştığı Esenyurt, resmi olarak bir milyon, gerçekte bunun bir buçuk katına yaklaşan nüfusuyla, toprak rantıyla zenginleşmenin tarihi sembolü oldu. Kadıoğlu'na yıllar önce kimi dava arkadaşlarını da şaşırtacak şekilde "Esenyurt beldesine başkan olmak istiyorum" dedirten, aslında Akbil davasındaki hikâyenin devamıydı.

Peker en çok o kelimeyi kullandı: Özyurt. Sahiden de, Esenyurt sokaklarında gezince buranın artık "Özyurt" olarak anıldığını görüyorsunuz. Yüksek kulelerin üstünde hep bu isim yazıyor. Aslında iki Özyurt birbirine karıştırılıyor: Özyurt A.Ş. ve Özyurtlar Holding. Özyurt A.Ş.'nin başında Orhan Özyurt, Özyurtlar Holding'in başında ise Tamer Özyurt var. Aynı soyadı taşıyan, biri Trabzonlu diğeri Antepli iki aile, iki şirket farklı. Ancak onları birleştiren Esenyurt ve Kadıoğlu'nun arkalarındaki desteği. Bir de iki şirketin de son dönemde İçişleri Bakanı ile anılıyor olması. Gizli saklı da değil. Öyle ki bugün Özyurt A.Ş.'nin resmi sayfasına girdiğinizde, şirket haberlerinin birinci sırasında sizi şu haber karşılıyor: "Bakan Soylu ziyareti."[43] Evet, Esenyurt'ta Özyurt'un Soylu'ya yakınlığı herkesin konuştuğu sır. Zira Orhan Özyurt, Soylu'ya bir telefon uzaklıkta olduğu gibi, zaman zaman iki ismin görüştüğü biliniyor.

Dağıtılan silahlar

İki şirketin de Esenyurt'ta Kadıoğlu dönemindeki büyümesi göz kamaştırıyor. Özyurtlar Holding Yönetim Kurulu Başkanı Tamer Özyurt, ticari hayatını şöyle anlatıyor: "22 yaşında Esenyurt'ta 25 metrekarelik bir alanda yapı malzemeleri satışı yapılan nalburiye dükkânı açtı. (...) 2005 yılında inşaat sektörüne atılan Tamer Özyurt, konut ve işyeri yapımına başladı."

Esenyurt'ta sıradan bir nalburken, Kadıoğlu dönemiyle inşaata atılan Özyurtlar, artık milyar dolarlık projelerin yaratıcısı. Bir buçuk milyon kilometrekarelik alana bugüne kadar 15 bin konut inşa eden holdingin projelerinin tamamına yakını Esenyurt'ta. Şirketin bütün projelerinin başına N harfi koyuyor olması ise "Necmi'nin N'si" dedikodusunun yapılmasına neden oluyor.

Özyurt A.Ş.'nin Necmi Kadıoğlu ile ilişkisi ise daha da aleni. Esenyurt'ta Kadıoğlu dönemi ihalelerinin aslan payı Özyurt A.Ş.'nin. Bugünkü CHP'li belediye başkanı Kemal Deniz Bozkurt ile yaptığımız görüşmede, Özyurt A.Ş.'nin Kadıoğlu döneminde sadece belediyeden aldığı kamu ihalelerinin, yeniden değerlendirmeyle 600-700 milyon lira ettiğini söyledi. Buna Esenyurt Belediyesi'nin dışındaki kurumlardan eklenen projelerle, zenginlik sayılamaz hale geliyor. Esenyurt'taki metrobüs hattından, ilçe meydanına, merkezdeki Recep Tayyip Erdoğan Parkı'ndan İstanbulspor'un maçlarını yaptığı Necmi Kadıoğlu Stadı'na her yer Özyurt.

Bununla da kalmamış, Özyurt A.Ş. Kadıoğlu döneminde Belediye ile sıradışı bir ilişki kurmuş. Bugün ilçe merkezinde dev bir AVM-ofis projesi var. 200 bin metrekare kapalı alanı olan binaya, 1 ile 2 milyar arasında değer biçiliyor. Bu alan eskiden Esenyurt Belediyesi'ne ait iken, Kadıoğlu döneminde Özyurt

43 https://www.ozyurtas.com.tr/haberler/bakan_soylu_ziyareti.html

A.Ş. ile çok özel bir anlaşma yapılmış. Projenin inşası karşılığında yüzde 73'ü şirkete verilirken, yüzde 27 belediyenin olmuş.

Esenyurt'ta belediye binası da kaymakamlık da bu binanın içinde. Ancak en ilginci, Sedat Peker'in iddialarına konu olan Esenyurt Üniversitesi de burada bulunuyor. O Esenyurt Üniversitesi ki, Kadıoğlu-Özyurt ortaklığına dair hiçbir şüphe bırakmıyor. Üniversitenin 2013 yılındaki kurucusu, 2011 yılında hayata geçen Yeşilköy 2001 Eğitim, Sağlık, Kültür Vakfı. Üniversitenin mütevelli heyeti başkanı Orhan Özyurt, mütevelli heyeti üyesi Necmi Kadıoğlu, oğlu Ahmet İsmail Kadıoğlu, belediyedeki eski yardımcısı Sebahattin Fidan ve eski müdürü Müge Doğan, adeta bir Kadıoğlu-Özyurt projesini gösteriyor.

AVM binasındaki üniversiteye Kadıoğlu, belediyeye ait 25 dönümlük araziyi bedelsiz tahsis etti. Bugün Esenyurt'u yöneten yeni başkan 3 yıl süren mücadelenin sonucunda bu çok kıymetli araziyi 2021 yılında geri aldı. Gelgitli karar bir yana; olay, bir belediye başkanının kendi vakfına bedelsiz arazi vermesi şeklinde tarihe geçti. Üniversitenin kontrol ettiği dev bütçe hatırlanırsa "her şeyin başı eğitim" felsefesi biraz yanlış anlaşılmış görünüyor. YÖK bile Esenyurt Üniversitesi'ni araştırma ve geliştirmeye 294 bin lira, reklama ise 1 milyon 517 bin lira ayırdığı için eleştiren bir rapor yazdı.

Esenyurt modeli, İstanbul'da bir ilçe yaratıp, betona boğarak holdingleşmenin, siyaseti ve siyasetçileri beslemenin açık modeli gibi. Elbette rant bol olunca, işin içine çoğu kez mafyanın karıştığı öyküler birbirini izliyor.

Kadıoğlu, Özyurt, Soylu adlarının birbirine karıştığı bu hikâyenin sonunda şöyle ilginç bir olay da duyduk. Peker'in hedefindeki Özyurt kardeşler, İstanbul Valiliği'nin binasında, Süleyman Soylu tarafından bazı belediye başkanlarıyla tanıştırılmıştı. Bu bilgiyi bir belediye başkanı da teyit etti.

Peker'e göre Soylu'yu büyüten kaynak Esenyurt'un Özyurt'uydu. Ancak çok konuşulan bir iddiada daha bulundu. O da Soylu'nun, 15 Temmuz darbe girişiminin ardından silah dağıttığı iddiasıydı. Söylediğine göre, silahlar, Özyurtlar şirketine ait bir araçta taşınmıştı: "Özyurtların bünyesinde olan Renault beyaz Fluence marka arabayla, Esenyurt cumhuriyet meydanının arkasında karanlık bir sokakta (DAP hotelin arka tarafında) arabaya koyulan bir kasa Kalaşnikof silah İstanbul Balat'a gitti. AKParti İstanbul gençlik kolları başkanı olan Taha Ayhan'ın yardımcısı olan Osman Tomakin'e teslim edildi."[44]

Kayıp silahlar haftalarca konuşuldu. Soylu ile fotoğraf çektiren silahlı adamların fotoğrafları da... Gelgelelim, Esenyurt'ta dağıtılan silahlar ve Soylu arasındaki ilişki, herhangi bir netliğe henüz kavuşturulamadı.[45]

---

44 https://twitter.com/sedat_peker/status/1413167278368202753

45 Dağıtıldığı iddia edilen kayıtdışı silahlarla ilgili kişilerden biri de İçişleri Bakanlığı personeli olan Ahmet Onay'dı. Peker'in iddialarının birçoğunu doğrulayan Onay, silah alışverişi iddiası için "Birbirlerine ne alıp verdiklerini görmedim" demişti. Tam da bu meseleye dair, Peker cephesinin ilginç bir iddiası var. Deniyor ki, Ahmet Onay'dan "Ben sadece sandıkları gördüm, içinde ne olduğunu bilmiyorum" yönünde açıklama yapmasını bizzat Peker istemiş. Buna da "Seçimlere daha çok var. Seni hem memurluktan atarlar hem de cezaevine koyarlar" gerekçesini öne sürmüş. Peker'in yakınlarının bu iddiası doğru mu, bilmiyoruz. Ancak aynı cepheden "Sedat Peker'in elinde bu silah sevkiyatının tam olarak nasıl yapıldığına dair kayıtlar olduğu" sözünü de duyduk.

23. BÖLÜM

SOYLU'NUN ADAMLARI ADAM KAÇIRIYOR

Ekrem Gülen, İçişleri Bakanlığı Koruma Daire Başkanı olarak görev yapıyordu. Birinci sınıf Emniyet Müdürü'ydü. Soylu'ya en yakın isimlerden biriydi. Kimilerine göre kara kutularındandı.

Adını Sedat Peker'in iddialarında en çok iki olayla hatırlıyoruz. Birincisi; Silivri Emniyet Müdürü Hakan Çalışkan'ın intiharı. Yazdık: Kardeşler Hızır ve Osman Kaptan'ın gözaltına alınması üzerine, Gülen'in Çalışkan'ı arayarak baskı yaptığı iddia edilmişti.

İkincisi; Paramount Otel olayı. Kara para aklama suçundan halen ABD'de tutuklu bulunan Sezgin Baran Korkmaz (SBK), devlet içinde ilişkili olduğu isimleri eline geçirdiği otelde ağırlıyordu. Ortaya çıkan bilgilere göre Ekrem Gülen de bu isimlerden biriydi.

Fakat bunların ötesinde, Gülen'in polislikten sonraki işi meseleyi daha da ilginç hale getirdi. Zira Gülen, 2019 yılından itibaren Türkiye İş Bankası'nda "Güvenlik Müşaviri" olarak görev yapmaktaydı. Ona bütün bu ilişkilerin içinde yapılan suçlama, bankaya ait borçlu iş insanlarının bilgilerini başka kişilere aktardığıydı.

Peker, bu nedenle CHP'ye de bir çağrıda bulundu. "Süslü Sülü'nün koruma müdürü Ekrem Gülen'in o bankada ne işi var, hiç soruyor musunuz?" diyen Peker, "Finans konusunda nasıl bir dehası var ki emeklilikten sonra o göreve atanıyor?" ifadelerini kullandı. Peker'e göre Gülen, İş Bankası'ndaki kredi ödeme güçlüğü çeken firmaların bilgilerini dışarıya aktarıyordu. Aslında bu mesele hep Sezgin Baran Korkmaz ile ilişkilendirildi. Zira SBK, ödeme güçlüğü çeken firmalara çökme operasyonları yapmakla da suçlanıyordu. Kendisi ise durumu şöyle anlatıyordu: "Batmış olan, kapanmış olan şirketleri satın alıyorum, onları yeniden üretime kazandırıyorum, insanlar çalıştırıyorum, ekonomiye katıyorum." Kısacası SBK, Türkiye'de "zor durumda" olan şirketleri ucuza alıyor. Sonra "bir şekilde" düze çıkarıp pahalıya satıyor. Haliyle Sezgin Baran Korkmaz'ın hem alışları hem satışları tartışma yaratıyor.

Nitekim...

ABD'de "Kingston Kardeşler" olarak bilinen Jacop Ortell Kingston, Isaiah Kingston, Rachel Kingston, Sally Kingston'un yargılandığı dava, Türkiye ile ilişkilendiriliyor. Suçlarını itiraf eden ve mahkûm olan Kingston kardeşler, ABD hazinesini dolandırarak 500 milyon doları ülke dışına çıkarmıştı. ABD makamları, bu paranın en az 132 milyon dolarının Türkiye'ye gönderildiğini düşünüyordu. Gerçekten de Kingston Kardeşler, Türkiye'de kurdukları şirket aracılığıyla, topraklarımıza para taşıdı. İşte SBK de mahkemeler tarafından bu parayı kullanmakla suçlanıyor. İddiaya göre, batık şirketleri alma parası da buradan geliyor.

Soylu'nun Gülen'den başka bir adamı daha var. O da Emniyet Genel Müdür Yardımcısı Resul Holoğlu. Peker, Holoğlu'nun adını açıklamalarında şöyle andı:

"5 Aralık Resul Holoğlu, Organize Suçlardan Sorumlu Emniyet Müdür Yardımcısı telefon açıyor Korkmaz'a. Bu adamı arıyor, İçişleri Bakanlığı'na çağırıyor. Saat 10.30, 12.30 çıkış... Sezgin Baran Korkmaz'ın 45 milyon dolar bir işadamından alacağı var. Süleyman buna 'Senin hakkında tahkikat yapıldı, yurtdışına çık. Yukarının haberi var, bu parayı da sil, sorun çıkacak' diyor. Yukarısı da Tayyip Abi. Amerika'dan da büyük para gelmiş, diye herkes biliyor ya... Bütün kayıtlar çıkacak. Sezgin Baran Korkmaz, 6 Aralık'ta yurtdışına gidiyor.

"İçişleri Bakanı, Organize Suçlar Daire Başkanı'nı telefonla arayıp, hakkında 6 aydır dosya hazırlanan adamı İçişleri Bakanlığı'na çağırıyor, görüşüyor ve yurtdışına çıkmasını söylüyor. Bu 45 milyonu kabul etti ya Sezgin Baran, ne yapsın devlet var karşısında. Oteli de istediler. Böyle bir namussuzluk olur mu? Siz muhaliflere baskıyı kuracaksınız... 5 Aralık'ta Sezgin Baran Korkmaz İçişleri Bakanlığı'na geldi mi, kamera kayıtlarını çıkarın. 6 Aralık'ta yurtdışına çıkmış mı?"

Peki, doğru mu?

Maalesef, yaşananlar Peker'i doğruluyordu.

Peker'in açıklamalarının ardından meseleyi bilen kritik isimleri aradık. Bir tanesi şunu anlattı:

"İçişleri Bakanlığı'na bir kez değil, aynı gün iki kez gitti. Telefonla çağrıldı. İlk gidişinde elindeki senedi şimdilik icraya koymaması istendi. O da tamam, dedi. Bakanlıktan çıktı. Derken kısa süre sonra telefon geldi. Tekrar bakanlığa çağrıldı. Gittiğinde 'devlet meselesi, bu parayı hiç alma' denildi."

İkinci kaynak da aynı hikâyeyi başka benzer detaylarla anlattı. Onun anlattığında tekrar bakanlığa dönme yoktu. Bakan Soylu telefonla konuşmak için odadan çıkıyor, sonra tekrar geriye dönüyordu. Eklediği bir ayrıntı daha vardı:

"İçişleri Bakanı görüşmede SBK'ye 'Biz seni Çakıcı'nın elinden almadık mı' dedi. Gerçekten de Kervansaray Otelleri'nin satışı sırasında SBK'ye karşı Alaattin Çakıcı devreye girmişti. Çakıcı, SBK'yi görüşmeye çağırmıştı. Ancak Çakıcı'nın adamlarının telefonları o sırada polis tarafından dinleniyordu. Hem bu görüşme hem de SBK'nin ofisinin basılması bu sayede önlendi. Arkasında devlet desteği olduğunu düşünen SBK, Çakıcı'ya meydan okuyabildi."

İşin ilginç yanı, İçişleri Bakanlığı'ndaki o görüşmede SBK'ye, "Bu bir devlet kararı" deniliyordu. Haliyle devlet ile mafya arasındaki çizgi iyice belirsizleşiyordu.

Peki, zaman nasıl işledi?

Şöyle anlatalım...

30 Eylül 2020'de İstanbul Cumhuriyet Başsavcılığı, SBK'nin de aralarında olduğu 14 kişi hakkında, mal varlıklarına el konulması talebinde bulundu. Aynı gün 10. Sulh Ceza Hâkimliği kabul etti. Ayrıca SBK hakkında da yurtdışına çıkış yasağı kararı aldı.

5 Kasım 2020'de yeni bir gelişme oldu. Mali Suçlar Araştırma Kurulu Başkanlığı (MASAK), SBK'nin serveti hakkında "suç bulunamadı" raporu verdi. Ertesi gün, 6 Kasım'da, İstanbul Cumhuriyet Başsavcılığı bu kez el koyma kararının kaldırılmasını istedi. Aynı gün, İstanbul 3. Sulh Ceza Hâkimliği, SBK hakkındaki tedbir kararını kaldırdı. Yetmedi, 17 Kasım 2020'de de İstanbul 7. Sulh Ceza Hâkimliği, SBK hakkındaki yurtdışına çıkış yasağını bitirdi.

Kısacası yargı, çok tuhaf şekilde, bir buçuk ayda tersine döndü. SBK'nin üstüne giderken, bir anda rüzgâr ters esmişti.

Ardından ilginç bir şey daha oldu. 5 Aralık 2020 günü "ne oldu ise" o gün SBK bir anda yurtdışına çıkmaya karar verdi. İstanbul Havalimanı'ndan hiçbir engele takılmadan Türkiye'yi terk etti. Peker'in verdiği tarihin (5 Aralık) aynı olduğunu hatırladınız mı?

Tuhaflıklar burada bitmedi. Aralık sonuna gelindiğinde tablo yine değişti. 29 Aralık 2020 günü, SBK'nin de aralarında olduğu 19 kişi hakkında gözaltı kararı alındı. Üstelik bu kararı alan, daha bir ay önce SBK'ye "temiz" diyen İstanbul Cumhuriyet Başsavcılığı'ydı. Ama aynı yargının önceki kararı sayesinde, SBK çoktan Türkiye'yi terk etmişti.

Söz konusu takvime, yargının gelgitli tablosuna, aynı kişiyle ilgili verilen kararlardaki çelişkilere bakılınca, "çok yukarıdan" bir elin sürece müdahale ettiği, gözle değilse de akılla görülebiliyordu.

Üstelik...

Söz konusu kararların ardından, yargıda ilginç değişiklikler de oldu. İstanbul Cumhuriyet Başsavcısı İrfan Fidan, 27 Kasım 2020'de Yargıtay'a, oradan tek dosya açmadan jet hızıyla Anayasa Mahkemesi üyeliğine atandı. Soruşturmada kritik kararları alan vekili Hasan Yılmaz da Adalet Bakan Yardımcılığı'na getirildi. Satrançta hem beyaz hem siyah taşlar aynı anda yer değiştiriyordu.

Hikâyenin özeti böyleydi...

24. BÖLÜM

HABLEMİTOĞLU SANIĞININ SOYLU İLE İLİŞKİLERİ

"Necip Hablemitoğlu yazdığından değil yazacaklarından dolayı hedef alındı. Kitabın son sözünde var; FETÖ ile ilgili kapsamlı bir dosya hazırladığını belirtmişti."

Bu sözler Hablemitoğlu Ailesi adına konuşan avukat Ersan Barkın'dan...

Avukat Barkın, Necip Hablemitoğlu'nun sadece *Köstebek* adlı kitabından dolayı değil, yeni bir çalışma içinde olduğu için öldürüldüğünü söylüyordu.

Gerçekten de *Köstebek*'i açtığımızda, Hablemitoğlu'nun yeni bir kitap çalışmasını daha ilk sayfada duyurduğunu görüyoruz. Şöyle diyor Hablemitoğlu:

"Bu rapor, 'Cumhuriyet Tarihi'nin En Büyük İhanet Odağı: TÜM YÖNLERİYLE FETHULLAHÇILAR' başlıklı ve 1000 sayfadan oluşan bir kitap çalışmasının girizgâhı, sunumu olma özelliğini taşımaktadır. Söz konusu kitapta, Fethullahçıların yurtiçi ve dışındaki tüm faaliyetleri, CIA, MI6 ve BND ilişkileri, yurtiçi ve yurtdışı örgüt (vakıf, dernek, şirket, dershane, okul, yurt vb) adres ve telefonları, yayınları, işbirlikleri, şûra-istişâre üyeleri ve ülke-bölge imamları, kamp programları ve beyin yıkama yöntemleri, itirafçıların kaset çözümleri, özgün belgeleriyle verilecek; yorum yaşayan ve gelecek nesillere bırakılacaktır. Tarafımdan yaklaşık beş yıldır çalışmaları sürdürülen ve son rötuşları yapılan bu kitapla, Türkiye'de Fethullahçılarla ilgili bilinmeyen hiçbir husus kalmayacaktır."[46]

Evet, bu kitap Hablemitoğlu cinayetini konu etmiyor. Lakin, cinayet davasının etrafında şekillenen siyasi ilişkiler elbette

---

46 *Köstebek* adlı kitap, Necip Hablemitoğlu katledildikten 3 ay sonra yayımlanabildi. *Köstebek*'te atıf yaptığı ve yarım kalan diğer çalışmasındaki bilgiler ise *Şeriatçı Terörün ve Batının Kıskacındaki Ülke: Türkiye* adlı kitapla 2003 yılında Toplumsal Dönüşüm Yayınları tarafından okurla buluştu.

konumuz. Unutmayalım, cinayet davasında, açıktan ya da perde arkasında, Süleyman Soylu'nun ismi de dillendiriliyor. Bu nedenle yazmamız gereken bazı noktalar var...

Ankara Üniversitesi Öğretim Üyesi Necip Hablemitoğlu, 18 Aralık 2002'de evinin önünde düzenlenen bir suikastla öldürüldü. 20 yıl boyunca yapılan yargılamalarda katilin kim olduğu tespit edilemedi. Çeşitli iddialar havada uçuştu. Ta ki, Nuri Gökhan Bozkır ismi ortaya çıkana kadar...

Detaylarla boğmayacağız sizi... Eski Özel Kuvvetler Komutanlığı mensubu Nuri Gökhan Bozkır, 2022'nin ilk günlerinde MİT tarafından firari bulunduğu Ukrayna'da yakalanarak Türkiye'yi getirildi. Cumhurbaşkanı Tayyip Erdoğan, 27 Ocak 2022'de katıldığı canlı yayında, "Necip Hablemitoğlu FETÖ'nün devlet içerisindeki kadrolaşmalarını anlatan *Köstebek* isimli kitabını yayınlayamadan öldürülmüştü. MİT uzunca süredir bu suikastın zanlılarından olan Nuri Gökhan Bozkır'ın izini sürüyordu. İstihbaratımız bu kişinin Ukrayna'da saklandığını tespit etti. Bu kişi Hablemitoğlu cinayetinin zanlısı olarak şu anda ülkemiz yargısına hesap veriyor" ifadeleriyle Bozkır'ın getirildiğini duyurdu.

Bozkır'ın ifadeleri üzerine Hablemitoğlu soruşturmasında yeni gözaltı kararları verildi.

Ankara Cumhuriyet Başsavcılığı'nın yürüttüğü soruşturmada dosyada neler olduğu merak ediliyordu. Hem soruşturma hem de dava sürecinde yaşananlar ise olayın sadece bir cinayeti çözme çabası olmadığı iddialarını güçlendirdi. Sanki, Hablemitoğlu dosyası üzerinden devlet içinde başka bir hesaplaşma da görülüyordu.

Gözaltı listesine müdahalede Soylu'nun parmağı var mı?

Bir kere şu iddia çok çarpıcıydı:

Bozkır, Türkiye'ye getirildikten sonra yapılacak ilk gözaltı sayısı 15'ti. Ancak operasyon yapılacaklar listesine bir müdahale yapıldı. Ve 6 Şubat 2022'de sadece 6 şüpheli gözaltına alındı.

İşte bu müdahalenin, Hablemitoğlu davasının sanıklarından emekli Albay Levent Göktaş lehine olduğu ileri sürüldü.[47] Zira ilk listede olan Göktaş, ilk operasyonda gözaltına alınmadı.

---

47 Levent Göktaş, Fethullahçıların kumpası olan Ergenekon davası kapsamında 5 yıl 3 ay tutuklu kaldı. Beraat ettikten sonra iş hayatına atılan ve bir yandan da avukatlık yapan Göktaş'ın ismi, hakkında kara para aklama suçlaması

Aradan aylar geçti...

İkinci gözaltı operasyonu 8 Haziran 2022'de gerçekleştirildi. Ancak o operasyon yapılırken, Levent Göktaş da Bulgaristan'a firar etti. Nasıl olduysa polis yanlış eve gitmiş, kaçan Göktaş'ı da günlerce bulamamıştı. Belki de yakalanmak istenmemişti, bilemiyoruz. Nihayetinde o da Türkiye'ye iade edildi ve 17 Aralık 2022'de tutuklandı.

Hablemitoğlu davasının duruşmalarında bu konu da gündeme geldi. Göktaş'a, isminin Şubat 2022'de gündeme geldiğini hatırlatan Av. Ersan Barkın, şu dikkat çekici soruyu yöneltti:

"Hakkınızda hazirana kadar gözaltı işlemi yapılmadı. Neden? O arada ne oldu? Bu dosyada başka bir el mi var? Bu soruya vereceğiniz cevap önemli."

Göktaş, "Bilmiyorum" demekle yetinince Av. Barkın, "Bu ele dair yapılacak tespitin, bu dosyada kumpas varsa, onun ortaya çıkarılması açısından önemli olduğunu" kaydetti. Bunun üzerine Göktaş, "Bunda istihbarat parmağı olduğunu düşünüyorum. Kurumu kötülemek istemiyorum, ama birkaç kişinin işi gibi" yorumunu yaptı.[48]

Hablemitoğlu Ailesi'nin avukatı Barkın, adliye koridorlarında dolaşan bir iddiayı biliyordu sanki:

Deniyor ki, ilk 15 kişilik listeden Levent Göktaş'ın çıkarılmasında Ankara Adliyesi'ndeki bir başsavcıvekilinin parmağı vardı. Sahi, o başsavcı vekili İçişleri Bakanı Süleyman Soylu'ya yakın bir isim miydi? Soru, yanıttır.

Oldukça çarpıcı bir bulguyu da T24 sitesinden gazeteci Asuman Aranca ortaya çıkardı.[49]

Özel Kuvvetler Komutanlığı'nda görev yapmış emekli Albay Altan Bora, Hablemitoğlu soruşturması kapsamında gözaltına alınmış, ancak daha sonra hakkında takipsizlik kararı verilmişti. İşte Bora'nın soruşturma kapsamında verdiği ifadede çok kritik iddialar vardı:

"1- Levent Göktaş, Emniyet Genel Müdürlüğü'nden ve Jandarma Genel Komutanlığı'ndan ihaleler aldı.

---

yapılan Sezgin Baran Korkmaz'ın (SBK) davasında da gündeme geldi. Göktaş, SBK ile karşılıklı alacak sorunu yaşayan iş insanı İnan Kıraç'ın avukatıydı.

48 https://muyesseryildiz.com/2023/02/16/gokhan-nuri-bozkir-cumhurbaskani-erdogan-beni-takdir-ve-tebrik-etti/

49 https://t24.com.tr/haber/eski-okk-ci-bora-goktas-bana-bakan-ile-gorustum-bozkir-in-kirmizi-bulteni-kaldirilacak-dedi,1076290

"2- Göktaş bana 'Bakan ile görüştüm, Nuri Gökhan Bozkır'ın kırmızı bülteni kaldırılacak' dedi."

Levent Göktaş'tan 8 soruya yanıt

Bunun gibi birçok soru vardı kafalarda... Özellikle, Levent Göktaş'ın İçişleri Bakanı Süleyman Soylu ile ilişkisine dair Ankara kulislerinde birçok tez dile getiriliyordu.

Bu iddiaları ve kafamızdaki soruları avukatı Hüseyin Ersöz aracılığıyla Levent Göktaş'a ilettik. İşte Göktaş'ın cezaevinden sorularımıza verdiği yanıtlar:

1- Süleyman Soylu ile tanışıklığınız nereye dayanıyor?

- Süleyman Soylu ile beni Çalışma Bakanlığı'nda daire başkanı bir arkadaşım tanıştırdı. Toplam yüz yüze ve kendi makam odasında 2 kez görüştüm. Telefonla 2 ya da 3 kez görüştüm. Diğer mesaj alma verme işi sadece ve sadece bayram ve kandil kutlamasıdır.

2- Süleyman Soylu'ya danışmanlık yaptığınız iddiası doğru mu?

- Hayır. Doğru değildir. Ben hiçbir zaman kendisine danışmanlık yapmadım.

3- İnan Kıraç'ın avukatı olarak Sezgin Baran Korkmaz ile ilgili Süleyman Soylu ile görüşmeniz oldu mu?

- Ben İnan Kıraç ve Sezgin Baran Korkmaz için asla Süleyman Soylu ile görüşmedim. Onlar zaten yani İnan Bey, Süleyman Soylu ile görüşürdü. SBK ile ilgili Bakan'la görüşme yapmadım.

4- Özel Kuvvetler Komutanlığı'nda görev yapmış Altan Bora'nın ifadesinde sizin "Emniyet Genel Müdürlüğü ve Jandarma Genel Komutanlığından ihaleler aldığınız" belirtiliyor. Nedir bu ihalelerin ayrıntıları?

- Evet aldım / almaz olaydım. Herkes gibi açık ihaleye katıldım. Gökhan Nuri'nin Ukrayna'dan bize gönderdiği ucuz fiyatları verdiğimiz için ihaleler bizde kaldı.

Jandarma 1/216 TNT ihalesi

Emniyet 1/2 Lb TNT ihalesi

5.56 mm mühimmat ihalesi
5.56 mm mühimmat ihalesi
5.56 mm mühimmat ihalesi

Bunları Gökhan Nuri Bozkır veremedi. Tabii biz onun vereceğini düşünerek onunla koordineli fiyat teklifi geçtiğimiz için ve fiyatları aşağıda kaldığı için kazandık. Ama veremeyince her bir mühimmat için 1'er yıl yasaklandık, teminatlar yandı. Ve üstüne ceza yedik, yani bittik.

5- Yine Altan Bora, sizin bir ihale ile ilgili olarak kendisini Ukrayna'ya göndermek istediğinizi, ancak ihaleye ilişkin bağlantıları sağlayan kişinin hakkında kırmızı bülten bulunan eski ÖKK'cı Nuri Gökhan Bozkır olması nedeniyle gitmek istemediğini iddia ediyor. Bora ifadesinde özetle "Ukrayna'ya gitmek istemeyince Levent Göktaş bana 'Bakan ile görüştüğünü, Nuri Gökhan Bozkır hakkındaki kırmızı bültenin kaldırılacağını' söyleyerek beni Ukrayna'ya gitmeye ve Nuri Gökhan Bozkır ile iş konusunda görüşmeye ikna etti" diyor. Sizin görüştüğünüz iddia edilen o Bakan kim? Anlatır mısınız?

- Altan Bora yalan söylüyor. Ben hiçbir Bakan kırmızı bülteni kaldıracak, demedim. Gökhan Nuri Bozkır'a sorabilirsiniz. Ben Gökhan Nuri Bozkır'ın kendisine de sordum. Altan Bora Ukrayna'ya çok istekli gitti ve Gökhan'ın yanına gittiğini bilerek gitti. Hatta, Altan'ı havalimanında karşılayınca birbirlerine sarılmışlar. Gökhan'ın korumaları ile resim vs. çektirmişler. Altan Bora'yı ben işten attım diye böyle konuşuyor. Bana husumeti var.

6- Hablemitoğlu soruşturmasındaki gözaltı operasyonları öncesi, diğer şüphelilere "ben Süleyman Soylu ile konuştum, bir şey olmayacak" dediğiniz doğru mu?

- Hayır, doğru değil. Ben Süleyman Soylu ile samimi bile değilim. Hayatımda 2 kez yüz yüze görüştüm.

7- Soruşturmadaki ilk gözaltı listesinde adınızın olduğu, ama sonradan çıkarıldığınız iddiasına dair bir şey der misiniz?

- Hayır, bilgim bile yok. Eşimin hastanede yoğun bakımda ve benim de yoğun bakım kapısında bulunduğum zaman dilimi. İnanın ilk gözaltı listesinden bile bilgim yok.

8- Sizi gözaltına almaya geldiklerinde firar ettiniz. O gün size operasyon için geleceklerini önceden bildiğiniz doğru mu? Doğruysa, kim nasıl haber verdi?

- Hayır, kimse bildirmedi. Ben normalde evden 7- 7.15 gibi çıkarım. O gün hatta geç bile çıkmışım. Normal çıktım, arabama bindim, holdinge gittim. Ve holdingde iken saat 08:00'de kızım Ezgi aradı, "baba eve polis geldi, 4 gün gözaltı vermişler" diye... Ben de "yine mi komplo" diye kaçtım. Psikolojim çok bozuldu. İçimden "ben yaşayamayacak mıyım" dedim, kaçtım.

Dünyada eşim ölünce bir şeyim kalmadı. 4 kızım, 1 oğlum var. Hepsi hemen ölsünler, ben de dahil. İnanın, Hablemitoğlu suikastı ile 1 mm dahlimiz yoktur. Bana inanmanızı istiyorum.

25. BÖLÜM

SİNAN ATEŞ SUİKASTINDAKİ SOYLU SESSİZLİĞİ

Eski Ülkü Ocakları Başkanı Sinan Ateş, 30 Aralık 2022'de, Ankara'nın ortasında, güpegündüz öldürüldü. Ne kadar inkâr etseler de Ateş, siyasi bir cinayete kurban gitti. MHP içinde bir ekip tarafından hain ilan edilmiş, hedefe konmuştu. Daha önce bu yolu seçenlerin başına hep aynı şey gelmişti: Saldırarak susturma. Sinan Ateş de kendisine yönelik bir saldırı bekliyordu. Bunun için de korunmaya çalışıyordu. Ancak karşısında devletin gücünü arkasına almış örgütlü bir yapı vardı.

Tetikçi Eray Özyağcı'ydı. Yağma, hırsızlık, kapkaç gibi tonlarca suça karışmıştı. Siyasi değildi. Onu azmettiren görünürde Doğukan Çep isimli suç ortağıydı. Çep'in de sabıka kaydı kabarıktı. İstanbul'da Gülsuyu'nda, mahallede uyuşturucu satan çetelere karşı çıkan Hasan Ferit Gedik cinayetinden hüküm giymişti. Buna rağmen elini kolunu sallayarak suç işlemeye devam ediyordu.

Olayın soruşturulması da olağan seyrinin dışına çıktı. Soruşturmayı başlatan savcı, dosyayı MHP'ye yakın bir savcıya bıraktı. Öte yandan olay günü gözaltına alınmaya çalışılan eski Ülkü Ocakları Merkez Yöneticisi Tolgahan Demirbaş, MHP Milletvekili Olcay Kılavuz'un evinden çıktı. O gün serbest bırakılan Demirbaş, ikinci kez adliyeye çağrıldı ve yine bırakıldı. Üçüncü kez alındığında bu kez tutuklandı.

Tolgahan Demirbaş ve Olcay Kılavuz

Cinayette tetikçiyi İstanbul'dan Ankara'ya iki özel harekât polisinin getirdiği ortaya çıktı. O polisler bile ülkücülük geçmişine sahipti. Ülkü Ocakları Genel Başkan Yardımcısı Emre Yüksel de MHP İstanbul İl Yönetim Kurulu üyesi olarak görev yapan Ufuk Köktürk de cinayetten tutuklandı. Kısacası tablo, cinayetin MHP içinden bir ekip tarafından tasarlandığını açıkça gösteriyordu. Tetikçinin yakalandığında ifade ettiği gibi, mesele kişisel sorunlar değildi.

Olcay Kılavuz ismi kritikti. Bugün MHP Mersin Milletvekili olmasının dışında, eski Ülkü Ocakları Başkanı'ydı. Sinan Ateş ekibiyle arasında sorun olduğu biliniyordu. Keza Ateş'in tasfiyesinin ardından Ateş'in yerine getirilen Ahmet Yiğit Yıldırım ona yakın bir isimdi. Kılavuz, MHP'nin "vurucu" takımındandı. Ama maalesef ki, soruşturma Kılavuz'a dayandığında daha ileri gitmedi. Oysa cinayetteki pek çok isim, Kılavuz'un bir emir yakınındaydı. Kılavuz'un evindeki Demirbaş'ın Kılavuz'la ilişkisi bile hakkınca sorgulanmadı.

İlginç bir detay, Sinan Ateş cinayetinden 4 gün önce, Olcay Kılavuz, İçişleri Bakanı Süleyman Soylu'yu makamında ziyaret etmişti. Sahi, bazı polislerin cinayetten tutuklandığı olayda, Kılavuz'u soruşturacak olan polislerin amiri İçişleri Bakanı Soylu, zaman zaman görüştüğü Kılavuz'u nasıl soruşturacaktı?

Kılavuz'a tekrar döneceğiz...
Ama önce Demirbaş...

Sinan Ateş cinayetinde devlet adeta ikiye bölünmüştü. Ateş'i seven, onun ölümüne üzülen bir kanat vardı. Onlar Demirbaş üzerinden zincirin yukarıdaki halkalarını deşifre etmeye çalışıyorlardı. Öte yandan soruşturmanın yukarıya doğru uzanmamasını isteyen bir başka taraf ise Demirbaş'ı kurtarmaya çalışıyordu.

Demirbaş ile ilgili git-gel halinin nedeni açıkçası buydu.

Peki, Tolgahan Demirbaş'la ilgili deliller nelerdi?

Henüz iddianame açığa çıkmasa da meselenin nereye gittiğini size anlatalım...

Önce bir kafeden söz edelim: Marco Pascha.

Kafe Kayseri merkezli. Daha sonra Ankara'da şubeleriyle büyümüş. Sahibi olan Aytaç Ataç ise 11 yıldır buranın başında. Sosyal medyada biraz dolaşınca, müşterilerinin şahit olduğu mafyatik hikâyeler göze çarpıyor.

Meselenin bir detayı daha...

Ataç'ın, Ankara Gölbaşı'nda, şirketi Selçuklu A.Ş. adına kayıtlı, 74 dönümlük bir arazisi var. Burada, gözlerden uzak bir çiftliği bulunuyor.

Aytaç Ataç, Sinan Ateş cinayetinde gözaltına alındığında, kimse neler olduğunu anlamadı. Öyle ya bir kafe sahibi neden siyasi cinayetten alınırdı ki? 23 Ocak'ta Emniyet'te verdiği ifade her şeyi daha da netleştirdi.

Anlattığına göre Tolgahan Demirbaş ile 8 senedir arkadaştı. Ataç, ifadesinde, "Tolgahan Demirbaş'ı eski Ülkü Ocakları Başkan Yardımcısı olarak bilirim" diye anlatıyordu. Demirbaş, zaman zaman Ataç'ın kafesine nargileye geliyordu. Çiftliğinde birlikte vakit de geçiriyorlardı.

Sadece bu kadar da değil...

Demirbaş, çiftliği, sahibi Aytaç Ataç olmadan da kullanıyordu.

Anlattığına göre, Sinan Ateş'in katledildiği 30 Aralık günü, cinayetten 2 buçuk saat önce, saat 11 civarında, Demirbaş, Ataç'ı aradı. "Bugün çiftliğe gidecek misin" diye sordu. Ataç, "gitmeyeceğim" dedi.

Ataç, saldırıyla ilgisi olmadığını, cinayeti sosyal medyadan öğrendiğini iddia ediyordu. Cinayet sonrasında Ataç ile Demirbaş arasında bir konuşma olmuştu. Anlattığına göre, Ataç, Demirbaş'ı arayarak, Sinan Ateş'e saldırıyı sormuştu. Demirbaş ise bilgisi olmadığını söyleyerek kapatmıştı. Cinayetten birkaç gün sonra kafeye geldiklerinde de aynı şeyi sorduğunu, Demirbaş'ın "ilgim yok" dediğini anlatıyordu.

"Bir adres bulmamız lazım"

Peki, gerçekten de öyle miydi?

Yanıtı için, size tutuklanan bir başka isimden, Çağlar Zorlu'dan bahsedelim.

Merak edilen şuydu: Çağlar Zorlu, Aytaç Ataç, Tolgahan Demirbaş arasında nasıl bir ilişki var? Elbette polis de bunu sordu.

Önce ilişkiyi anlatalım...

Ataç, Çağlar Zorlu'yu nasıl tanıdığını polise şöyle anlattı:

"Çağlar Zorlu'yu, 2-3 yıl kadar önce, Kayseri'den bir arkadaşım vasıtasıyla tanıdım. Çağlar'ı bana tanıştıran arkadaşım, MİT'te memur olarak görev yaptığını söylemişti. Ancak ben daha sonra Çağlar'ın Kömür İşletmeleri'nde çalıştığını öğrendim. Hatırladığım kadarıyla, 2022 yılının ocak veya şubat ayında, Marco Pascha isimli kafeme müşteri olarak geldiklerinde, aynı masada oturduğumuz için tanıştırdım."

Ataç tanışıklığı böyle aktarıyordu.

Size şu ana kadar 3 kişiden bahsettik. Kafe sahibi Aytaç Ataç, kendisini MİT'çi olarak tanıtan Çağlar Zorlu ve MHP'li Tolgahan Demirbaş.

Peki bu üç kişinin tanışıklığının, Sinan Ateş cinayetiyle ne ilgisi vardı?

Bunu da Ataç kendisi söylesin:

"2022 yılının mart ayında, Tolgahan ve Çağlar yanımda oturduklarında, Tolgahan, Çağlar'a, 'bir adres bulmamız lazım, yardımcı olabilir misin' dedi. Çağlar da 'yardımcı olabilirim' dedi."

Kimin adresini istemiş olduğunu tahmin ediyorsanız, doğru bildiniz. Ataç kendisi söylesin:

"Çağlar daha sonra kafeye geldiğinde, Tolgahan'ın kendisinden istemiş olduğu adresin, Sinan Ateş'in adresi olduğunu bana söyledi."

Sanırız anlaşıldı. Polisin ve savcılığın elindeki bilgiye göre, Ülkü Ocakları Yöneticisi Tolgahan Demirbaş, yani Olcay Kılavuz'un adamı Demirbaş, cinayetten 9 ay önce, Sinan Ateş'in peşindeydi. Devletin imkânlarıyla takip etmeye çalışıyordu. Çağlar, Zorlu'dan yardım istedi. O da etti.

Bu kadar değil...

Ataç, olaylar açığa çıkınca, 23 Ocak'ta sevk edildiği Savcılıkta, daha kritik bir ayrıntıyı itiraf etti:

"Çağlar, bana 'abi bunlar benden konum istiyorlar, bir arkadaşın (Sinan Ateş) kulağını çekeceklermiş, bu konuda benden yardım istiyorlar' dedi."

Ataç'ın anlattığına göre, Tolgahan Demirbaş, Çağlar Zorlu'ya, Sinan Ateş'in telefonunu göndermişti. Cep telefonu sinyallerinin verdiği konum bilgilerinden takip edeceklerdi.

Peki, neden Çağlar Zorlu'dan istediler? İfadesinde "Maden İşletmeleri Genel Müdürlüğü'nde memurum" diyen Zorlu, insanların konumlarını nasıl bilebilir? Avukatı, mahkemede bunu şöyle açıkladı: "Müvekkilim eski bir MİT çalışanı olduğu için böyle bir talepte bulunuyorlar, açıkçası bunu kullanmak için yardım istiyorlar."

Peki, verdi mi?

Gerçekten de Çağlar Zorlu, Tolgahan Demirbaş kendisinden istendiğinde, örneğin İstanbul'dan ya da Kırşehir'den, Sinan Ateş'in konum bilgilerini vermişti. Ancak kendisinin anlattığına göre, Sinan Ateş'in öldürüleceğini bilmiyormuş, hatta telefon numarasının onun olduğunu bile bilmiyormuş, hatta konum bilgilerini de uyduruyormuş:

"Kendimi bertaraf etmek için uydurma adresler verdim, yalandan adres uydurdum. İlk İstanbul adresini ben kendim uydurdum, kalabalık bir adres verdim. Mesajın birinde Kırşehir'de olduğunu söyledi, ben de rastgele Kırşehir'de bir adres söyledim."

Sinan Ateş'in katledilmesinden sonra, Demirbaş ile Ataç'ın görüştüğünü söylemiştik ya...

Bir telefon konuşması da Ataç ile Zorlu arasında oldu. Zorlu, Aytaç Ataç'ın kendisini aradığını söylüyordu. Gerisini şöyle anlattı:

"Olayın olduğu gün (Sinan Ateş cinayeti), Aytaç Bey beni saat 13.30-14.00 sıralarında telefonla aradı. 'Sinan Ateş öldürüldü, sana onunla ilgili bir şeyler sorulmuştu ya, onların hepsini sil' dedi."

Zorlu'nun ifadesi gösteriyor ki, cinayetin hemen ardından, Ataç, Demirbaş ile Zorlu arasındaki mesajları, yani cinayet delillerini ortadan kaldırmak istemişti. Aytaç Ataç ise aradığını kabul ediyordu. Ancak "sil" dediğini inkâr ediyordu: "Tolgahan ile görüşmelerini bildiğim için 'Sinan Ateş öldürülmüş, Tolgahan ile görüşmelerin var, dikkat et' dedim."

MHP içindeki çatışmalarda devlet kullanılıyor

Aklınızda kaldı, biliyoruz. Cinayet günü, Tolgahan Demirbaş'ın, Aytaç Ataç'ı araması, çiftliğin boş olup olmadığını sorması... Yoksa cinayetin tetikçiliğini yapan Eray Özyağcı, ilk olarak o çiftliğe mi götürüldü?

Aytaç Ataç, 23 Ocak günü, Savcı'ya şunu söyledi:

"Tolgahan, olay günü benim çiftliğime gittiğini ancak orada atış yaptığını, mangal yakmak istediğini söyledi."

Cinayetten önce "çiftlik boş mu" diye soran Tolgahan Demirbaş, cinayetin ardından çiftliğe gitmiş. Eldeki veriler, tetikçinin de o çiftliğe götürülmüş olabileceğini gösteriyor.

İki detay daha...

Sinan Ateş'in konum bilgileri, mart ayından itibaren takip edilmeye çalışılmış ya...

İşte burada kritik bir ayrıntıdan daha bahsedeceğiz. Olcay Kılavuz'un vekil olduğu Mersin'de, aynı ay, yani 2022 yılının mart ayında olanlardan...

Mart ayında, aynı odak tarafından, Mersin'de, Sinan Ateş'e yakın olan bir başka isme, Çağrı Ünel'e saldırı yapılmıştı. Saldırganlar Ünel'i Ziraat Bankası'nın önünde sıkıştırmıştı. Ünel, silahını çekip ateşleyerek kendisini korumuş, bir saldırganı öldürmüş, kendisi hapse girmişti.

Olayın iddianamesi yaşananlardan siyasi bir mesele değil de sanki sokak kavgası gibi bahsediyordu. Tek kelime MHP yoktu. Ancak yine de bir detay oldukça dikkat çekiyordu. Saldırganlar, Ünel'in bankaya gittiğini bilerek oraya gitmişti. Olay iddianameye şöyle girmişti: "Ünel'in Ziraat Bankası'na gideceğini ne şekilde öğrendiklerinin tespit edilemediği..."

Belli ki orada da Ünel'in telefon sinyalinden konum tespiti yapılmıştı!

İkinci nokta, uzun yıllardır ifadeler, tutanaklar okuyoruz. Gördüklerimizden rahatça söyleyebiliriz ki Demirbaş'ı koruyan bir güç var! Özellikle yargının tutanaklarında, adının anılmasından uzak durulduğu net bir şekilde görülüyor.

Cinayet MHP içi bir hesaplaşma olabilir. Bu durumda elbette MHP içinde azmettiren ve iştirak edenlerin yargılanması gerekir.

Ancak asıl mesele bunun çok daha ötesinde. Zira açıkça görüldüğü gibi MHP içindeki ekip çatışmalarında, devletin imkânları kullanılıyor. Polislerin torbacı katillere eskortluk yapması, katillerin himaye görmesinin ötesinde... Sadece devletin imkânlarıyla yapılabilecek olan, insanların telefon üzerinden konumlarının belirlenmesi, cinayet için kullanılıyor. Kişilerin telefon konuşmalarını, MOBESE kayıtlarını, mahrem bilgilerini, hatta sabıka kayıtlarını açıklayan İçişleri Bakanı, "bu işlerde devletin imkânları nasıl seferber edilir" diye sormuyor. Peşine düşmüyor. Hepsinin ötesinde, olağan şüphelilerle fotoğraf çektiriyor. Onları himaye ediyor. Muhalif bir belediyedeki muhtarlıklar müdürlüğünde çalışan memurun görümcesinin örgüt bağlantısını kamuoyu önünde anlatırken, Ankara'nın ortasında güpegündüz işlenen cinayet hakkında suspus oluyor.

Dahası, halihazırda Ateş suikastını sorgulayan polisler içinde de suikasta dair ileride şüpheli olabileceklerin yer aldığı dahi Emniyet kulislerinde konuşuluyor.

Üstelik Sinan Ateş ilk değil...

Yavuz Selim Demirağ, Sabahattin Önkibar, Selçuk Özdağ, Murat İde, Orhan Uğuroğlu, Levent Gültekin, Afşin Hatipoğlu ve daha onlarca kişi...

Son yıllarda MHP içinde bir odak, kendisini eleştirenlere güpegündüz saldırıyor. Kimini ölümün kıyısına getiriyor. Sinan Ateş örneğindeki gibi ölen de oluyor. Ancak İçişleri Bakanı, bu saldırganlara karşı sessizliğini bozmuyor. Hatta tamamının soruşturmasında gördüğümüz gibi, saldırganlar açıkça kollanıyor.

"Şimdi Soylu kimin bakanı" sorusu neden soruluyor anladınız mı? Neden AKP'den çok MHP için işlevli göründüğünü?

Orada durur. Sizin sanırsınız. En çok işinize yarayacağı an fark edersiniz ki, hiç sizin olmamış... Sinan Ateş cinayeti Soylu'nun kimin bakanı olduğunu da hepimize gayet iyi gösterdi!

26. BÖLÜM

BATAKLIK'TAKİ SOYLU

Peker, Soylu ile ilgili iddialarını video üstüne videoyla sürdürdü. Ancak en büyük tartışmalardan birini kuşkusuz uyuşturucu iddiaları içerdi. Soylu'ya sorarsanız, uyuşturucu ile en büyük mücadeleyi o veriyordu. Gelgelelim uyuşturucu baronları ile fotoğrafı çıkan da uyuşturucu satıcılarının elini kolunu sallayarak gezdiği atmosferi yaratan da oydu.

Fakat bir tanesi var ki, Peker ile Soylu arasında atışmalara neden oldu. Peker, "Bataklık" isimli operasyonda gözaltına alınan Nevzat Kaya ile Soylu'nun oğlu arasındaki derin ilişkileri açıkladı. Yeniköy Motors'un sahibi Nevzat Kaya'nın, Bakan'ın oğlu Engin Soylu'ya verdiği 5 milyon dolar karşılığında kurtulduğunu öne sürüyordu.

Peker'in anlattığına göre Kaya'nın kullandığı aracın özel plakası Engin Soylu'nundu:

"Yani Emniyet'ten, oradan buradan geçer. Çünkü İçişleri Bakanı'nın ailesine ait görünüyor plaka. Durdurulmaz, ayrıcalıklı" dedi. Peker'in iddiasına göre, Bataklık operasyonundan 10 gün önce Engin Soylu, Nevzat Kaya'ya detaylı bilgi vermiş, telefon irtibatları kesilmiş, plaka iptal edilmişti.

Bu kadar değil, Peker devam etti:

"Engin buna diyor ki, '5 milyon dolar verirsen seni bu dosyanın içinden çıkarabiliriz'. O da 'Kardeşim ben onlara iki araba sattım, niye para vereyim?' diyor. Anlamıyor. Tamam, diyor. Operasyon oluyor, bunu da alıyorlar..."

Peker'e göre operasyonun amacı uyuşturucu yakalamak değil, para kazanmaktı. "Yalan, dünyanın en büyük uyuşturucu operasyonunda yarım kilo uyuşturucu olmaz mı?" diyordu. Soylu'ya göre ise öyle değildi. Çıktığı ekranlarda "Cumhuriyet tarihinin en büyük uyuşturucu operasyonu" dedi. Bataklık operasyonuyla uyuşturucu parasından aklanan milyonlarca liranın yakalandığını anlatıyordu.

Peki, ne oldu? Kim haklı çıktı? Soylu mu Peker mi?

İddianame 6 Temmuz 2021 günü çıktı. Nejat Daş ve Çetin Gören'in de bulunduğu 74 kişi gözaltına alınmıştı. İddianame çıkınca görüldü ki, gerçekten de Nevzat Kaya hakkında takipsizlik kararı verilmiş. Öte yandan, iddianamede, uyuşturucu ağında bulunan devlet görevlilerinden, emniyet ve yargı mensuplarına kadar birçok ilişki ağından bahsedildi. Örneğin, Nejat Daş'ın, koronavirüs nedeniyle getirilen şehirlerarası seyahat yasağını eski Sultanbeyli Emniyet Müdürü Necmettin Yüksek'in tahsis ettiği makam aracıyla deldiği ortaya çıktı. Bataklık operasyonunda tutuklanan uyuşturucu baronu, emniyetin aracıyla Çorlu ve Edirne'ye gitmiş ve TIR'larla yurtdışından getirilen uyuşturucu parasını elden teslim almıştı.

İşin ilginci, Soylu'nun "Cumhuriyet tarihinin en büyük uyuşturucu operasyonu" diye tanıttığı olayın davası başlayınca, tutuklu sanıklar birer birer tahliye oldu. Bu kitap yazıldığında hapiste kimse kalmamıştı.

Soylu'yu en kızdıran isimlerden biri olan T24 yazarı Tolga Şardan, konuya dair köşesinde, Nevzat Kaya ile Soylu ve oğlunun sık sık telefonla görüştüğünü anlattı. Şardan, polis kaynaklarına dayanarak, Bataklık operasyonu öncesinde Soylu'ya Emniyet tarafından bilgi verildiği ve telefon görüşmelerinin dosyaya konulmadığını söyledi. Gazeteci Şardan'ın ilgili yazılarında, Nevzat Kaya'nın Soylu Ailesi'ne dair iddiaları işleniyordu. Kaya, Soylu'nun oğlu Engin Levent Soylu'nun Ataköy Sea Pearl'daki evine yaklaşık 1.5 milyon dolar harcadığını ve Bakan'ın kuzeni Mehmet Soylu'nun aldığı Range Rover aracın bedelinin yarısını kendisinin ödediğini öne sürüyordu.

Kısacası, "Peker mi haklı, Soylu mu haklı" sorusu, Bataklık davası ilerledikçe anlaşıldı. Halen dava sürse de mesele Soylu'nun başarı öyküsü olmaktan çıkıp, onun derin ilişkilerine dönüştü.

74. sanık olmaktan nasıl kurtuldu?

Eklemesek olmaz...

Bir kaynağımız "Bataklık iddianamesinin son sayfasına bakın" dedi. Dava açılmayanların listesi vardı orada. "Evet, Sedat Peker'in işaret ettiği Nevzat Kaya da var" dedik.

Yok, meğer başkasıymış kastettiği.

Savcı iddianamesinde uyuşturucu parasının nasıl aklandığını yüzlerce sayfada anlatıyor. Rapor üstüne rapor, 73 sanığın suçuna kanıt olarak sunuluyor.

"Ama işte" diyor bir bilen... Bir isim 74. sanık olmaktan nasıl kurtuldu, aklı almıyormuş.

İddianamede de yazıyor; denizcilik şirketi sahibi bir armatör Uğur Şener. Hakkında gözaltı kararı var. Öyle ya, uyuşturucudan elde edilen gelir onun şirketi üzerinden legalleştiriliyormuş. Biz demiyoruz; bakın Ankara Cumhuriyet Savcısı Alper Türközmen, onu tutuklamaya sevk ederken ne yazıyor:

"Şüpheli Uğur Şener örgüt lideri Nejat Daş ile irtibatlı. Gümrük müfettişleri ve MASAK Başkanlığı raporlarında belirtildiği üzere, şüpheli Uğur Şener'in şirketi aracılığı ile şüpheli gemi alım satım işlemleri bulunuyor. Off-shore hesaplar kullanarak şüpheli işlemlerle sattığı gemide 23.09.2016 tarihinde İspanya'da 20 ton Fas haşhaşı ele geçirildi. Yakalanan gemi serbest bırakıldı ve Türkiye'ye döner dönmez ismi Sibel D olarak değiştirildi. Ve Nejat Daş isimli şahsın şirketi olan CHS Group şirketine devredildi."

Özetle, armatör Şener'in örgüt lideri Daş ile ilişkisi resmi raporlara dayandırılıyordu. Ancak tutuklama konusunda elini hiç de korkak alıştırmayan hâkimler bu kadar ağır ithamların yapıldığı Uğur Şener'i serbest bıraktı.

Yetmedi. Bataklık iddianamesinde de hakkında aynı suçlamalar yapılmasına rağmen Uğur Şener'e dava açılmadı.

Hakkında bu kadar tespit, rapor ve delil olmayan kişilerin bile kara para aklamaktan cezalandırılması istenirken, Uğur Şener sanki kayırılıyordu.

Sahi nedendi?

Acaba, diyoruz...

Uğur Şener'i davadan kurtaran gizli avukatlar mı vardı?

O perde arkasındaki avukatların babaları kimlerdi?

Soru yanıttı.

Evet, şüpheli Şener'in, güçlü bir babanın oğlu olan avukatı sayesinde özgürlüğüne kavuştuğu iddiasını gündeme getiriyoruz. O avukat, istifa ettirilen MHP'li HSK üyesi Hamit Kocabey'in oğlu Nizameddin Kocabey'di. Yani, babasının gücünü kullanmakla itham edilen isimdi bahsettiğimiz.

HSK'daki istifa sonrası "uyuşturucu borsası" iddiası tekrar gündeme geldi. Sonra beklenen oldu, mahkeme kararıyla ilgili haberler internet erişiminden kaldırıldı. Ankara 4. Sulh Ceza Hâkimliği'nin o yasak kararını inceledik. İlgili haberlerde eski HSK üyesi Hamit Kocabey'in kişilik haklarının ihlal edildiği gerekçe olarak sunuluyordu.

Peki, mahkeme kararı kimin talebi üzerine verildi?

Kocabey'in avukatının.

Kimdi o avukat?

Kocabey'in oğlu Nizameddin Kocabey.

Yani, babasının nüfuzunu kullanarak çıkar sağladığı iddia edilen avukat, kendisiyle ilgili o haberleri de yine babasının adını kullanarak yasaklattı.

27. BÖLÜM

SOYLU'NUN YARGILADIĞI SÜREÇ

Başkalarının cehennemi bize cennet görünür. Başkalarının günahları bize uzak. Oysa insan kendi iradesinin eylemlerinin mahkûmudur.

Bu kitapta birkaç kez değindik...

Bakan Soylu'nun, İBB Başkanı İmamoğlu'na karşı çıkışları hiç bitmedi. O saldırıların merkezinde bir de dernek vardı: DİAYDER (Din Adamları Yardımlaşma Derneği). Soylu, İBB'yi hedef alırken "Bir dernek var ve Apo'nun talimatıyla kurulmuş bir dernek. Buradan referansla İBB'ye bazı kişilerin girdiklerini gördük" diyordu.

İçişleri Bakanı'nın bu iddiasına kaynak, DİAYDER hakkında İstanbul Cumhuriyet Başsavcılığı'nın yazdığı 335 sayfalık iddianameydi.

İddianamede 23 dernek üyesi, PKK bağlantısıyla suçlanıyor. Savcılık, DİAYDER'i "din istismarı" ile itham ediyor: "1980'li yıllarda bütün dünya toplumlarında olduğu gibi Türkiye'de de dindarlaşma ve muhafazakârlık artmıştır. Hal böyle olunca PKK da toplumsal tabanını kaybetmemek için dini istismar çalışmalarını artırmıştır."

Peki, Soylu'nun peşinde olduğu bu dernek nasıl kuruldu?

İddianame yanıt veriyor:

"2013 yılında terörist başı Abdullah Öcalan, kendisini ziyarete gelen BDP heyeti aracılığıyla vermiş olduğu mesajda; Diyarbakır'da 'Demokratik İslam Kongresi' çağrısı yapmış, 'Çare elbette resmi Diyanet İslamı değildir' diyerek alternatif bir dini yapılanma çağrısında bulunmuş... (...) merkezi İstanbul ilinde bulunan DİAYDER tarafından karşılık bulmuş, özellikle de dernek içerisinde faaliyet gösteren ve 'Mele' olarak adlandırılan gayri resmi din adamları aracılığıyla örgüt tarafından yapılan açıklamalar hayata geçirilmeye başlanmıştır."

Sanırız anlaşıldı. Öcalan'ın 2013 mesajı, DİAYDER için çıkış noktası sayılıyor. Soylu da buna referans veriyor.

Peki, "Öcalan'ın mesajı" nereden biliniyor?

Elbette ki İmralı tutanaklarından...

Bilindiği gibi, Öcalan ile Erdoğan'ın görevlendirdiği devlet yetkilileri arasında, bir "müzakere süreci" yürütülmüştü. Kurulan masaya aracılık etmek üzere, BDP-HDP'liler de oturtulmuştu. BDP-HDP'li vekiller, kendilerine devletin sağladığı imkânlarla, İmralı-Kandil-Başbakanlık Ofisi arasında mekik dokuyorlardı.

İşte bu görüşmeler tutanaklara dönüştürüldü. Ardından çeşitli yayınevleri tarafından basıldı. Bu tutanaklarda Soylu'nun ve savcılığın sözünü ettiği "Demokratik İslam Kongresi" meselesi de yer alıyordu.

9 Kasım 2013 tarihli notlara göre, İmralı'da o gün milletvekilleri Pervin Buldan, Sırrı Süreyya Önder, İdris Baluken vardı. Tutanaklarda devlet görevlileri ise "yetkili" diyerek anılmıştı:

> "Buldan: Başkanım, daha önceki görüşmemizde önerdiğiniz Demokratik İslam Konferansı ile ilgili çalışmalar ve tartışmalar var. DTK'daki arkadaşlar isimle ilgili bazı önerilerin geliştiğini söylediler. Demokratik İslam Konferansı yerine Kürt İslam Konferansı olabilir mi dediler. Bir de içeriğine ilişkin biraz daha bilgi istediler.
>
> "Öcalan: Hayır, isim doğrudur. Demokratik olması önemlidir. İslam ne iktidarlaşmalı ne de etnikleştirilmeli. (...)"[50]

Gerçekten de Öcalan, çeşitli mektuplarla süreci yönetiyordu. Mektuplar, devlet yetkilileri tarafından okunduktan sonra BDP-HDP'lilere veriliyordu. Onların getirdiği mektuplar da okunarak Öcalan'a ulaştırılıyordu.

Bahsedilen "daha önceki görüşme" 14 Ekim 2013 tarihli. Orada bu detay şöyle yer alıyor:

50 *Demokratik Kurtuluş ve Özgür Yaşamı İnşa (İmralı Notları)*, Mezopotamya Yayınevi, 2015

"Öcalan: (Yetkiliye dönerek) Ben Kandil'e tekrar mektup gönderebilir miyim? Kandil'in mektubu bana geldi mi?

Buldan: Başkanım, üç ayrı mektup geldi size, verilmedi mi?

Öcalan: Mektup verilmedi. Haberim yok, o nedenle bir şey diyemiyorum.

Yetkili: Mektup geldi, fakat dün Osman'ın (Öcalan) mektubunu verdik. Toplantı uzun sürdüğü için diğerlerini veremedik.

Buldan: Mektupları on beş gün önce gönderdik. Başkan'a ulaşması gerekiyordu. Toplantıdan önce okusun diye özellikle erken gönderdik.

(Yetkili çantadan mektupları çıkardı, 'teyit edelim' dedi. PKK'nın, KCK'nın ve PJAK Meclisi'nin mektupları)"[51]

Tutanaklarda, Öcalan'ın devlet yetkililerinin gözü önünde ve devlet yetkililerinin aracılığıyla, Demokratik İslam Kongresi'nin bütün ayrıntılarını tasarladığı görülüyor. Erdoğan'ın görevlendirdiği "yetkililerin" katkısının nedeni ise; Demokratik İslam Kongresi'nin bir çözüm süreci örgütlenmesi olması.

Daha da ilginci...

İddianamede "çare elbette Diyanet İslamı değildir" diye geçen çağrı; Öcalan'ın yazdığı, devlet yetkililerinin okuyup onayladığı mektuplardan biriydi. 26 Nisan 2014 tarihli tutanaktan aktaralım:

"Buldan: Demokratik İslam Kongresi çağrı metni ve program taslağını getirdik (Teslim edildi, aldı, bir göz attı).

"Öcalan: Demokratik İslam Kongresine ilişkin altı sayfalık bir mektup yazdım. Daha sonra size iletecekler."[52]

"Bu kadar da olmaz" diyeceksiniz belki ama o çağrı da tutanaklarda var. Öcalan'ın "mümin kardeşlerim" diye seslendiği mesajdaki ifadeler şu şekilde:

51 A.g.e.
52 A.g.e.

"Çare elbette resmi Diyanet İslamı değildir. Resmi Diyanet İslamı 'iğdiş edilmiş İslam' olup gayri resmi (Aslında hepsi dolaylı resmi iktidarcı İslam'dır) İslam'dan daha anlamsız, zıttına hizmet eden bir İslam karikatürüdür."

MİT krizinden İBB soruşturmasına...

Tutanaklara göre; kongreye katılacaklar, kongrenin ismi, hatta tarihi bile İmralı'da görüşüldü. Devlet yetkililerinin gözü önünde, onların onayladığı mektuplarla mesajları taşındı. Bu sayede Kürt İslamcılığı çözüm sürecinin içine girdi. Basit bir basın taramasıyla DİAYDER'in çözüm süreci açıklamaları, çalışmaları da rahatça bulunabiliyor. Tam da aynı dönem, Hükümet tarafından "Melelerin maaşa bağlanması" gündeme getirildi. Öcalan'ın 2013 Nevruzunda yaptığı "İslam bayrağı altında toplanma" çağrısı da bu süreci tamamladı.

Garip ama gerçek...

Yıllar sonra İBB yönetimi, o derneğin üyesi bazı imamları, gassal yani ölü yıkayıcı olarak çalıştırdığı için terörle suçlanıyordu. Oysa Soylu'nun üyesi olduğu Hükümet, o derneğin yaratılmasının canlı tanığı hatta aracısıydı.

Yıllar önce çözüm süreci FETÖ'cü savcılar tarafından yargılanmak istemişti. Hakan Fidan ifadeye çağrılmış, Türkiye "MİT Krizi"yle tanışmıştı. Hedef İmamoğlu olsa da, Soylu'nun çıkışı, 2012'de yargılanamayan o sürecin fiilen yargı önüne çıkması, sorumluların suçlanması anlamına geliyor. Yani, İBB'yi soruşturan İçişleri Bakanlığı müfettişleri, meseleyi derinleştirirse kafaları bayağı karışacak!

Haliyle aslında Soylu'nun belki de MHP desteğiyle AKP'nin çözüm sürecini yargılamasını görüyoruz. Dikkat ediyor musunuz, Soylu, çözüm sürecinin aktif aktörleri ile çalışmayı pek sevmiyor. Lakin en azından şimdilik çözüm sürecinin aktörleri İBB gibi soruşturulmuyor.

Moliere'in dediği gibi, "herkesin içinde rezalet çıkarırsan suç olur, ama gizlice işlenen günah, günah olmaz". Yeter ki suçunuzun, günahınızın kalın bir örtüsü olsun...

28. BÖLÜM

BİRİ "İLTİSAK" MI DEDİ?

İltisak, Arapça kökenli bir kelime. Sözlüklere göre "yapışık olmak" anlamına geliyor. İçişleri Bakanlığı'nın en sık kullandığı sözlerden biri.

Misal, Bakan Soylu İstanbul Büyükşehir Belediyesi'nde (İBB) çalışanları terörle ilişkilendirirken "Kendisi veya yakınları terör örgütleriyle irtibatlı/iltisaklı kişiler" ifadesini düzenli olarak kullandı.

İş öyle bir noktaya geldi ki, bir İBB çalışanının "görümcesinin PKK'lı" olduğu iddiası dahi AKP medyasının manşetlerine taşındı.

Şaşmaz bir kural gibi, en suçlular en adaletsizce bağıranlar arasından çıkıyor. Yine öyle oldu.

İçişleri Bakanlığı'nın iki numaralı ismi İsmail Çataklı. Bakan Yardımcısı olarak Emniyet Genel Müdürlüğü de Hukuk Hizmetleri Genel Müdürlüğü de ona bağlı. Hatta İçişleri Bakanlığı İstihbarat Değerlendirme Analiz ve Koordinasyon Merkezi'nin (İDAKOM) Soylu'dan sonraki üst amiri de İsmail Çataklı. Haliyle, teröristlerle iltisaklı olanlara en hassasiyet göstermesi gereken isimlerden biri.

Gelin görün ki, CHP Grup Başkanvekili Özgür Özel ortaya çıkardı: Her sevmediğine "terör iltisaklı" diyen İçişleri Bakanı'nın yardımcısı İsmail Çataklı'nın ağabeyi Osman Çataklı da terör şüphelisi çıktı. Zira, kendisi FETÖ'den firariydi.

İsmail Çataklı, ağabeyini gündeme getiren CHP'li Özgür Özel'e önce şöyle yanıt verdi:

"Kardeşim 32 yıldır yurtdışında yaşıyor. Sen söyleyince baktım, hakkında ihbar var. Gelir adalete hesabını verir."

Özel işin peşini bırakmayınca, Çataklı bir hafta sonra şöyle dedi: "Yılbaşı iznine geldi, savcılığa ifadesini verdi."

Oysa yanıt bekleyen sorular vardı: Osman Çataklı hakkındaki soruşturma kapsamında firariydi ve hakkında yakalama kararı vardı. Yani Türkiye'ye adım attığı anda gözaltına alınmalıydı.

Sahi, kanunun emri yerine getirildi mi? Yoksa, gözaltı olmasın diye ağabey Çataklı Türkiye'ye adım atar atmaz sınırda mı ifadesi alındı?

Keza, ifadenin konusu neydi? Bildiklerimizi yazalım...

Sümenaltı edilen ilişki

Bakan Yardımcısı'nın ağabeyi hakkındaki soruşturmanın birkaç farklı yönü vardı.

Hatırlayın, FETÖ-Erdoğan kavgası başladıktan sonra, örgüt lideri Fethullah Gülen, hükümetin hedefindeki Bank Asya'ya para yatırma çağrısı yapmıştı. Gülen'e destek verenler Bank Asya'da para biriktirmeye başladı. Bunun üzerine FETÖ soruşturmalarına Bank Asya kriteri geldi. Bank Asya hesapları incelenerek bu süreçte Gülen'in sözünü dinleyenlerin listesi oluşturuldu. İşte bu liste, soruşturma dosyalarına girmesi sayesinde alenileşti.

Peki o listede İsmail Çataklı'nın, 1971 doğumlu ağabeyi Osman Çataklı var mı?

Evet, var...

Baktığınızda, o listedeki Bank Asya hesabında 592 bin 453 liradan 824 bin 518 liraya artış görünüyor.

Emniyet'i yöneten Soylu'da ve Çataklı'da bu liste elbette var. Yani hepsi bu işi başından beri biliyor. Lakin, binlerce kişinin peşine sırf bu Bank Asya hesapları nedeniyle düşülürken, Soylu'nun en yakını İsmail Çataklı'nın ağabeyi hakkındaki bu bilgi sümenaltı edildi. Ama iş sıradan bir İBB çalışanına gelince, görümcesinin bağlantıları bile İçişleri'nin radarına girdi.

Sadece bu kadar da değil... Deneyimli gazeteci Tolga Şardan'ın yazısından öğrendik:

"(...) Osman Çataklı'nın FETÖ'yle 'iltisaklı' bir şirketin ortağı olarak gözükmesi de hakkındaki FETÖ iddialarının ortaya çıkmasının diğer bir gerekçesi.

"Çataklı'nın Çankırı'da mobilyacılık sektöründe faaliyet gösteren bir firmaya 2004'te ortak olduğu bilgisi mevcut.

"Bu bağlamda söz konusu firmanın, devletin kayıtlarındaki yeri ise, 'FETÖ ile irtibatlı olduğu belirlenmiş banka, finans, dernek, vakıf ve eğitim kurumları ile bağlantılı olduğu değerlendirilen kişi, kurum ve kuruluşlar hakkında yürütülen soruşturmalarda, bunlarla irtibatı olduğu gerekçesiyle haklarında soruşturması veya kovuşturması yürütülenlerin de aralarında bulunduğu kişi, kurum ve kuruluşlar' listesinde yer alması.

"Diğer bir değişle, FETÖ'yle iltisaklı olan bir işletmenin ortağı olması, Osman Çataklı'yı FETÖ soruşturmalarında şüpheli konumuna getirmiş durumda. (...)"[53]

Yine Tolga Şardan 15 Temmuz 2016 darbe girişiminden çok kısa süre sonra yapılan bir ihbarı da köşesine taşıdı.

İddiaya göre, Osman Çataklı fakir Fransız vatandaşları üzerinden şirketler açarak Fethullahçılar adına para transferleri yapıyordu. İhbarı yapan ve adını vermek istemeyen kişi de Fransa'da yaşıyordu. Gelin görün ki, savcılık soruşturmayı davaya dönüştürmedi ve dosyayı 22 Ağustos 2017'de kapattı.[54]

Keza, İYİ Parti Genel Başkanı Meral Akşener'in Başdanışmanı Turhan Çömez de Osman Çataklı hakkındaki çarpıcı bir iddiayı gündeme getirdi. Halk TV'de "Kayda Geçsin" programına konuk olan Çömez şunları dedi:

"Osman Çataklı Fransa'da. Osman Çataklı'nın, Paris'in kuzeyinde bir küçük ilçede evi var. Taahhüt işleri yapıyor, ev alım satım işleri yapıyor.

"Paris'te bir merkez var. Bu merkez büyük bir merkez ve burası aynı zamanda Afrika'da kurulmuş FETÖ okullarını koordine eden merkez. Fransızca konuşan ve Fransa'nın hâkimiyetinde kalmış Mali'nin başkenti Bamako'da büyük devasa FETÖ okulları var. Bu okulların kurucusu Osman Çataklı."

Ağabeyi yüzünden İsmail Çataklı FETÖ'cü ilan edilemez elbette. En fazla, konu ağabeyi olunca FETÖ'ye göz yumduğu söylenebilir. Yine de bir şey var ki; bakan yardımcısı değil de İBB şirketinde garson olsa, bakanlığın iltisak listesinde belki de İsmail Çataklı da olacaktı.

Tam da bu süreçte Süleyman Soylu'nun yardımcısına nasıl sahip çıktığını da yazmasak olmaz. Soylu sosyal medya hesabından şunları söyledi:

"İsmail Çataklı; helal rızıkla Anadolu'nun yetiştirdiği övünülecek bir devlet adamıdır. Tertemiz, lekesiz bir insandır. Terörle

53 https://t24.com.tr/yazarlar/tolga-sardan-buyutec/ismail-catakli-nin-kardesinde-bank-asya-iltisaki-cikti,38023

54 https://t24.com.tr/yazarlar/tolga-sardan-buyutec/yil-2017-soylu-ve-catakli-bu-belgeyi-hatirliyor-mu,38523

Mücadele, Göç, AFAD dahil birçok meselede gövdesini taşın altına koymuştur. Fedakârlığına, devlete ve millete sadakatine şahidim. Allah ondan razı olsun."

"Taze" itiraflar

Halbuki FETÖ şüphelisi olan sadece ağabey değildi.

Bakınız...

Ömer Fatih Taze diye eski bir savcı var. Birçok kez rüşvet / irtikap soruşturması geçirmiş ve cezalandırılmış bir eski yargı mensubu. Kendisine sorsanız, eski Fethullahçı olduğunu ve örgütten ayrıldığı için başının belaya girdiğini iddia ediyor.

Gel zaman git zaman...

Ne zaman ki Fethullahçılar sanık sandalyesine oturmaya başlıyor, bu eski savcı Taze bir itirafçı oluyor. Öyle ki, isim isim örgüt sohbetlerinde gördüğü devlet görevlilerini ifşa ediyor. Dahası, söyledikleri üzerinden birçok isme FETÖ'den hapis cezası veriliyor.

Şimdi...

O ifadelerden birini yazalım.

Tarih: 25 Mart 2019.

Ömer Fatih Taze, Yargıtay'da sanık olan eski yargı mensuplarına dair yine tanık sandalyesinde.

Bakın özetle neler diyor:

"Ben 1995 yılında hâkim adayı olarak mesleğe başladım. Eğitim Merkezi'ne gittiğimde o dönem cemaat olarak bilinen yapıyla tanıştım, eğitim merkezindeki arkadaşlar aracılığıyla bu yapıya dahil oldum, 2005 yılında bu yapıdan ayrıldım, yapıdan ayrıldığım için o tarihten 2015 yılına kadar da çeşitli idari soruşturmalara tabi tutuldum. İlk olarak 2007 yılında Cumhurbaşkanlığı makamına Hakkâri ilinden bu yapıyı şikâyet ettim. (...)

"(...) Çermik ilçesine ilk müfettiş geldi, isimsiz - imzasız olarak FETÖ tarafından gönderilen dilekçeler üzerine işleme başlanıldı, hakkımda rüşvet almak suçundan Diyarbakır'a dava açıldı. Bu davadan beraat etmeme rağmen cemaatin Ankara'daki yapılanmasının sahte sunumu ile hakkımda menfaat şayiasından yer değiştirme cezası verildi ve meslek hayatım bitirildi. (...)"

Çataklı için "cemaatçidir" dilekçesi

Bitmedi. Yargıtay'ın "tanık" olarak dikkate aldığı eski savcı Taze, bakın kimin ismini veriyor:

"İsmail Çataklı 2005 yılında Çermik'te geçirmiş olduğum soruşturmada cemaatle beraber aktif rol oynayarak bana yer değiştirme cezası verilmesini sağlayan kişidir. Ve bu kişi hakkında 'cemaatçidir' şeklinde dilekçelerimde beyanlarım vardır. FETÖ mensubu olduğuna dair şüphelerimi belirttim, en hafifinden örgüt üyesi olmamakla birlikte örgüte yardım etmesi nedeniyle bu kişinin yargılanması gerekir. Dilekçemde belirtmiş olduğum hususlardan dolayı İsmail Çataklı hakkında herhangi bir işlem yapılmadı. (...)"

Şimdi...

Dedik ya, İsmail Çataklı'yı Fethullahçılıkla suçlamıyoruz.

Sadece şunu merak ediyoruz: Aynı tanık eski savcı Ömer Fatih Taze'nin iddialarıyla FETÖ'den ceza alanlar varken, Çataklı neden istisna tutuldu?

Sahi, adalet, hukukun üstünlüğü, suçun şahsiliği, lekelenmeme hakkı, kanun önünde eşitlik gibi evrensel değerler neden hep o bakan yardımcısına layık görülüyor?

İşin esası, Soylu, kendisine helal saydığını başkasına haram sayıyor. Dünyanın dengesi de orada bozuluyor.

29. BÖLÜM

SOYLU'NUN MUHALEFET FİŞLEMELERİ

"Adalet ve Kalkınma Partisi'nin bu millete bir borcu vardır. Yüzde 10 barajını hemen düşürmek. DEHAP'a (BDP) birtakım hülle sanatları dışında parlamentoya girecek yeteneği, ortaya koymak zorundadır Türkiye. (...) Yeni Türkiye'de MHP'nin hiçbir kodu yok. MHP'nin kendisini CHP'ye eklemlendirmesine çok sıcak bakanlardan bir tanesiyim, bu benim tezim uzun zamandır. (...) BDP'nin boykotunun çok etkili olduğunu düşünenlerdenim. Boykot referandumun en önemli sonuçlarından bir tanesidir. Kürt meselesini Türkiye'nin gündemine getirmiş, oturtmuştur. (...)"

Masada oturan üç adamdan genç olanı anlatıyor bunları. Sol tarafında FETÖ'nün avukatlık yapılanması kapsamında tutuklanan eski savcı Gültekin Avcı oturuyor. Karşısında ise FETÖ'nün firardaki komiserlerinden Önder Aytaç var. Tabii ki örgütün Samanyolu Televizyonu. Savcı, polis ve kafalarını sallayarak dinledikleri meşreplerine uygun siyasetçiyi buluşturan programın adı da kendisi gibi: "Derin Bakış."

Politikacı neler söylemiyor ki...

Kürt meselesinin silahla çözülemeyeceğini, anadilde eğitimin önünde engellerin kaldırılmasını...

Hayır, yanlış tahmin ettiniz.

Konuşan HDP'nin hapisteki milletvekillerinden biri değil. Şimdiki İçişleri Bakanı Süleyman Soylu.

FETÖ'nün "mezarlardan kalkıp oy kullanın" dediği 12 Eylül 2010 referandumunun hemen ardından zaferini Fethullahçılarla birlikte bu sözlerle kutluyordu.

Sonrasını biliyorsunuz...

Habur'daki çadır mahkemesini, Dolmabahçe'deki deri koltukları, Oslo'daki sızıntıları, İmralı'daki tahta masayı hatırlıyorsunuz.

Belki 11 Nisan 2013 tarihli *Resmî Gazete*'yi unuttunuz.

O gün AKP eliyle Terörle Mücadele Kanunu'nda önemli değişiklikler yapıldı. Özetle, yeni düzenleme "terör örgütünün propagandasını yapmak suç oluşturmaz, örgütün şiddetini savunmak suçtur" diyordu.

Başbakan Yardımcısı Bülent Arınç, "'Sayın Öcalan' demek suç olmaktan çıktı. PKK'nın kendine ait bayrağını elinde taşımak, Öcalan'ın posterini taşımak suç olmaktan çıktı. Hatta, 'Türkiye'nin sistemi böyle olmalıdır. Şunlar şunlar, eyaletler, demokratik özerklikler falan...' Bunların hiçbirisi artık suç değil" diye anlatıyordu yaptıkları icraatları.

Süleyman Soylu'nun Samanyolu Televizyonu'nda anlattığı hülyası gerçek olmuştu. O da AKP'ye katıldı, büyüdü, İçişleri Bakanı oldu.

Fişlemeleri servis ettiler

İşin ilginci, aynı Soylu dün söylediklerinin çeyreğini söyleyen muhalif partilerdeki siyasetçilerin fişlemelerini yandaş gazetelere servis etmeye başladı.

Misal, 2019 Belediye Seçimlerinden önce muhalefetin adaylarının fişlemeleri ortaya çıktı. Soylu, "325 PKK ve HDP iltisaklıyı CHP, İYİ Parti ve Saadet Partisi listelerinden meclis üyesi adayı yaptılar. Bunlar kim? Yukarıdan aşağıya tek tek açıklayacağız" dedi. Soylu, isim isim belediye meclis üyelerinden başkanlarına kadar taramış, birçoğunu terörle bağlantılı ilan etmişti. *Sabah* gazetesi, bu fişlemeleri "İşte muhalefetin PKK'lı adayları" diye haberleştirdi. Halbuki, bir insan terörist olsa, adli sicil kaydında böyle bir hüküm yazsa zaten aday olamıyordu. Ancak Soylu'nun fişlemelerinin ana konusu bunlar değildi. Keza, CHP Genel Başkan Yardımcısı Gökçe Gökçen de fişlemeleri "Listeye göre Kürt olmanız terörist olmak için yeterli" diye yorumluyordu.

Gökçen bunun nedenini şöyle açıkladı:

"Listeyi incelediğimizde, iddia ettikleri 'terörle iltisaklı' olma durumuna kanıt olarak, Şanlıurfalı olmayı, 1969'da düzenlenen bir etkinliğe katılmayı öne sürüyorlar. Terörist dedikleri şahsın karşısına 'Nusaybin doğumlu' yazmışlar. Bari direkt olarak Kürt deseydiniz. Kürt olmanız terörist olmak için yeterli bir neden bu sürrealist listeye göre. Bu insanlar YSK aday yeterlilik koşullarını sağlamışlar ki aday olmuşlar. İçlerinden biri dahi teröristse niye soruşturmadınız? Değilse, nasıl fişlersiniz? İnsanlar terörist olup olmadıklarını gazete kupürlerinden öğrenecekler sayelerinde artık."

Listeleri tekrar etmeyelim...

Unuttukları liste

Ancak Soylu'nun fişlemeleri bize bir şey daha gösteriyor. Şöyle anlatalım...

Fişlemede CHP'nin Solhan ilçesi Meclis adayının kardeşinin "PKK'lı olduğu" yazıyor da, mesela 15 Temmuz'da "elden kaçan" Adil Öksüz'ün dayısının oğlunun AKP'nin Andırın Belediye Başkan adayı olduğu yazmıyor.

CHP'nin Muratpaşa Belediye Meclisi adayının kız kardeşinin PKK'dan tutuklu olduğu yazıyor da, mesela AKP'nin Çayırova Belediye Başkan adayının ortağının FETÖ'den firarda olduğu unutulmuş.

CHP'nin Bingöl Yedisu Belediye Meclisi adayının 2016'da gözaltına alındığı yazıyor da, Şırnak İdil'deki AKP Meclis adayının FETÖ gözaltısı nedense atlanmış.

İYİ Parti'nin Siirt Pervari Belediye Meclisi adayının BDP Gençlik toplantısına katıldığı yazıyor da, MHP'nin Altındağ Belediye Meclisi adayının FETÖ yöneticiliğinden gözaltısını görmemişler.

Ya AKP Fethiye Belediye Başkan adayının FETÖ'nün kapatılan işadamları derneğine üye olması? Sahi MHP'nin Nazilli adayı FETÖ üyeliğinden yargılanmadı mı?

Nasıl bir istihbarat ise Pensilvanya yolcusu adayları görmemiş. Cumhur İttifakı'nın Ankara'daki ya da Bursa'daki adayının Okyanus Ötesi'ne mesajlarını not etmemiş. Maklube başından paylaşılan Cumhur İttifakı fotoğraflarını arşivlememiş.

Sahi, "muhalefet listelerine FETÖ'cüler girdi" denmiyor muydu? Süleyman Soylu'nun dosyasında "PKK bağlantılılar" var da "Fethullahçı sızmalar" neden yok?

Yoksa İçişleri Bakanlığı "FETÖ'cü siyasetçiler" ile mücadeleden vaz mı geçti? PKK bağlantılı seçilmişleri düşürecek de, FETÖ bağlantılıları görevde mi tutacak?

Yoksa "FETÖ fişleri" aynı mantıkla yazılırsa "darbecilerin kardeşini büyükelçi ve bakan yapanların fişi ne olur" diye mi düşünülüyor? Sahi HDP toplantısına katılanların fişini gördük de Samanyolu TV'de konuşan bakanlarınki nasıl olurdu acaba?

Kısacası Soylu, PKK ile mücadelede akrabalık ilişkilerini FETÖ meselesini örtmek için kullanıyordu. Aynı zamanda İçişleri Bakanlığı, bir partinin muhaliflerine karşı devletin imkânlarını kullandığı bir mekanizmaya dönüşmüştü. Bu durum, devletin devlet olmaktan çıkması demekti.

Bu süreçte, durumu gören İYİ Partili bir yöneticinin yaptığı başvuruyu da öğrendik. O isim, söz konusu haberler üzerine İYİ Parti'nin aday listesini İçişleri Bakanlığı'na göndermiş, kısaca "inceleyin, varsa bir sorun önceden söyleyin" demişti.

Bu başvuru üzerine telefonu çaldı. Arayan Bakan Soylu'ydu. "Bunu nasıl yapalım, devlet böyle bir belgeye resmi yanıt yazamaz" diyordu. Haberlerin hatırlatılması üzerine telefon kapandı.

Ve bir süre sonra kapı çaldı... Özel bir kurye gelmişti. İçişleri Bakanı'ndan bir zarf getirdi. Zarfta söz konusu inceleme yapılmış ancak hiçbir yazıya dökülmemişti. Belli ki fişlemeler de devletin imkânlarının devletin dışında kullanıldığı zaman böyle oluyordu.

Soylu, bakanlığı boyunca bu fişlemeleri hep kullandı. Bazı fişlemeleri elde ederken ise sıradışı işlere başvurdu.

Daha iyi anlaşılması için devam edelim...

30. BÖLÜM

SOYLU TELEFONLARI DİNLETİYOR MU?

Herkes hakkında birtakım iddialarda bulunuyor ya...

İçine mi doğuyor? Yoksa birisi getirip onun içine mi yerleştiriyor? Aslında bu sorunun yanıtı var.

Gazeteci Müyesser Yıldız olmasa dikkatimizi çekmeyecekti.

Çok yazıldı; ufacık bedeniyle duruşma salonlarında günlerini geçirdi. Türkiye'de son yıllarda yaşananları düşünün. FETÖ'nün bürokrasiyi ele geçirdiği dönemlerde Müyesser Yıldız'ın haberleri yolu aydınlatıyordu. Öyle ya, 15 Temmuz'a giden süreci onun alarm niteliğindeki yazılarıyla öngördük.

Karınca gibiydi, yazılarıyla bizlere bir iz bıraktı, o izlerin bütünü toplumda bir hafıza oluşturdu.

İşte o Müyesser Yıldız, 8 Haziran 2020 günü, sabaha karşı gözaltına alındı. Ondan tam 3 gün önce ise İçişleri Bakanı Süleyman Soylu'ya dava açmıştı.

Zira...

Soylu, 30 Nisan'da Jandarma'nın yaptığı operasyonları duyurup, Kars'ta PKK'lı yedi teröristin etkisiz hale geldiğini ve örgütün Çemçe grubunun yok edildiğini söylemişti.

Aradan 18 gün geçti. Haber merkezlerine Kars'tan gelen şehit haberi düştü. Müyesser Yıldız da şehit haberinin Çemçe bölgesinden geldiğini hatırlatıp, "Anlaşılan o ki, Bakan Soylu'nun dediği gibi 'Çemçe grubu' tamamen yok edilmemiş" ifadesini kullandı. Özetle, bir gazeteci olarak görevini yapıyordu; izleri takip edip, iz bırakmaya devam ediyordu.

Gelin görün ki, Soylu Twitter hesabından Yıldız'ı hedef aldı ve bambaşka bir olayın işaretini verdi. "Çemçe grubunun itlafına bir PKK, bir sen üzülmüşsün" dedi. Yetmedi, "Benim üzüntüm PKK seviciliğin değil" dedi, "Devlet gömleği giymiş pespayelerle iş tutmandır" diye devam etti...

Tanıyanlar bu satırları okuduğunda anlayacaktır; Müyesser Yıldız her şehit haberi geldiğinde gözleri dolan, o acıyı yüreğinde hisseden bir gazeteci... Haliyle, İçişleri Bakanlığı koltuğunda oturan Süleyman Soylu'nun "PKK sevici" demesine 1 TL'lik tazminat davası açtı.

Hemen gözaltına alındı

Davanın dilekçesinin verilmesinden sonraki ilk iş gününde, polis sabaha karşı Müyesser Yıldız'ın evine gitti. Bakmadık köşe bucak bırakmadılar, bilgisayar mühendisi oğlunun bilgisayarlarına dahi el koydular. Yıldız, 9 yıl önce tutuklandığı Odatv davasında eklenen dosyaları bildiği için, bilgisayarların kopyasının alınmasını istedi, reddedildi.

Bizim aklımızda ise Soylu'nun "Devlet gömleği giymiş pespayeler" sözleri kaldı. Neden mi? Gözaltına alındıktan sonra, Müyesser Yıldız'a "casusluk" suçlaması yöneltildiğini söylediler. Neymiş... Görevdeki bir astsubay Müyesser Yıldız'ı aramış, bilgiler vermiş ancak Yıldız bunları haberleştirmeyince, "casusluk yaptığını" düşünmüşler! Tepkiler yükselince de casusluk suçlamasını çıkarıp, bugün halen yayında olan üç yazısını "suç delili" diye gösterme yolunu seçtiler. Sonra da "devletin güvenliğine ilişkin bilgileri açıklama" iddiasıyla tutukladılar.

Süleyman Soylu'nun "devlet gömleği giymiş pespayeler" sözü, "acaba Müyesser Yıldız'ın tutuklanacağını biliyor muydu" sorusunu akıllara getirdi. Öyle ya, Yıldız'ın gözaltına alınmasına gerekçe olarak bir astsubayın kendisini araması gösterildi. Soylu işte bu soruyu açıklığa kavuşturmadı, etrafından dolaşmayı tercih etti.

Soylu'nun Saray'daki avukatı

Müyesser Yıldız, haklı olarak Soylu'ya dava açtı. Dava 1 TL'lik tazminat davasıydı. Soylu cevap verdi.

Süleyman Soylu'nun gönderdiği dilekçenin altındaki imza dikkatimizi çekti: Avukat Uğur Kızılca. Kendisi Cumhurbaşkanlığı Hukuk Politikaları Kurulu Üyesi. Dilekçesinde Yıldız'ın davasının reddedilmesini, aynı zamanda Yıldız'a "1 TL'lik dava açtı" diye ceza verilmesini istiyordu. Ona göre tazminat olarak 1 TL istemek dolaylı bir hakaretti.

Tarafları gözünüzün önüne getirin: Bir tarafta, İçişleri Bakanı Süleyman Soylu ve onun avukatı olan Cumhurbaşkanlığı Hukuk Politikaları Kurulu Üyesi Uğur Kızılca, karşısında ise Müyesser Yıldız. Soylu, herkese hakaret ederken, onu savunan ise Cumhurbaşkanlığı kurullarında çalışan bir hukukçu.

Sonucu merak ediyor musunuz?

Evet, haberler mahkemenin kararını şöyle duyurdu:

"1 TL'lik manevi tazminat davasında karar çıktı. Soylu, 1 TL tazminat cezasına çarptırıldı."

Ancak asıl önemlisi... Dedik ya, Müyesser Yıldız dava sırasında hapsedilmişti.

Orada bir ayrıntı daha ortaya çıktı ki, o da Soylu'yu yakından ilgilendiriyordu.

Müyesser Yıldız'ın tutuklu yargılandığı "casusluk" davasında emekli polis Hanefi Avcı bir uzman mütalaası yazdı.

Hatırlayın...

Hanefi Avcı, yıllarca Emniyet'in en tepesinde yer almış bir müdürken 2010 yılında kimsenin beklemediği bir iş yapmıştı. *Haliç'te Yaşayan Simonlar* adıyla bir kitap yazdı. Orada devletin içindeki FETÖ yapılanmasını deşifre etti. Ardından "kumpas fabrikası" onun aleyhine de çalıştı. Muhafazakâr bir polis olduğu halde, Devrimci Karargâh örgütüne üyelikten tutuklandı. TİKKO ve PKK propagandasıyla suçlandı. Yetmedi, bir de Odatv davasında hapse atıldı. Yıllarca dört duvar arasında kaldı.

Ama sonunda haklı çıktı. Türkiye, "eski paralel devlet" ile hesaplaşma kararını verdi. Gelin görün ki, yeni ellerin bazıları pek de temiz değildi.

İşte yıllar sonra polis gözüyle Müyesser Yıldız'ın durumunu inceleyen o Hanefi Avcı'ydı.

Avcı iki şey yapmıştı.

Birincisi; Müyesser Yıldız'ın bir astsubayla telefon konuşmalarının "devletin gizli bilgileri" olup olmadığı sorusuna yanıt aramıştı. Davanın esası tabii buydu. Avcı, tek tek görüşmeleri incelemiş, içeriğindeki bilgilerin konuşmalardan önce hangi gazete ve televizyonlarda yer aldığını bulmuştu. Anadolu Ajansı'ndan TRT'ye, Cumhurbaşkanı'nın açıklamalarından uluslararası ajanslara kadar birçok yerde yer alan bilgilerin, sırf Müyesser Yıldız'ı tutuklamak için dosyaya "devlet sırrı" olarak yazıldığını ortaya koymuştu. Elbette bu FETÖ mirasını yeni yöntemlerle sürdüren yargının alıştığımız bir pratiğiydi.

Tezgâh ortaya çıktı

Ancak...

Hanefi Avcı, ikinci bir şey daha yapıyordu. Ne olduğunu anladığımızda tüylerimiz diken diken oldu. "İşte yeni paralel devlet" dedik.

Avcı, yıllarca bir polis olarak yürüttüğü soruşturmalardaki tecrübeyle dosyayı incelemişti. Devlet içinde örgütlü bir grubun Yıldız'ı tutuklamak için tezgâh kurduğunu delilleriyle ortaya koymuştu.

Şöyle anlatalım...

Davada, Erdal Baran isimli astsubay, gazeteci Müyesser Yıldız'a, telefonla "çok gizli bilgileri" vermekle suçlanıyordu.

Peki, bu soruşturma nasıl başladı?

Dosyaya bakarsanız, adı "Durmuş Özkan" olan bir ihbarcı, 17 Ekim 2019'da Erdal Baran'ın gizli bilgileri sızdırdığını Ankara Cumhuriyet Başsavcılığı'na ihbar eden bir mektup yazdı. Nedense 17 gün bekleyip, 4 Kasım 2019'da Ankara'da bir postaneden savcılığa gönderdi. Mektup 13 Kasım'da savcılık tarafından alındı. Orada da tam 16 gün işleme konmadan bekledi. Ve 29 Kasım'da soruşturma açıldı.

Peki, sonra ne olmalıydı?

Hanefi Avcı diyor ki; "Erdal Baran'ın İstanbul'da kışlada görevli olması, İstanbul'da ikamet etmesi, işlediği iddia edilen suçu İstanbul'da işlediğinin belirtilmesi" nedeniyle savcılığın soruşturmayı İstanbul'a göndermesi gerekirdi. Öyle olmadı. Avcı'ya göre soruşturmayı yürütenler "meselenin bir yerinden Ankara'ya bağlanacağını" başından biliyorlardı!

Devam edelim...

Avcı'ya göre 3 satırlık ihbar mektubunu gönderen kişinin ifadeye çağrılıp, ayrıntılı bilgiler alınması gerekiyordu. Öyle ya, bir casusluk şebekesi belki de açığa çıkarılabilirdi. Avcı altını çiziyordu; "sanki ihbarcının uydurma olduğu biliniyor gibi" bu da yapılmadı.

Dahası...

Dünyanın en aptal casusları dahi sırlarını telefonda konuşmayacağı için astsubay hakkında fiziki takip kararı alınması gerekiyordu. Çok tuhaf! Savcılık buna da gerek duymamış, sadece telefon dinleme kararı almıştı.

Üstelik...

Hanefi Avcı'nın ifadesiyle "casusluk suçlamasında şüphelilerin yakalanıncaya kadar takip, izleme ve dinlemesinin devam etmesi gerektiği halde" Yıldız ve Baran'ın telefon dinlemeleri gözaltına alınmadan 3 ay önce sonlandırılmıştı.

İşin ilginci, telefonda her konuyu konuşan Erdal Baran, başkalarına da Yıldız'a anlattıklarını söylediği halde, soruşturmanın neredeyse tek hedefi Müyesser Yıldız'dı. Bütün yazışmalar onun için yapılmış, bütün dosya onun üzerine kurulmuştu.

Telefon dinlemeleri yasal mı?

Fakat daha da önemli bir detay var.

Hanefi Avcı, soruşturmaya giren bazı unsurların yasal telefon dinleme tarihleri dışında elde edilen bilgilerden geldiğini yakalamış. Şu yorumu yapıyor: "Müyesser Yıldız'ın adli soruşturma öncesi telefonlarının sahte isimler veya İMEİ, İMSİ vb sadece GSM sisteminin bildiği numaralar üzerinden dinlendiği ve delillerinin bulunacağı kanaatindeyim."

Bizim yorumumuz sanmayın. Avcı açık açık tabloyu da anlatıyor:

"Asıl hedefin Müyesser Yıldız olduğu, adli soruşturma öncesi önce onun telefon ilişkileri incelenip, dinlenerek Erdal Baran ile ilişkilerinin içeriği belirlendiği, elde edilen bilgilerde Erdal Baran'da başlayan bir soruşturma yaratmak için suni bir ihbar yapıldığı, bu ihbar üzerine başlatılan soruşturmada önce Erdal Baran'ın dinlendiğinde, buradan Müyesser Yıldız'a ulaşılacağının baştan hesaplandığı..."

Hanefi Avcı, "yeni paralel devleti" işaret ediyor. Hedef aldığı kişinin telefonlarını yasadışı yöntemlerle dinleyen, tezgâh kurmak için sahte ihbar mektubu yazan, suni soruşturmalarla hedef kişiyi tutuklatan yapının failleri bugün farklı olabilir. Ama hem yöntemleri hem araçları FETÖ'nün neredeyse aynısı. Üstelik nasıl oluyorsa, yasadışı dinlemeler yapanların edindiği bilgiler bir şekilde Soylu'ya da geliyor. Öyle ya, yoksa Müyesser Yıldız gözaltına alınmadan kimlerle konuştuğunu bilip nasıl ima edecek?

Haliyle bu hikâyede aklımıza Soylu'nun meşhur sözleri geldi: "Görevim icabıyla birçok mahrem bilgiye sahibim."

Sonra Soylu'nun açıkladığı mahrem bilgiler, MOBESE kayıtları, telefon konuşmaları...

Sormadan edemedik: Soylu, insanların telefonda konuştuklarını da bilebiliyor mu?

31. BÖLÜM

ZEKERİYA ÖZ'ÜN YARIM BIRAKTIĞI İŞİ BİTİRMEK İSTİYOR

"İçişleri'nde hukuka aykırı işlemler yapan anlayışın etkin olmaya başladığı, eğer denetlenemez ise ileride polis-istihbarat ve yargı üzerinde etkinliğini artırarak hukuk düzenini bozan daha ciddi sorunlar yaratacağından, şimdiden bakanlığın çalışmaları ve işlemleri ile ilgili olarak inceleme, denetim ve soruşturma yapılması gerektiği görülmektedir."

Recep Tayyip Erdoğan'ın masasındaki mektubun son sayfasında böyle yazıyor. Altında tanıdık bir imza var: Hanefi Avcı.

Meğer Hanefi Avcı avukat olmuş. Ankara Üniversitesi Hukuk Fakültesi'nden 1981'de mezun olan Avcı, 2020'nin son günlerinde stajını yapmış. 67 yaşındaki emekli Emniyet Müdürü şimdi İstanbul Barosu'na kayıtlıymış.

Görüyoruz ki Hanefi Avcı yeni avukatlık kariyerine çetin bir mücadeleyle başladı. Zira kendisinin rütbesini, silah ruhsatını ve pasaportunu alan İçişleri Bakanı Süleyman Soylu'ya karşı bir hukuk savaşının içine girdi.

O savaşta neler mi yaşandı? Adım adım yazalım...

İçişleri Bakanlığı önce FETÖ ve PKK ile ilişkisi olduğu iddiasıyla Avcı'nın savunmasını istedi. Sonra da emekli Emniyet Müdürünün rütbesini, silah ruhsatını ve pasaportunu aldı.

Hanefi Avcı'ya göre "FETÖ ve PKK" suçlaması işin kılıfıydı. Asıl sebep başkaydı. "Devlet yetkililerinin önemli suçlara karışmış kişilerle fotoğraflarının olması makul değil" sözü Süleyman Soylu'yu kızdırmıştı. Başına gelenler onun bedeliydi.

Avcı, durmadı. Gitti önce Ankara Cumhuriyet Başsavcılığı'nın kapısını çaldı. İçişleri Bakanı Süleyman Soylu ve Emniyet Genel Müdürü Mehmet Aktaş hakkında suç duyurusunda bulundu. İki ismin de görevini kötüye kullandığını, kendisine iftira attığını söylüyor ve cezalandırılmasını istiyordu.

Yetmedi, Cumhurbaşkanlığı'na bir şikâyet dilekçesi yazdı.

Ancak Avcı'nın geçmişten gelen bir korkusu vardı: Ya ekleriyle birlikte 88 sayfadan oluşan o dilekçe, Cumhurbaşkanı Erdoğan'a ulaşmadan bir gizli el tarafından yok edilirse?

"İçişleri Bakanlığı'nı denetleyin"

Bunun üzerine Erdoğan'a hitaben bir açık mektup kaleme aldı. Hanefi Avcı mektubuna, "Fethullahçı Terör Örgütü (FETÖ) ile dünden bugüne mücadelede müspet veya menfi rol alan herkesin ve benim durumumu en iyi bilenlerdensiniz" diye başlıyordu.

Bugüne kadar terör örgütlerine karşı mücadelesini ve başına gelenleri anlatıyor, sonunda ise şu çarpıcı tespitleri yapıyordu:

> "Esasen bir süredir İçişleri Bakanlığı'nda hukuka, yasaların tanımladığı görev, yetki kurallarına aykırı olarak işlemler yapıldığına dair emareler vardır. Bu hususların bazısını kısaca özetlemek gerekirse,
>
> **1-** Son zamanda rütbesi alınan emekli Emniyet mensupları; haklarında FETÖ mensubu olduğu yolunda ciddi inandırıcı emareler olan kişiler değil, bakanlık ve yönetimi eleştiren kişiler olduğu, bu kişileri cezalandırmak, diğer emsallerine gözdağı vermek amacıyla bahanelerle hukuka aykırı rütbe, kimlik alma, ruhsat iptali işlemlerinin yapıldığı,
>
> Bu soruşturmaların Emniyet Genel Müdürlüğü'nün bilinen yerleşik usul ve uygulamaları dışında usulsüz olarak yürütüldüğü,
>
> **2-** İçişleri Bakanı'nı eleştiren bazı basın mensupları hakkında soruşturmaların hukukun gerektirdiği yetkili yargı ve Emniyet birimlerinden gizlenerek Ankara'da yargı birimleri ve Emniyet mensuplarınca, bu konularda bilinen usul ve esaslara uyulmadan, hukuka aykırı bir biçimde yapıldığına dair belgeli örnek olaylar vardır.
>
> **3-** Basına intikal etmiş haberlere göre başka yetkili adli yargı mercilerinde soruşturmaları gereken olayları hukuka aykırı olarak yetkili olmayan Ankara'ya taşıyarak

dolayısı ile kolay yönlendirdiği Emniyet birimlerince soruşturma yapılmasına çalıştığı, bu taleplerini karşılamayan Ankara'da görevli savcı A. T.'nin başka yere tayininin yapıldığı basında yer almıştır. Bu durum İçişleri Bakanı'nın hukuku ihlal ederek adaleti, denetiminde olan polis birimi üzerinden istediği gibi etkilemeye çalıştığını göstermektedir.

4- Yine sayın bakanın 'bazı büyük yolsuzluk olaylarına karışan, uyuşturucu ticareti yaptıkları iddiasıyla haklarında soruşturma yapılan şüphelilerle' geçmişte makamında görüşmeler yaptığı, bu konuda basına fotoğraflar yansımıştır,

5- Soruşturma altında bulunan bazı şüphelilerin kaçması için haber salındığı yolunda yine basında yer alan iddialar vardır."

Hanefi Avcı, Cumhurbaşkanı Erdoğan'a madde madde uyarıda bulunduğu mektubunu şöyle sonlandırıyordu:

"İçişleri Bakanlığı'nda yapılan iş ve işlemler üzerinde yukarıda belirtilen konularda inceleme, araştırma ve denetleme yaptırılması gerektiği açıktır."

Sanki Avcı'ya, *Haliç'te Yaşayan Simonlar* kitabını 2010'da yazdıran sürecin benzeri yaşanıyordu. O dönem Başbakan olan Erdoğan, Avcı'nın Fethullahçıları ifşa etmesini "Bu iddiaların üzerinde durmak gereksiz" diye karşılamıştı. Sonrası malum.

Mehmet Akif'in "Allah bu millete bir daha İstiklal Marşı yazdırmasın" duasını çok sık duyarız. Aynı Akif'in benzer dizelerini ise çok sık unuturuz: "Tarihi 'tekerrür' diye tarif ediyorlar; / Hiç ibret alınsaydı, tekerrür mü ederdi?"

Yine sonrası malum olmasın. Oluyordu...

Zira Hanefi Avcı Saray'dan bir yanıt alamadı.

Ankara Cumhuriyet Başsavcılığı ise tartışma yaratacak bir karara imza attı. Başsavcı Vekili Halil Maçkaya iki sayfalık kararında şunları yazdı:

"Olay Türkiye Cumhuriyeti İçişleri Bakanı Süleyman Soylu'nun bakanlık görevleri ile ilgili işlerden kaynaklanıyor.

Bakanlar hakkındaki görevlerinden kaynaklanan isnatlara ilişkin soruşturma yetkisi Türkiye Büyük Millet Meclisi'ne ait. Cumhuriyet Başsavcılığımızın Bakanlar hakkında görev suçları ile ilgili soruşturma ve kovuşturma yapma yetkisi bulunmuyor. Açıklanan nedenlerle; şikâyet edilen Türkiye Cumhuriyeti İçişleri Bakanı Süleyman Soylu yönünden Cumhuriyet Başsavcılığımızın soruşturma ve kovuşturma yetkisinin olmaması nedeniyle dilekçenin işleme konulmamasına, kesin olarak karar verildi."

Avcı'nın itirazları

Özetle, başsavcılık Avcı'nın Soylu hakkındaki şikâyetini tozlu raflara kaldırdı. Bilmeyenler için ilk bakışta sanki her şey hukuka da uygun görünüyordu. Lakin danıştığımız hukukçulara göre büyük bir gariplik vardı bu kararda. Yeni sisteme göre bir bakanın işlediği suçtan ileride dahi yargılanmasının önünü kapatıyordu.

Hanefi Avcı da böyle düşünüyor olacak ki başsavcılığın Soylu şikâyetini ortadan kaldıran bu kararına karşı mücadele yoluna girdi.

Bugün sonuç alamasa da yarın için bildiğimiz şu: Hanefi Avcı haklılığına inanmanın verdiği güçle Süleyman Soylu'ya karşı bir bayrak açtı. Avcı daha önce de böylesi mücadelelere girmiş, girdikçe gördüğü zulüm artmış, lakin sonunda kazanan ve haklı çıkan olmuştu.

Soylu, FETÖ'nün savcısı Zekeriya Öz'e "Milletim adına, geleceğim adına, çocuklarım adına, ülkemin yarınları adına minnettarım ve müteşekkirim" derken Avcı, FETÖ'yü deşifre ettiği için o Zekeriya Öz tarafından hapiste tutuluyordu. Şimdi sanki Soylu, Öz'ün Avcı ile yarım bıraktığı hesaplaşmasını tamamlamak istiyor.

Uzun: İstanbul'da 6 tane, Ankara'da ise 2 tane çete var

Sadece Hanefi Avcı da değil...

Fethullahçıların çok önceden yapmak istediği Ergenekon operasyonunu 2 kez engelleyen, *İN* adlı kitabıyla örgütü deşifre eden eski Emniyet İstihbarat Daire Başkanı Sabri Uzun da benzeri haksızlığa uğradı.

Nasıl mı? Anlatalım...

Sabri Uzun, mahkûmiyeti Yargıtay tarafından onanan CHP İstanbul İl Başkanı Canan Kaftancıoğlu için 12 Mayıs 2022'de destek mesajı yayınladı. Uzun Twitter'daki mesajında, "Sayın Kaftancıoğlu, Halide Edip, 23 Mayıs 1919 günü İngiliz işgali altındaki İstanbul Sultanahmet meydanında özgürlük nutku atmıştı. İşgalciler bile ona, senin gibi ceza vermemişlerdi. Türk kadınlarını sizin şahsınızda kutluyorum" ifadelerini kullandı.[55]

Emniyet Genel Müdürlüğü İstihbarat Başkanlığı ise Kaftancıoğlu'na destek mesajı yayımlayan eski başkanları Sabri Uzun'a çok sert tepki gösterdi. Öyle ki, Emniyet Genel Müdürlüğü'nün resmi hesabından "İstihbarat Daire Başkanlığı yapmış birisinin böyle bir ahlaksızlığı kabul edilemez" mesajı paylaşıldı.[56]

Aradan bir süre geçti...

Ve Sabri Uzun'un rütbelerinin 10 Haziran 2022 itibarıyla geri alınmasına karar verildi.

Halk TV'deki "Açıkça" adlı programa katılan Uzun'un yaşadıklarına dair ilk sözü çok dikkat çekiciydi: "Benim duyduğum, İstanbul'da 6 tane, Ankara'da ise 2 tane çete var. Bu çetelerden bazıları 15 Temmuz gecesi ortaya çıkmışlardı."[57]

Eski istihbaratçı Sabri Uzun, 15 Temmuz gecesi TRT önünde Süleyman Soylu'ya destek verdiği konuşulan ve liderinin Ayhan Bora Kaplan olduğu suç örgütünü işaret ediyordu.

Tüm bu öykünün sonu nasıl mı olur? Şimdilik, bilmiyoruz... Yine de geçmişi kazananlara bakarak geleceğin nasıl olacağına karar verebilirsiniz!

---

55 https://twitter.com/SabriUzun28/status/1524765782059757571
56 https://twitter.com/EmniyetGM/status/1524874930080428033
57 https://www.youtube.com/watch?v=McNcBhVBoZs

32. BÖLÜM

SOYLU'YU ÇİZENLER

Meşhur geyik muhabbetini duymuşsunuzdur. Dünya İçişleri Bakanları Şampiyonası'nda, hedef, ormana salınan tilkiyi yakalamaktır. Almanlar kızıl ötesi ışınlarla 6 saatte, Amerikalılar uydu fotoğraflarıyla 5 saatte, Çinliler keskin burunlu köpekleriyle 4 saatte bitirir yarışı. Ellerinde sopalarla ormana giren Süleyman Soylu ve ekibi, 10 dakika sonra kaşı gözü patlamış, yara bere içindeki kelepçeli ayıyla geri döner. Zavallı hayvancık hakemi iknaya çalışır: Yemin ederim ki ben tilkiyim!

Rivayet odur ki sonucu kabullenmeyen hakem, "Koca ayı yemin ediyor, niye inanmıyorsun" diye tartaklanınca şampiyona iptal olur. Kıssadan hisse, Süleyman Soylu'nun problem çözme yöntemi birazcık farklı!

Yazdık kitabın başında: Pandemi günlerinde "İki saat sonra sokağa çıkmak yasak" diyerek sokağa çıkma yasağını tuhaf bir şekilde ilan etmişti. Soylu'nun rüzgârıyla markete koşan insanların fotoğrafı, Türkiye'de tepkilere neden olunca, Soylu istifa etti. Gelgelelim, Tayyip Erdoğan bunu kabul edemedi. Onu yolundan geri çevirdi.

İlk market fotoğrafı bu değil...

Türkiye ekonomisinin zor günleriydi. Enflasyonla Topyekûn Mücadele Programı başlatılmış, Berat Albayrak patronlardan indirim istemişti. Göstermelik de olsa bir indirim furyası ilerliyordu. Derken tuhaf bir şey oldu. Soylu, 81 ilin valisine gönderdiği genelgeyle fahiş fiyatlarla mücadele edilmesini istiyordu. Zabıtaların marketlere girip fiyatları incelediği fotoğraf, dünya basınında "Türkiye'nin enflasyonla mücadelesi" diye dalga geçilerek verilince, Soylu stili dünyaya mal oldu. Bu hareketin baltalama olduğunu düşünen Albayrakçıların gazetesi *Sabah*'ta Soylu şöyle eleştiriliyordu:

"Yani şimdi markete polis mi girecek! Fiyat indirmeyene idari işlem yapılması ne demek! Bence bazen vur deyince öldürüyoruz ve işi amacından saptırıyoruz."[58]

Pandemiden sonraki istifasının ilk olmadığını öğrendik. İstifa açıklamasında "Hakaretleri de kabul ettim" deyince hakarete uğradığını da öğrenmiş olduk. Bu süreçte yazılan çizilenden, sopalı çözümleri nedeniyle birçok bakanla karşı karşıya geldiğini öğrendik. Krizlerin önce Albayrak'a, sonra Saray'a gittiğini öğrendik. Telefonunu kapatınca ona Erdoğan'ın bile ulaşamadığını öğrendik. Özetle, bir istifa çok şey öğretti...

Turizmde kriz yarattı

İçişleri Bakanı, Turizm Bakanı ile karşı karşıya gelir mi? Turizm Bakanı'nın "Almanya'dan 5 milyon 600 bin turisti Türkiye'ye bekliyoruz" açıklamasını hatırladınız mı?[59] Erdoğan da 2019 yılı turizm hedefinin 50 milyon turist olduğunu söyleyerek Bakanına destek vermişti. Soylu hemen ardından aynen şunu söyledi: "Avrupa'da, Almanya'da öyle terör örgütünün toplantılarına katılıp da ondan sonra gelip Antalya'da, Bodrum'da, Muğla'da tatil yapanlar var ya, onlar için de tedbir aldık. Hadi gelsinler bakalım, havalimanlarından içeri girsinler. Gözaltına alıp yallah, öyle kolay değil."[60]

Soylu'nun açıklamasına Alman Dışişleri Bakanlığı, "Türkiye'ye seyahat uyarısı"yla yanıt verdi. "Başka birinin paylaşımını beğenmeniz bile gözaltı nedeni" diyen uyarıyı seyahat iptalleri takip etti. Kısacası, ormandaki asayiş sorununu ormanı yakarak ortadan kaldıran Soylu, "her işin karışanı" oldukça, işleri bozuyordu.

Soylu'nun gidip gelmesinin ardından Berat Albayrakçı *Sabah* gazetesinin Ankara Temsilcisi'nin Soylu eleştirisi, hem krizin aslında ne olduğunu hem de sadece ertelendiğini gösteriyordu:

"Kamuoyunun ilgi ve sevgisine mazhar olmak her siyasetçinin en büyük arzusu ve hedefidir. Şahıs bazında kurulan

58 https://www.sabah.com.tr/yazarlar/dilek-gungor/2018/10/12/markette-isi-sulandirmayalim

59 https://basin.ktb.gov.tr/TR-232619/bakan-ersoy-bu-sene-56-milyon-alman-turist-bekliyoruz.html

60 https://www.star.com.tr/guncel/bakan-soylu-teror-orgutunun-toplantilarina-katilip-turkiye-de-tatil-yapacaksin-oyle-kolay-degil-haber-1437612/

sempati halkaları, ancak kurumsal yapıların içinde, liderliğin sürükleyici gücüne uyumla ve kalibreli ekiplerle anlamlıdır. Cumhurbaşkanı, dere geçerken at değiştiren bir siyasetçi olmadığı için, günün ve görevin gereklerini gözeterek sağduyulu davranmıştır. Cumhurbaşkanı'nın bu tarzı özgündür ve geleceğe dair siyaset mühendisliği öngörülerine dalanlar için yanlış yorumlanmamalıdır."[61]

Demek Soylu üzerinden siyaset mühendisliği yapanlar vardı, korona geçerken bakan değiştirilmezdi. Erdoğan da değiştirmedi.

"Patron belli" mesajı

Soylu'nun istifa ettiği saatlerde, Soylucular "geri dön" kampanyası başlatmıştı. Cumhurbaşkanlığı İletişim Başkanı Fahrettin Altun, bu sırada, tam 00.48'de Erdoğan'ın çalışırken fotoğrafını paylaşmış ve "Allah ömrünüze bereket, gücünüze güç katsın Sayın Cumhurbaşkanım" yazmıştı. Nerede olduğu belli olmayan, telefonları bile açmayan Soylu'ya "Patron belli" diyordu.

Birkaç gün sonra ilginç bir anket ortaya düştü. Metropoll Araştırma, vatandaşa "Erdoğan'ın görevini yapış tarzı"nı soruyordu. Meğer korona günlerinde Erdoğan'a destek yüzde 41.1'den 55.8'e çıkmıştı! CHP'lilerin yüzde 20'si Erdoğan'a destek vermeye başlamıştı! Anket en çok Albayrakçı yazarları memnun etti. "Oluşmaya başlayan aklıselim zemin"den, "yeni ortak akıl"dan bahseden bile oldu.

İşte tam da bu anda akla başka bir anket geldi. Üstelik daha ciddiye alınır bir anket. 2019 yılının aralık ayında, Washington merkezli Amerikan İlerleme Merkezi, Max Hoffman imzalı bir yazıyı resmi sitesinde yayımladı. Türkiye uzmanı Hoffman'ın başlığı ilginçti: "Türk Muhafazakârların Erdoğan'a Sadakati ve Potansiyel Haleflerine Bakış." Hoffman, yine Metropoll'ün AKP'lilere "Erdoğansız AKP"yi sorduğunu anlatıyordu. Metropoll'den öğrendiğimize göre anketi Amerikalılar yaptırmıştı. Parti tabanının yüzde 73'ü Erdoğan'dan başka bir lider düşünemediğini söylüyordu. Düşünebilenlerin yüzde 17'si Süleyman Soylu, 12'si Ali Babacan, 8'i Ahmet Davutoğlu, diğer 8'i Berat Albayrak, 7'si Abdullah Gül adını vermişti. Listedeki

61 https://www.sabah.com.tr/yazarlar/muderrisoglu/2020/04/14/kirilma-anlari-ve-surec-analizi

Soylu ve Albayrak dışında kalanların tasfiye olduğunu, Albayrak'ın da geriye çekildiğini biliyorsunuz.

Üstelik bu sadece biri. 2019 yılının temmuz ayında PİAR Araştırma, vatandaşlara bakanları sorduğunda ya da şubat ayında Gezici Araştırma siyasetçilerin güvenilirliğini sorduğunda Soylu hep önde çıkıyordu. Anketler de, birileri bize anketlerle de bir şeyler söylüyordu.

Uzatmayalım...

Belli ki Soylu'nun istifası, market fotoğrafından çok, AKP içindeki fay hatlarının sonucuydu. Şahın belli olduğu bir satrançta vezirin kim olacağını bilek güreşi belirleyecekti. Ancak bu savaşın bir ekseni daha vardı.

Dertleri MHP mi?

Çok değil, kısa süre önce "yüzde 40" tartışması yaptık. Berat Albayrak'ı destekleyenlerin de olduğu bir eğilim, yeni sistemdeki "yüzde 50 sorunu"nu öne çıkardı. Başkanlık, koalisyonu bitirecekti. Ama yüzde 50 ihtiyacı nedeniyle "küçük partilerin kilit haline geldiğinden" bahsediyorlardı. Şikâyet ettikleri tabii ki başkasının düğününde oynayınca kendini güvey zanneden küsurat partileri değil, MHP idi. Yüzde bahsini açanların öncelikli derdi, AKP'nin ayağına bağlı MHP taşını çözmekti. Soylu'nun istifası sırasında yaşananlar; taşın sadece ayakta değil, böbrekte de olduğunu gösteriyordu. Zira Soylu'nun istifasına en sert tepkiyi MHP'nin verdiği hatırlanırsa, Süleyman Soylu'nun, AKP içindeki bir kanadın MHP ile ittifakının vezir adayı olduğu netleşti.

Tilkiliğe ikna yöntemini biliyoruz. Peki, bir zamanlar kendisine "AKP'ye gidecek misiniz" diye sorulduğunda "Teklif ettiler kabul etmedim" diyen, AKP'yi "devlet elbisesi giymekle" suçlayan devlet muhalifi Soylu'yu, Erdoğan'ın veziri olmaya kim ikna etti?

İşte bu sorunun cevabını biz de bilmiyoruz...

Ama AKP içinde kimilerine göre bir "Soylu yalnızlığı" da göze çarpıyor.

O sözleri hatırlıyor musunuz: "Kim demiş Sayın Soylu yalnız diye? Kim demiş Sayın Soylu kimsesiz diye?"[62]

62 https://ankahaber.net/haber/detay/bahceli_kim_demis_sayin_soylu_yalniz_kimsesiz_diye_45440

Devlet Bahçeli, İçişleri Bakanı Süleyman Soylu'ya bu sözlerle sahip çıkmıştı. Öyle ya, herhalde Soylu'ya kendisini yalnız hissettiren ya da Soylu'nun yalnız olduğu izleniminden sorumlu olan muhalifler değildi. Kuşkusuz, Bahçeli'nin kastettiği de onlar değildi. Bahçeli, çıkışıyla aslında AKP'nin İçişleri Bakanı Soylu'yu yalnız bıraktığını hatırlatmış oldu. Bir salı klasiği olarak da Erdoğan'a "Soylu'ya sahip çık" mesajı gönderdi.

AKP içindeki rapor

Kameraların önüne çıkıp, "ben dünyanın en kötü adamıyım" diyecek kadar asabı bozuk bir insan portresi çizen Soylu sahiden çok mu yalnız? Parti içinde sevilmeyen, "bizden değil" diye uzaklaşılan, fırsat bulununca üstü çizilen bir politikacı mı? Öyle ya başı ne zaman sıkışsa, Soylu'ya ya örgütlü trolleri ya da Devlet Bahçeli sahip çıktı. Yandaş medya bile Soylu'ya destek vermekte gönülsüz davrandı.

Peki, tüm bunları somut olarak gördüğümüz bir yer var mı? AKP içinde elden ele dolaşan, ama dışarıya açıklanmayan bir rapor, bu soruya yanıt olmuş gibi.

Önce neden bahsettiğimizi söyleyelim...

Malum, CHP'yi hep kurultaylarıyla, kurultay süreçlerindeki iç rekabetleriyle tartışıyoruz. Genel başkan seçiliyor yine de bitmiyor. Parti Meclisi seçimlerinde listeler elden ele dolaşıyor. Üstü çizilenler kimi zaman genel başkanın bile hesaplarını altüst ediyor.

İş AKP kurultayına geldiğinde ise tablo değişiyor. Tek genel başkan adaylı kongrelerde, oyların tamamını elbette Erdoğan ya da onun gösterdiği aday alıyor. MKYK'ya aday gösterilenler ise sonuçta seçilmiş olarak karşımıza çıkıyor. Kimin, hangi sandıktan, ne kadar oy aldığı, delegelerin kimlerin üstünü çizdiği açıklanmıyor.

Elimizdeki liste bu tablonun istisnası olacak...

Tarih: 12 Eylül 2015.

AKP, 5. Olağan Büyük Kongresi'ni gerçekleştirdi. Haziran ve kasım seçimleri arasında gerçekleşen kongre, bir heyecan da taşıyordu. Genel başkan, Erdoğan'ın gösterdiği Ahmet Davutoğlu olurken sıra MKYK seçimlerine geldi.

Çizik yediği il

Önümüzdeki rapor, MKYK için partinin 1445 delegesinden 1313'ünün oy kullandığını söylüyor. Bu oylardan 18 tanesi geçersiz sayılmış. Haliyle 1295 geçerli oy çıkmış. Rapor şöyle bir tespit yapıyor:

"Kısmi bir çizme olayı gerçekleşti. Çizilme yoğunluğu olan bölgeler ve illerle, çizilen üyeler birbiriyle örtüşüyor. Çok samimi bir grubun kendi iç networküyle sağladığı anlaşılıyor."

Rapor, bu kadarla kalmamış. Bir çizik haritası da çıkarmış. Örneğin 1261 delegenin oyunu alan yani 34 delegeden çizik yiyen Nurettin Canikli için şu ifade dikkat çekiyor: "Konya'dan aldığı çizik çok bariz görünüyor."

Dönemin Başbakanı ve AKP Genel Başkanı Ahmet Davutoğlu'nun Konyalı olduğu hatırlanırsa mesajın kaynağı net olarak anlaşılabilir.

Peki, Süleyman Soylu?

2015'teki kongreye Soylu bir avantajla girmişti. Bir yıl önce, yani 2014'te, Teşkilatlardan Sorumlu Genel Başkan Yardımcısı olmuş, böylelikle teşkilatlara şekil vermişti. Haliyle oy veren delegenin en çok onu tanıması beklenirdi.

Sonuç mu? Soylu birinci oldu. Hayır, hayır, önden birinci değil, sondan birinci. Soylu, AKP kongresinin 50 kişilik MKYK listesinin 50.'siydi. Delege, en çok onun adının üstünü çizmişti. Tam 64 delege "Soylu'ya hayır" diyerek oy kullanmıştı. 1231 oy alabilmişti. Fiilen tepeden belirlenen seçimde bir aday daha olsa, Soylu MKYK'ya giremiyordu. Parti kaynaklarına göre, bu durum Soylu'nun haklı olarak canını da sıktı.

Rapor, Konya'nın dışında "çizik yapılan yoğunluklu sandıklar" için adres de gösteriyordu: "1-Tabii delegeler, 2-İstanbul."

AKP tüzüğünün 68. maddesi tabii delegeleri şöyle tanımlıyor: "1. Genel Başkan, 2. Merkez Karar ve Yönetim Kurulu Asıl Üyeleri, 3. Merkez Disiplin Kurulu Başkan ve Asıl Üyeleri, 4. Üyeliği devam eden Parti Kurucuları, 5. Partili bakan ve milletvekilleri."

Kısacası "çizme işleri", Davutoğlucuları bir yana bırakırsak, öncelikle partinin tepesinden başlıyor. Milli Görüşçülere kadar uzanıyor. Öyle anlaşılıyor ki, Erdoğan'ın desteği olmasa Soylu, AKP teşkilatında zor tutunuyor. Haliyle kritik virajlarda, sürekli Devlet Bahçeli'ye teşekkür etme ritüelinin gerçekleşmesi sürpriz görünmüyor. Evlat olsa sevilir mi bilinmez, ancak Soylu'yu kendi evladı olarak görmeyen AKP, Soylu'yu "Erdoğan istediği için" bile desteklemiyor. Haliyle, önemli dönemeçlerde, örgütlü trolleri dışında, parti içinden Soylu'nun yanında duran pek de kimse olmuyor.

Soylu'nun "yalnızlığına" çarpıcı bir örnek verelim:

İçişleri Bakanlığı'nın 2021'deki bütçe görüşmeleri sırasında, Bakan Süleyman Soylu ile CHP Mersin Milletvekili Ali Mahir Başarır arasında büyük bir gerginlik yaşanmıştı.

Başarır'a "zehirli bir yılansın" ifadesini kullanan Soylu, mensubu olduğu AKP grubuna da dönerek "yazıklar olsun, bana sahip çıkmıyorsunuz" diye sitem etmişti.

Yazmasak olmaz: Daha acı olan şu ki; CHP'li Başarır, Soylu'nun görüşmeye ara verildiğinde annesine küfrettiğini ve bu küfürlerin tutanaklara geçmediğini de belirtti.

Başka bir örnek...

TİP Milletvekili Barış Atay'la Süleyman Soylu arasında sosyal medyada yaşanan atışmada, Soylu'ya yakın Fevzi Sevgili şunları yazmıştı: "Ne AK Parti Genel Merkezi'nden, ne de Kadın Kolları, Gençlik Kolları, Milletvekillerimizden bu olaya ses çıkaran tek bir twit görmedim... Birlik beraberlik kardeşlik dayanışma bu mudur?"

Sedat Peker krizinde ise danışmanı şöyle konuşmuştu: "İçimizdeki beyinsizlerin sen ben kavgası da küreselcilerin aparatı olmaya yol açar. Büyük resmi görmeyen ahmaklara laf yetiştirmeye çalışmak beyhude bir çabadır."

"Evin istenmeyen güveyi" olan Soylu'nun kaderinin tek karar vericisinin Erdoğan olduğu açıkça görülüyor. Soylu'nun en büyük destekçisinin de Bahçeli olduğu anlaşılıyor. Haliyle Devlet Bahçeli'nin "yalnız mı sandınız" çıkışının asıl muhatabı Erdoğan'dan başkası değil.

Sorun kalabalık ya da tek başına olmak değil. George Eliot'un tarif ettiği gibi, en yalnız yalnızlığa güvensizlik diyoruz. Soylu'nun yalnızlığının özelliği belki de bu. "Devlet Bahçeli Salısı" dışında onu düştüğü yerden kaldıracak bir ses yok.

33. BÖLÜM

SOYLU'NUN KARA GÖMLEKLİLERİ

Taksim'de bir polis çevirmesi. Şüpheli araç durduruluyor. İçinden durduran polisleri bile şaşırtan şeyler çıkıyor: Polis kimliği, polis telsizi, çakar, basın kartı...

İşin ilginci durdurdukları kişi polis değil. Milli Beka Hareketi lideri Murat Şahin. Daha da şaşırtıcı olan ise, polisin gözaltına aldığı Şahin, kısa süre sonra birilerinin devreye girmesiyle serbest bırakıldı.

Kamuoyu onu bu olayda tanıdı. Ancak Şahin sürekli başka haberlerle gündeme geliyordu. Örneğin, Sezen Aksu'ya ve Tarkan'a şarkıları üzerinden ya da Boğaziçi Üniversite öğrencilerinin eylemlerine karşı yapılan tehditlerde ön planda hep o vardı. Gelgelelim Murat Şahin'in Soylu'ya yakınlığı bir süre sonra bir başka olayla deşifre olacaktı.

Şöyle anlatalım...

Eski asker Erdal Yılmaz, sosyal medyada "Maske" adlı hesabın kullanıcısıydı. Hesap, çoğunlukla AKP'nin önde gelen isimlerinden Metin Külünk'e verdiği destekle biliniyordu. Çoğu zaman paylaşımları Erdoğan ve AKP destekçisi, FETÖ karşıtıydı.

Gelgelelim, Erdal Yılmaz'ın hayatı sosyal medyada Soylu'ya dokunduktan sonra değişti. Yılmaz, sosyal medyada Soylu'nun karıştığını iddia ettiği bazı yolsuzlukları yazdı. Ardından Soylu'ya yakın trol hesaplar, Yılmaz'ın ve ailesinin TC kimlik numaraları, telefonu, adresi, eski ve şimdiki eşinin bilgileri gibi birçok özel veriyi ifşa etti. Yetmedi, Yılmaz, "silahlı terör örgütüne üye olmak" suçlamasıyla gözaltına alındı. Serbest bırakıldıktan sonra eleştirilerine devam edince, bir kez daha gözaltına alındı ve bu kez ev hapsiyle kurtulabildi. Yılmaz'ın İzmir'de polis olarak görev yapan kardeşi de Ardahan'a sürüldü.

İşte bu olaylar sırasında Yılmaz'ı hedef alan isim dikkat çekiyordu. Zira, Milli Beka Hareketi ve lideri Murat Şahin, Soylu'nun adeta muhafızlığını yapıyordu. Erdal Yılmaz'a "Abilerin Metin Külünk, Mehmet Metiner seni kurtaramayacak" şeklinde yanıt verdiler. Bir süre sonra olay, Soylu'nun muhafızı Milli Bekacılar'ın Külünk'e sözlü sataşmasına döndü. 70'li yılların Akıncı Gençliği'nden gelen Külünk'ün buna yanıtı gecikmedi. Metin Külünk, bir grupla birlikte kendisine yönelik sözlü saldırıda bulunan Milli Beka Hareketi'ni bastı.

Görüntüleri paylaşan Milli Beka Hareketi lideri Murat Şahin, sosyal medyada şunları yazdı: "Dün akşam Metin Külünk'ün tetikçisi @maske3g hesabının İçişleri Bakanımıza hakaretlerine karşılık verdiğimiz için Metin Külünk önce arayarak bizi tehdit etti, sonra da Milli Beka Hareketi Derneğimize 5-6 kişiyle gelerek bize saldırdı." Şahin paylaşımına, Süleyman Soylu'yu da etiketledi.

"Soylu'nun kara gömleklileri" diye adlandırılan, adları birçok gayrimeşru işe karışan Milli Bekacılar böylece AKP içindeki kavgada kimin tarafında olduklarını belli etti. Ama mesele orada bitmedi. Zira Soylu, intikamını bir olayla daha aldı.

Sedat Peker'in iddialarına yanıt verirken, "ayda 10 bin dolar hangi siyasetçiye gönderiyorsa, ondan sorsun" ifadelerini kullandı. İçişleri Bakanı, Peker'in bir siyasetçiye ayda 10 bin dolar verdiğini ima ediyordu. Soylu'ya ısrarla sorulsa da kastettiği siyasetçiyi açıklamadı. Ancak Soylu'ya yakın isimler sistematik şekilde Metin Külünk'ü işaret ediyordu. Zira Külünk ile Peker arasında geçmişe uzanan bir yakınlık vardı.

Ayda 10 bin dolar iddiasını hem Peker hem Külünk reddetti. Ancak Soylu'nun AKP içindeki kavgası bir kez daha bu olayla kendisini gösterdi. Öte yandan sadece Soylu'yu savunan kara gömlekliler de böylece deşifre oldu.

34. BÖLÜM

MÜGE ANLI İLE SOYLU KARŞI KARŞIYA

Nereden suyu dökersen dök. Gidip aynı yerde toplanıyor. Çünkü kuralsız davranıyor gibi görünseler de akışkanların da bir mekaniği var. Tarih de sanki bir akışkan. Apolitik yok, daha az politik görünen var. Birikeceği yeri buluyor.

17 Eylül 2020 gecesi Keçiören'de boş arazide bir kadın cesedi bulundu. İntihar gibi görünüyordu. Kimliği çok geçmeden anlaşıldı. Adı Gülay Uygun'du. Bir başka ölümün olağan şüphelisinin annesiydi. O ölüm, kamuoyunun günlerce konuştuğu Aleyna Çakır'dı.

Şöyle anlatalım...

3 Haziran 2020'de, Aleyna Çakır olarak bilinen 21 yaşındaki genç kız, tavana asılı olarak bulunmuştu. Erkek arkadaşı Ümitcan Uygun'un ölümden sorumlu olduğuna dair, önceden kendisinin verdiği ifade, adli tıp raporu, dayak videosu dahil sayısız delil vardı. Buna rağmen Uygun'a yapılan "konut dokunulmazlığı" suçlaması hariç dokunan olmamıştı.

Ümitcan Uygun'un annesi Gülay Uygun'un ölü bulunması ise meseleyi gazetelerin 3. sayfalarından 1. sayfalarına taşıdı.

Gazeteler ölüm haberini verirken, *Sabah*'ın sürmanşeti biraz farklıydı: "Müge Anlı'yı yedirmeyiz". Kuşkusuz "yeme" şüphesi, muhalefete atılmış bir taş değildi. Gazetenin "derin yapılanma" olarak sunduğu Ümitcan Uygun ve babası Durak Uygun'a verilmiş bir yanıttı. Zira baba-oğul, anne Gülay Uygun'un ölümü nedeniyle Müge Anlı'yı suçlamış, Anlı'nın programında anne Gülay Uygun'u hedef gösterdiğini söylemişlerdi. Baba-oğulun söylediğine göre, anne bu nedenle kendi canına kıymıştı.

Dahası...

Oğul Ümitcan Uygun, "bu ölümden de Müge Anlı ve yanında çalışıp da beni 24 saat arayanlar suçludur" derken, baba bir adım öteye geçmişti. "Ömrüm boyunca has ülkücüyüm" diyen Durak Uygun, "bir tane sana oy verdim, Sayın Süleyman Soylu, değerli bakanım benim eşim o kadar gururlu ki, bir kelimeye kendisini vurdu" ifadelerini kullandı.

Peki neden? Neden ülkücü olduğunu, Süleyman Soylu'yu desteklediğini söyleyen bir aile, Cumhurbaşkanı'nın damadının kontrolündeki bir kanalı, oradaki programcıyı hedef alıyor?

Müge Anlı, ATV'de uzun yıllardır güvenlik kurumlarının "sorumluluğunu üstlenen" bir program yapıyor. Kimi zaman kayıpların peşine düşüyor, kimi zaman aile içi mahrem sırları açıklıyor, kimi zaman cinayetlerin peşinden koşuyor. Şaşırtıcı, ama sonuç da alıyor. Devlet kapısında derdine derman bulamayanlar, çözümü Anlı'da arıyor. Öyle ki bazı savcılar, şikâyetçileri, "bunu Müge Anlı çözer" diyerek ona yönlendiriyor.

Aleyna Çakır'ın şüpheli ölümünün ardından da durum farklı olmadı. Çakır'ın ölümü öncesinde gördüğü şiddete dair ses kaydını Anlı yayımladı. Tırnaklarında erkek DNA'sının yer aldığını gösteren otopsi raporunu da Anlı açıkladı. Çakır'ın "Uygun tarafından öldürüleceğini" söylediği konuşmaların tanıklarını Anlı ekrana çıkardı.

Her programın ardından izleyiciler "bu resmen cinayet" diyerek ekranı kapatırken akıllarda beliren soru şuydu: Bu cinayetin faillerini kim koruyor?

Müge Anlı, Uygun tarafından tehdit edildiğini "Bak Ümitcan programda konuşan herkesi tehdit ediyormuşsun, programa nasıl katılabilirim, nasıl içeriye silah sokabilirim diye konuşmalarından bahsediyorlar" sözleriyle canlı yayında anlattı.

Anne Gülay Uygun'un ölümünün ardından bile meselenin çok daha "derin" olduğunu şu sözlerle ima etti: "Onlarca genç kızın şantaj ve tehditle, dayakla kötü yollara sürüklenmesi ve onların üzerinden para kazanılması doğru bir şey değildir ve bunların cezalandırılması gerekiyor."

Fotoğraflar ortaya çıktı

Müge Anlı'nın programında yurtlarda kaldığı iddia edilen bazı kızların suçlaması sonrasında ölü bulunan Gülay Uygun'un bir Facebook hesabı vardı. "Çocuk Esirgeme Kurumunda çalıştı" yazısının üzerinde ilgi alanları bölümü yer alıyordu. Burada şaşırtıcı şekilde "EGM (Emniyet Genel Müdürlüğü)" yazıyordu. Uygun Ailesi'nin avukatını arayarak nedenini sorduk. Ailenin ve avukatın ifade ettiklerine göre; Gülay Uygun, yurtlardan kaçarak kayıplara karışan çocuklarla ilgili olarak Emniyet'le yakın çalışma yürütüyordu. Bu nedenle ilgi alanına "EGM" yazmıştı.

Uzatmayalım...

Müge Anlı, Aleyna Çakır'ın ölümünde bir tür organize grubu işaret ettikçe, Uygunlar'ın kafa karıştıran fotoğrafları sosyal medyaya düşmeye başladı. Oğul Ümitcan'ın MHP binasında, baba Durak Uygun'un Devlet Bahçeli ve Süleyman Soylu ile yan yana fotoğrafları ailenin politik görüşünün altını çiziyordu.

Öyle görünüyordu ki Müge Anlı'nın peşine düştüğü dosya, bu kez iktidar içindeki fay hatlarına denk gelmişti. Anlı'nın her yeni yayınının ardından, yargının Aleyna Çakır'ın ölümünü soruşturma konusundaki isteksizliği de açıkça göze batıyordu. Apolitik görünen bir ölüm hikâyesi Türkiye'nin atardamarına saplanmıştı.

Kısacası...

Belki programlarını izlemeye değer bulmuyorsunuz. Belki adını bile bilmiyorsunuz. Oysa Meclis'te İçişleri Bakanı'na "devlet kayıpları bulamıyor, cinayetleri çözemiyor da Müge Anlı nasıl yapıyor" diye soru önergesi bile verildi. Hükümet medyasının, parti tabanının, iktidar içi kliklerin, ideolojik grupların yaşadığı çatlakların öyle veya böyle tam ortasında. Soylu ile yaşanan dolaylı gerilimi de böylece not etmiş olduk.

Belki de Müge Anlı sadece Müge Anlı değildir!

Soylu'nun da sadece Soylu olmadığı gibi!

35. BÖLÜM

SOYLU'NUN DİLİNDEKİ TÜRKÜ

"Türkü dinlemeyi seversin sen :)" notuyla geldi. Belli ki, bir mesajdı bu.

Şu nakaratı dinleyince anladık:

"Sivaslıya doğruluk yeter / Çalışkan'ın izinden gider / Eğilmeden bükülmeden hey / Her zaman hak yolunda gider"

Hazırsanız, bilinmeyen o türkünün öyküsünü dinleyin.

Şimdi...

İçişleri Bakanı Süleyman Soylu'nun Sedat Peker'e verilen polis korumasıyla ilgili Habertürk TV ekranında suçladığı isimler vardı. Eski İstanbul İstihbarat Şube Müdürü Özgür Taşdemir onlardan biriydi. Şu an ihraç edilmiş durumda. Ama daha kısa süre öncesine kadar İstanbul'un en kritik polis müdürlerindendi.

FETÖ Borsası'nda kazandığı paralara, ByLock'tan aldığı rüşvetlere, kapattığı dosyalara dair onlarca suçlama vardı hakkında.[63]

Öyle ki...

Mahkeme dosyalarına göre Özgür Taşdemir'in 1 Ocak 2017 ile 1 Temmuz 2018 tarihleri arasında banka hesaplarında 3 milyon 287 bin 770 TL, eşinin hesabında ise 259 bin 339 TL artış vardı.

Ama tüm iddialara rağmen sanki bir el hep onu koruyordu. O elin dönemin İstanbul Emniyet Müdürü Mustafa Çalışkan olduğu konuşulurdu. Taşdemir'i "manevi oğlu" gibi gördüğü söylenirdi.

Devletin nikâh şahitliği

Özgür Taşdemir 2017'de Habertürk TV spikeri Benan Kepsutlu ile evlendi. Düğünde önemli isimler nikâh şahidiydi.

63 Boğaz manzaralı köşk karşılığında işadamı Ahmet Taçyıldız hakkındaki FETÖ evrakını temizlediği iddia edilen eski İstihbarat Şube Müdürü Özgür Taşdemir mahkemede ifade verdi. Taçyıldız ailesinin bilgilerine sistemden baktırdığını kabul eden Taşdemir, İstanbul Emniyet Müdürlüğü'nde özel kalem müdürü görevini üstlenirken Ahmet Taçyıldız ile birkaç kez görüştüğünü de söyledi.

Hayır, gelin Kepsutlu'nun mezun olduğu Yeditepe Üniversitesi'nin kurucusu Bedrettin Dalan ile çalıştığı Habertürk'ün tepe ismi Kenan Tekdağ'dan bahsetmiyoruz.

3 kişi daha vardı.

Yakın tarihin en tartışmalı isimlerinden eski Bakan Mehmet Ağar oradaydı...

Bugün Anayasa Mahkemesi üyesi olan İrfan Fidan oradaydı...

Bugün Emniyet Genel Müdür Yardımcılığı'na sürülen Mustafa Çalışkan oradaydı...

"Devletin" şahitliğinde yapılan işte bu evlilik şiddet nedeniyle kısa sürede sona erdi.

Tam da burada bir kez daha hatırlayalım: İstanbul Emniyet Müdürü Çalışkan ile İçişleri Bakanı Soylu'nun yıldızı hiç barışmadı. Buna rağmen uzun yıllar koltuğunu koruması, yakın olduğu Berat Albayrak'a bağlandı. "İstanbul Emniyeti demek Cumhurbaşkanı Erdoğan demek" sözü de hep fısıldandı durdu. Ancak bu mücadeleyi Soylu kazandı, Çalışkan görevden alındı. Bugün Emniyet'te pasif bir koltuğa oturtuldu.

Dememiz o ki...

Süleyman Soylu'nun "Peker'e yakın" diye gösterdiği Özgür Taşdemir'in yanına Mustafa Çalışkan'ın ismini de eklemesi tesadüf değildi.

Çalışkan ile ilişkisi de türküde

Evet, şimdi gelelim türküye...

Nasıl bir kendisini sevmekti ki...

İstihbarat Müdürü Özgür Taşdemir görevdeyken kendi adına bir türkü yazdırdı ve okuttu. Haliyle, sözleri polis müdürünü yerlere göklere sığdıramıyordu. "Demir dağları eriterek gelmişler Orta Asya'dan / Oradan gelir Taşdemir namı / Özgür'dür, atalarının nam saldığı Anadolu gibi" deniyordu.

İstanbul Emniyet Müdürü Mustafa Çalışkan'la ilişkisini de vurgulayan türküde şu sözler de dikkat çekiciydi: "Çalışkan'ın kardeşidir, yarenidir / Yıkılmaz bu gönül köprüsü / Ne verdiği sözden döner ne de özünden / Şerefle yazılmış bu hayat öyküsü"

Çok az bilinen bu türkü, 2017 yılında el altından dolaşıma sokuldu. Okuyan türkücü de eski bir istihbaratçıydı.

Kendisi için bestelettiği ve "memleket meselesi vardır aklında, fikrinde, dilinde" dedirttiği türküdeki Özgür Taşdemir bugün polislikten ihraç edildi. Ancak iddia olunan büyük servetinin hesabı şu an yargıda. Tutuklanma korkusu ile Gürcistan'a kaçıp iki aya yakın orada kaldı ama korktuğunun başına gelmeyeceğinden emin olsa gerek, Türkiye'ye geri döndü.

Kuşku yok ki, Süleyman Soylu da hem bu türküyü hem de Taşdemir'in aslında neler yaptığını biliyordu. Olay, "koca Emniyet'te neler oluyor" dedirtecek türdendi.

36. BÖLÜM

ADNAN OKTAR'IN "SOYLU" YOLDAŞI

Süleyman Soylu'nun bağlantıları bazen bu kitabın yazarlarını bile şaşırtacak türden. Ama kuşkusuz en ilginci Adnan Oktar ile yakınlığı. Nereden mi biliyoruz? Resmi belgelerden.

Şöyle anlatalım...

Adnan Oktar Grubu hem din anlayışıyla hem elindeki istihbaratı kullanmasıyla yıllarca konuşuldu. Cemaat görüntüsü altındaki bu yapıya 11 Temmuz 2018'de İstanbul Emniyet Müdürlüğü operasyon başlattı. Cemaat görüntüsü altındaki yapı; cinsel istismardan casusluğa, FETÖ bağlantısından şantaja kadar çeşitli suçlamaların hedefindeydi.

Söz konusu yapı, devlete göre İstanbul'un göbeğinde suç işleme rekoru kırmıştı ama nasıl olduysa birileri operasyon gününe kadar görmemişti! Bunun nedeni siyaset olabilir miydi?

Gerçekten de onları koruyan bir el vardı. Savcılık mütalaasında, yapının siyaset bağlantısı şöyle anlatılıyordu:

"(...) Destekledikleri kişilerin ve siyasi partilerin seçimlerde oy elde etmesini, karşı oldukları kişi ve siyasi partilerin oy kaybetmesini sağlamak için zor ve tehdit uygulamak suretiyle yıldırma, korkutma ve sindirme gücünü kullanarak..."

Soylu'ya atılan mesajlar

Acaba destekledikleri kişilerden biri Süleyman Soylu muydu?

Bunu anlamanın bir yolu var...

Sizi operasyon sabahına götürelim. Hakan Erol'un *Turnike* adlı kitabında o sabahın görüşmeleri var.[64]

Saat: 06.19...

İçişleri Bakanı Süleyman Soylu'nun özel kalem müdürlüğü telefonuna dikkat çeken bir mesaj geldi. Oktarcıların önde gelen

64 Hakan Erol, *Turnike*, Kırmızı Kedi Yayınevi, 2021

isimlerinden Hüma Babuna, "Akp Süleyman Soylu" olarak kaydettiği numaraya ulaşmaya çalışıyordu. Gönderdiği mesajda şu yazıyordu: "Süleyman Bey bütün evlerimizde polis baskını var şu anda. Adnan Bey dahil."

Operasyonu yapan İstanbul Cumhuriyet Başsavcılığı ve İstanbul Emniyeti'ydi. Oktarcılar, soruşturmada FETÖ bağlantılı olmakla suçlanıyordu. Ancak Cemaat, Soylu'ya kendilerine FETÖ'nün operasyon yaptığını anlatmaya çalışıyordu. 14 saniye sonra aynı numaraya giden ikinci mesajda şu yazıyor:

"İngilizlerin derin devleti ile ilgili yaptığımız faaliyetler neticesinde FETÖ'cüler hep saldırdılar, yine saldırıyorlar. Engel olun, lütfen."

Aradan yalnızca 4 dakika geçti. Soylu'ya 3. mesaj gitti. Saat 06.23'te giden mesajdaki ifade şuydu: "Adnan Oktar Bey Kandilli'de!"

AKP'li ve MHP'li vekillerin de telefonu çaldı

Sadece Soylu mu?

Elbette Oktarcıların medet umdukları ondan ibaret değildi. 06.25 civarı bu kez 25. ve 26. dönem AKP Milletvekili Hüseyin Kocabıyık'a mesaj gitti. "Akp Millettv Huseyin Kocabıyık 2017" şeklinde kaydedilen numaraya giden notta şu yazıyordu:

"Şu anda bütün evlerimize polis baskını var. Tayyip Bey'i ve Süleyman Bey'i haberdar eder misiniz?"

Saat 07.29'u gösterdiğinde, Oktarcıların telefonu bu kez MHP Genel Başkan Yardımcısı Edip Semih Yalçın'a ulaşmak için çalıştı. "Edip semih yalçın mhp" olarak kaydedilen numaraya Hüseyin Kocabıyık'a giden mesajın benzeri gönderiliyordu.

Saatler 09.15'i gösterdiğinde Soylu'nun özel kalem müdürlüğüne yeni bir SMS atıldı:

"Vakıf Başkanımızı İstinye polis merkezine götürdüler. Fena muamele olmaması ve bir komplo olmaması için resmi makamlardan yardımınızı istirham ediyoruz."

Belli ki operasyon sabahı Oktarcılar, ilk olarak İçişleri Bakanı Soylu'ya ulaşmaya çalışarak, sürece müdahale etmesini beklediler. Bu beklentinin kaynağı neydi? İki üyeleri o sabah polisle silahlı çatışmaya giren, cinsel saldırıdan casusluğa kadar binlerce yıllık cezaları olan suçlamalara muhatap kalan, savcılığın "silahlı örgüt" olmakla itham ettiği yapı, Soylu'dan neden bu kadar beklentiye girdi?

Oktar operasyonu için İstanbul Cumhuriyet Başsavcılığı, İstanbul Emniyeti ve MİT birlikte çalışma yürütmüştü. Operasyon için düğmeye basılma aşamasında, Cumhurbaşkanı Erdoğan'ın da oluru alındı. Ancak Oktar'a yapılan operasyon Süleyman Soylu'dan habersiz yürütülmüştü.

Hatırlatalım...

O dönem İstanbul Emniyeti'nin başındaki Mustafa Çalışkan ile Soylu arasında gergin rüzgârlar esiyordu. Soylu, Çalışkan'ı görevden almaya çalışıyordu. Çalışkan da Soylu'dan şikâyetçiydi. Daha sonra Peker'in açıklamalarına gösterdikleri tepkilerle kamuoyu önünde de karşı karşıya geldiler. Oktar dosyası iki isim arasındaki bir başka krize dönüştü.

Soylu, kendi polisinin operasyonunu, İstanbul Emniyeti'nden değil Oktarcılardan öğrendi, dedik ya...

Nedeni basit: Çünkü, Soylu'nun haberi olursa, operasyonun sızacağı düşünülüyordu. Ne acı bir iddia!

Oktarcıları takip eden İstanbul polisleri, Soylu ile Oktar Grubu arasındaki yakınlığın farkına varmıştı. Bu nedenle operasyon, Bakan'a duyurulmadan yapıldı.

Soylu'nun görev verdiği Oktarcılar

Nitekim Soylu-Oktar yakınlığı mahkeme tutanaklarına da girdi. Sanıklar sorgularında Soylu ile ilişkilerini anlattılar.

Tek tek aktaralım...

> Sanık Altuğ Müştak Berker: (...) Biz efendim, Hükümetimizin bize verdiği bir görevle biz Ankara'da büyükelçiler ile görüştük. Yani ismi zikretmek zorundayım. Sayın Başkanım, mecburum çünkü Sayın Süleyman Soylu'nun özellikle bizden bir ricası vardı.
>
> * * *
>
> Sanık Bora Yıldız: Sayın Süleyman Soylu İçişleri Bakanı, kendisi o zaman Başbakan yardımcısıydı ve Sayın Yalçın Akdoğan, onların bilgileri ve ricalarıyla yapıldı. Orada

çok güzel bir hizmet verildi. 70 tane büyükelçilik tek tek ziyaret edilip bunların (FETÖ) yaptığı kahpelikler (anlatıldı).

* * *

Sanık Kartal İş: Sayın Bakanımız Süleyman Soylu, Sayın Bakanımız Yalçın Akdoğan'ın ricaları üzerine Ankara'da büyükelçilikleri dolaştık. (...) Bize Devletimiz bir şey söylerse biz onu yaparız.

Mahkeme Başkanı: Size mi söylediler?

Sanık Kartal İş: Yok, Eda Hanım'la Hüma Hanım'a.

* * *

Mahkeme Başkanı: Peki bir kayıt almadınız mı?

Sanık Altuğ Müştak Berker: Hayır sözlü bu.

Mahkeme Başkanı: Kim söyledi?

Sanık Berker: Sayın Süleyman Soylu. Ben onu eskiden de tanırım yani Demokrat Parti zamanından da tanırım. 2014'ün MÜSİAD toplantısında Sayın Başbakanımız ile karşılaştım. El sıkıştık, hal hatır sorduk. Sayın Süleyman Soylu onu uğurladı, arabasının kapısını kapattı. Yanıma geldi. "Bu elçilik görüşmelerini ilettim Tayyip Bey'e" dedi.

* * *

Sanık İbrahim Tuncer: Sayın Süleyman Soylu ve Sayın Yalçın Akdoğan o dönemde AK Parti Genel Merkezinde görevlilerdi. Bizim arkadaşlarımızdan Eda Babuna ve Hüma Babuna ile de çok sıkı teşriki mesaileri vardı.

* * *

Sanık Tarkan Yavaş: İçişleri Bakanı Sayın Süleyman Soylu ile Sayın Yalçın Akdoğan'ın talebi, bilgisi ve rızası ile bazı arkadaşlarımızın 70 adet büyükelçiliği ve konsolosluğu ziyaret ederek. FETÖ silahlı terör örgütünün ülkemiz aleyhinde propagandalarına karşı (...)

* * *

Sanık Sinem Hacer Tezyapar: Sayın Süleyman Soylu, dönemin Genel Başkan Yardımcısı, Sayın Yalçın Akdoğan, dönemin Başbakan danışmanı, kendilerine de sorabilirsiniz. Kendilerinin bizden faaliyetlerin, yani Türkiye'nin politikalarının anlatılması konusunda talepleri olmuştu.

* * *

Sanık Ferhunde Eda Babuna: 70 kadar büyükelçiliği dolaştık. Sayın Yalçın Akdoğan'ı ve Süleyman Soylu'yu adım adım bilgilendirdik. Sonrasında Tayyip Bey'den teşekkür mesajı geldi bize.

* * *

Sanık Ayşegül Hüma Babuna: Süleyman Soylu Beyefendiyle aylarca faaliyet yaptık.

* * *

Sanık Fatma Ceyda Ertüzün: Ben gözaltına alındığım gün Ankara'da gözaltına alındım. (...) Kaçmıyorduk, arabada oturuyorduk. Hatta Hüma kardeşim Süleyman Soylu Bey'i aradı. (...) Zaten bu gözaltına alınmadan bir gün önce de biz Süleyman Soylu Bey'le Ankara'da Cumhurbaşkanlığı Külliyesi'nin karşısında bir sosyal mekânda karşılaştık. Sohbet etti, elimizi sıktı, güler yüzle. Hatta iki defa döndü, bir daha elimizi sıktı. Biz yıllardır tanırız Süleyman Soylu'yu.

Uzatmayalım...

Anlattıklarına göre; Oktarcılar, Süleyman Soylu ile yakın ilişkideydi. Öyle ki büyükelçilikleri Soylu'nun bilgisi dahilinde dolaşıyorlardı. Zaman zaman onunla görüşüyorlardı. İstanbul Emniyeti'nin yaptığı operasyondan bir gün önce bile temas yaşanıyordu. Operasyon sabahı da ilk onu arıyorlardı. Ama Soylu'nun operasyondan haberi yoktu.

Mahkeme dosyasında onlarca büyükelçilik görüşmesinin notları var. Misal, İngiliz Büyükelçiliği'nde anlatılanlar şöyle not alınmış:

"Gülen Cemaati ve Hükümet arasındaki gerginliğin Türkiye'nin istikrarını bozduğu, istikrarı bozulmuş, iç meseleleri ile uğraşan Türkiye'nin, dünyanın, Avrupa ve İngiltere'nin aleyhine olacağı, yukarıda bahsedilen delillerle anlatıldı."

Devletin Dışişleri Bakanlığı varken, neden bir cemaat FETÖ işiyle görevlendirilir? Barışmak için olabilir mi?

Oktarcıların elindeki Soylu arşivi

"Soylu'nun haberi yoktu" dedik ya...

Operasyonun ardından, Adnan Oktar yaptığı açıklamada, İçişleri Bakanı'nın olanlardan haberinin olmadığını söylemişti. Haksız da değil. Herhalde Soylu'nun haberi olsa, operasyondan bir gün önce, Oktarcı isimlerle böyle sıcak bir görüşme yapmazdı.

Anlatılana göre, "dev operasyonlar" mutlaka Ankara'daki güvenlik bürokrasisine önceden bildiriliyor. Ancak söylediğimiz gibi hem İstanbul'daki savcılık hem de İstanbul Emniyeti operasyonu Ankara'ya haber vermeden yaptı.

Peki, operasyon sonrasında ne mi oldu? "Bize nasıl haber vermezsiniz" denemediği, "çünkü sızdırabilirdiniz" yanıtının alınmasının istenmediği için herhangi bir inceleme-soruşturma yapılamadı. Bunun yerine Ankara'da teknik ve mali şubenin bağlı olduğu müdürlüklerdeki kritik isimler görevden alındı. Nitekim Sedat Peker krizinden sonra İstanbul Emniyet Müdürü Mustafa Çalışkan da kızağa çekildi. 15 Temmuz'un kahramanı olarak tanıtılan müdür, Emniyet Genel Müdürlüğü Merkez Teşkilatı'nda Interpol Dairesi'nden sorumlu Genel Müdür Yardımcısı olarak görevlendirildi. Ancak kendi görev alanına giren konularda bile Soylu'nun olduğu toplantılara çağrılmıyordu.

Sahi, Oktarcıların elinde Soylu ile ilgili ne var?

Mutlaka bir şeyler var. Nereden mi biliyoruz? Onu da mahkeme dosyalarından.

Şöyle anlatalım...

Hani son dönemde Sedat Peker'in sözleri sayesinde limanları tartışıyoruz ya...

Limanlarda yaşanan tuhaflıklar aslında çok eskiye dayanıyor.

Sizi 2004 yılına götürelim. TCDD, o yıl 15 Temmuz'da, İzmir Limanı'nın yükleme ve boşaltma işini, ihalesiz bir şekilde 2 şirkete verdi. Bu iki şirket Reha Denizcilik ve RADEM Lojistik'ti.

İhale olsa bu şirketler asla bu işi alamayacaktı. Çünkü biri 13 Temmuz, öteki 14 Temmuz'da kurulmuştu. Çiçeği burnundaki iki şirketin ortak bir noktası daha vardı: AKP'li siyasetçi Rahmi Genç iki şirketin de ortağıydı.

Her yıl on milyonlarca dolar iş yapan, Türkiye'nin en kârlı limanlarından biri olan İzmir Limanı, belli ki siyaset aracılığıyla, ballı sözleşmeyle, 15 yıllığına "birilerine" teslim edilmişti. Liman gelirinin yüzde 80'ini şaibeli şirketin aldığı akıl almaz sözleşme o yıllarda kamuoyunu ayağa kaldırdı. İktidar sıkıştı. TCDD iptal kararı aldığını açıkladı. Rahmi Genç, Reha Denizcilik'in ortaklığından ayrıldığını açıkladı.

Gelgelelim, mahkemeye düşen iptal davası yıllarca sürdü. 22 Ocak 2010 tarihli haberde, yılan hikâyesine dönen olay şöyle anlatılıyordu: "TCDD'nin kararı üzerine mahkemeye giden Reha Denizcilik, 5 yıl sonra fesih kararını iptal ettirmeyi başardı."[65]

Peki TCDD'nin Rekabet Kurumu'nu ve Özelleştirme İdaresi Başkanlığı'nı bile devre dışı bırakarak ihalesiz liman verdiği Reha Denizcilik'in asıl sahibi kim? Zor değil, o dönemin haberlerinde bu da yazıyor: Hasan Basri Güner.

O kim mi? 1999 yılında Oktar Grubu'na yapılan operasyonda tutuklanan mürit. Güner, 2008 yılındaki operasyondan kaçarak kurtuldu. En son Çin'de firari bir hayat sürüyordu. 29 Temmuz 2018'de, hükümete yakın gazeteler, Güner'in taşıdığı Türkiye Cumhuriyeti pasaportunun iptal edildiğini yazdı.

Anlatılana göre İzmir İhalesi ona öyle para getirmişti ki... Güner, Oktar grubuna iki valiz dolar ile geldi.

Güner'in Oktar'ın müridi olduğu gizli bir bilgi de değil. Bir zamanlar onu anlatan haberler medyada yer almıştı. Ancak Güner'in gruptaki görevi yazılıp çizilmedi. Güner, grupta "montaj-dublaj" ya da "kaset-maset" işlerinden sorumluydu.

1999 yılındaki operasyonda, Güner'in işi şöyle anlatılıyordu:

"(Kasetler) hazırlanır. Sanık Hasan Basri Güner'e verilir. Hasan Basri Güner bu kasetleri Adnan Oktar'a teslim eder. Bu kasetler, ileride gruptan çıkmak isteyen veya sağda solda konuşan kızlara tehdit unsuru olarak kullanılmak üzere muhafaza edilir."

Güner de kendi ifadesinde çektiği cinsel içerikli kasetlerin ne işe yaradığını açıkladı:

"(Adnan Hoca) bu görüntülerin çekilmesi halinde bu kadınların aleyhimizde konuşamayacaklarını, bunları sır gibi saklayacaklarını söyledi. Bu aşamada bir kardeş; düşman olduğumuz,

---

65 https://www.denizhaber.net/reha-denizcilik-fesih-kararini-iptal-etti-haber-23804.htm

bizi sevmeyen, bizi çekemeyen kişi veya grupların da bu şekilde gizli olarak uygunsuz görüntü alınmasının, bu şahısların bizim hakkımızda olumsuz sözlerini durduracağını, konuşmaları halinde bu görüntüleri kamuoyuna sunarak, 'işte bu insan böyle bir insandır' mantığını yaratıp, 'biz de o şahsın nasıl bir insan olduğunu gösterebiliriz' dedi. Adnan Hoca onu kabul etti. Bunun üzerine benim mesleğim ve eğitim durumum elektronik ve elektrik yüksek mühendisi olduğu için bana bir ekip kurmam talimatını Adnan Oktar verdi."

Gerçekten de Hasan Basri Güner'in dinleme kayıtlarında pek çok ünlü isme karşı yapılan montajlı kumpasların izleri çıktı. Grubun hedefindeki gazeteciler ve politikacılar kimi gizli çekim kimi montajlı görüntülerle kamuoyu önünde küçük düşürülüyordu. İşte bu işlerin sorumlusu Hasan Basri Güner'di.

Bu kadar değil...

Grup bu işlerde elindeki imkânlarla ya da telefon şirketlerindeki adamlarıyla yaptığı yasadışı dinlemeleri de kullanıyordu. Çok ilginç, 1999 yılında, gruba yapılan operasyonda, bir dizi ismin dinleme arşivi çıktı. O listede bugünün ünlü bir siyasetçisi vardı. Doğru tahmin ettiniz, Süleyman Soylu da o isimlerden biriydi.

Eski Emniyet Müdürü Adil Serdar Saçan'ın imzaladığı; Mehmet Ağar, Celal Adan, Hayri Kozakçıoğlu gibi isimlerin dinleme kayıtlarının Oktar Grubu'nda yakalandığının anlatıldığı belgede şu yazıyordu: "Süleyman Soylu'ya ait 23 sayfa konuşma detayları."

Tuhaf olay bize AKP iktidarının durumunu gösteriyor...

1999 yılında Adnan Oktar Grubu'nun telefonlarını dinlediği Süleyman Soylu, bugün İçişleri Bakanı oldu. Ne ilginçtir ki; Adnan Oktar Grubu'nun en samimi olduğu, zaman zaman ziyaret ettiği, polisin operasyon yaptığı sabah bile irtibat kurduğu bakan da Süleyman Soylu'nun ta kendisi.

İnsanın aklı almıyor değil mi?

Bu kadar değil...

Oktar'dan Soylu'ya şikâyet

Soylu'nun bu grupla bağını ortaya koyan ilginç bir delil daha var. Bizzat Adnan Oktar'ın elinden çıkmış bir mektup.

O mektubun tamamını ilk kez bu kitapta göreceksiniz...

Adnan Oktar, cezaevine girdikten sonra kâğıdı kalemi eline aldı. Destekçisi olduğu Soylu'ya bir mektup yazdı. Cezaevinden ona postaladı. Elbette bu sayede de mektup arşivlere girmiş oldu.

Mektup şöyle başlıyordu:

"Değerli Bakanım size daha önce de mektup yazmıştım. İçim rahat etmedi, bir daha yazmayı uygun buldum. Bize yapılan operasyonda bir gariplik var. Tayip Hocama haber vermeden operasyonu yaptılar. Size de bilgi vermediler."

Daha önce de Soylu'ya mektup yazdığı anlaşılan Oktar, Soylu ile yakınlığını şöyle tarif ediyordu:

"Sizlerden yanayım, sizlerin dostu, kardeşiyim, bir şey söyleseniz hemen yerine getiririm, şunu düzelt şunu şöyle yap deseniz yaparım."

İşin ilginç yanı, Oktar o mektupta, Mustafa Çalışkan'ı Soylu'ya şöyle şikâyet ediyordu:

"Polis içinde bu konuyu kendine ana konu edinmiş, nefret dolu, kinli, gözü kararmış bir kişi var. Devlet terbiyesi ile, devlet şefkati ile alakası pek yok gibi. Kimin motive ettiğini de anlayamadım."

Davasının altının boş olduğunu anlatan Oktar, 4 sayfalık mektubunun son sayfasında ise Soylu'ya şöyle sesleniyordu:

"Sayın Süleyman Soylu, ben sizi hep övdüm, hep korudum. Hakkınızdaki dedikodulara anında cevap verdim (A9 TV'den). Bu bilgileri, dijital depomuzdan polis aldı, oradan bilgilenebilirsiniz."

Oktar'ın mektubunun tamamını kitabımızın sonunda bulabilirsiniz.

Soylu, kendisi için, "saksıda yetişmedim" demişti ya... İlişkilerine bakınca her toprakta çiçek açmış gibi görünüyor. Belki de başarısının sırrı da bu!

37. BÖLÜM

SOYLU HANGİ TARİKATTAN?

AKP'nin iktidarı döneminde iki tip tarikat var: Devletin merkezinde ağırlananlar ve lanetli ilan edilenler. Bir dönem Fethullahçılar da cemaat olarak görülüyordu. Yeni Asyacılar ya da Furkan Grubu, iktidarla araları bozuk olunca lanetlendi. Öte yandan AKP'ye destek veren tarikatlar, iktidarın merkezine doğru yol aldı.

Peki, Süleyman Soylu hangi tarikattan?

Kendi ifadesine bakarsanız, onu Nurcu ağabeyleri yetiştirdi. Konu ne zaman tarikat olsa, Soylu kendisinin Nurcular içinden çıktığını gizlemedi. Belki onu bir dönem FETÖ ile yakınlaştıran da Nurculuk ilişkileriydi. Nihayetinde Fethullah Gülen de Nurcuydu.

Bakınız...

3 Ekim 2020'de, 92 yaşında hayatını kaybeden Mehmet Fırıncı, Cumhurbaşkanlığı'nın kararıyla Eyüp Sultan Camii haziresine defnedildi. Kalabalığın içerisinde İçişleri Bakanı Süleyman Soylu hemen herkesin gözüne çarpıyordu.

Cenazenin ardından Fırıncı için Rüstempaşa Medresesi'nde bir taziye programı düzenlendi. Konuşmacı Soylu idi. Belli ki sarsılmıştı. Gözyaşları içindeydi. "Çocukluğumuzda da Fırıncı ağabeyimizdi, bu yaşımıza geldik yine Fırıncı ağabeyimiz" diye başladı konuşmasına. "İsmini duyduğumuzda dahi rahatladığımız abimizdi" sözleriyle Mehmet Fırıncı'ya bağlılığını vurguluyordu.

Peki, kimdi Soylu'yu ölümüyle ağlatan ağabeyi?

Gerçek adı Mehmet Nuri Güleç. Rivayete göre babasının fırıncı olmasından ötürü Said-i Nursi ona "Fırıncı" diye hitap ediyordu. Nurcular yıllarca "Fırıncı Ağabey" ya da "Mehmet Fırıncı" diyerek ona yeni bir isim verdiler.

Nursi ile tanışmasından kendisi şöyle bahsediyordu:

"Bediüzzaman ile fırıncılık yaparken tanıştık, elini öptük bir sabah namazından sonra. 'Ne iş yapıyorsunuz' diye sordu. 'Fırıncılık' dedim. 'İnsanların ekmeğine hizmet etmek çok sevaptır' dedi, 'Efendim ekmek değil de biz pasta, börek, çörek yapıyoruz' dedim. 'O daha sevap' dedi."

Bediüzzaman Said Nursi ve İlmi Şahsiyeti isimli kitapta yer alan polis raporu ise hikâyeyi biraz daha derinleştiriyordu. 1953 yılının mart ayında İstanbul'a gelen Nursi'ye uygun bir otel bulunamayınca, sahibi Fethi Uraz olan Güleçler'in Fatih Çarşamba'da kullandığı ev aylık 80 liraya Nursi'ye kiralanmıştı. Yani Nursi, aynı zamanda Fırıncı'nın kiracısıydı.

Nursi'nin ölümünün ardından öğrencileri arasında "şimdi ne olacak" endişesi başladı. Nursi'nin en yakınında yer alan Zübeyir Gündüzalp öncülüğünde cemaati bir araya topladılar. *İttihad* dergisini, Mihrab Yayınevi'ni kurdular. Yeni Asya Yayınları da bu ekolden çıktı.

Sıkıştıklarında FETÖ yetişiyordu

Nursi'nin öğrencilerinin yaşadığı kırılmalardan sonra Nur Cemaati'ni yöneten "Üç Mehmetler" arasında Fırıncı da vardı. Bir sonraki bölünmede ise Fırıncı ekibi Nesil Yayınları'nı kurdu, Nesilciler adını aldılar. Nesilciler, FETÖ ile o kadar yakındı ki birçok projeyi ortaklaşa yürütüyor, krize girdikleri yerde FETÖ imdatlarına yetişiyordu.

Hep FETÖ'den bilinse de Fırıncı, "dinlerarası diyalog faaliyetleri"ni başlatan kişiydi. Üstelik projeyi bizzat Nursi'ye dayandırıyordu.

Biraz arşivleri karıştırıyoruz...

Rakip Nurcu gruplardan birinin onun hakkında yazdıklarını okuyoruz. Öyle ki, FETÖ firarisi Ekrem Tufan Aytav ile FETÖ'ye ait bir kanalda muhabbet eden Fırıncı'nın videosunu "istihbarat elemanlarına hafiyelik yaptığını kendi diliyle ve ağzıyla anlatıyor" diye paylaştığını görüyoruz. Gerçekten Fırıncı, bir zamanlar konuk olduğu Aytav'a "Nursi'yi takip ederek rapor yazan polislere bilgi verdiğini" söylüyor.

Fırıncı aynı konuşmada, Nursi'nin Rum Patriğini ziyaret ettiğini ve dinlerarası diyalog fikrine nasıl hayat verdiğini de aktarıyor. Fırıncı'nın hikâyesine göre, Nursi Patriğe "Kuran'ın Allah'ın kitabı olduğunu kabul etmeleri durumunda" Hıristiyan kalsalar dahi ortak bir dinde buluşabileceklerini söylemiş.

Fırıncı'yı şaibeli bulan, dinlerarası diyalog projelerini reddeden diğer Nurcu ve İslamcı gruplar bu görüşme rivayetini ve ortak din projesini yıllardır yalanladılar. İddianın hayal ürünü olduğunu söyleyerek Fırıncı'ya cephe aldılar. Patrikhane'nin böyle bir görüşmeyi teyit etmemesi, Nursi'yi takip eden polis raporlarında böyle bir görüşmenin yer almamış olması, Patrikhane'nin ekümeniklik iddiası nedeniyle hem devletle hem de İslamcı cemaatlerle arasının kötü olması gibi bir dizi gerekçe sıraladılar.

Gelin görün ki...

Dinlerarası diyaloğu hayata geçiren FETÖ, kendilerinin tezine cansuyu veren, Soylu'nun da peşinden gittiği Mehmet Fırıncı'ya bu nedenle hep sahip çıktı.

Hep şaibeli bulundu

Nursi ile ilgili polis raporlarındaki "içerden ayrıntılar", söylediğimiz nedenle Fırıncı'ya mal edildi. Dedik ya, sadece başka cemaatler değil, diğer Nurcu gruplar da onu hep şaibeli buldu. 61 yaşındayken evlendiği, rahibe okulunda yetişmiş, kendisinden 21 yaş küçük olan İngiliz asıllı eşinin (Mary Weld, sonradan Şükran Vahide) hikâyesini de; Nursi'ye parayla kiraladığı evini de hiç gündemden düşürmediler. Eşinin Hıristiyanlığa uyarlayarak İngilizceye çevirdiği Risalelere şüpheyle yaklaştılar.

FETÖ lideriyle aralarındaki muhabbet çok sıkıydı. Öyle ki Gülen, yurtdışına kaçmadan önce Nesil Grubu'nu ve tabii ki Fırıncı'yı ziyaret etmiş, helalliğini almıştı.

Aslına bakılırsa, Nurculuk birleşik kaplar gibiydi. Birinde dolup taşan FETÖ'ye akıyordu. Haliyle, Fırıncı'nın kabı da farklı olmadı. Onun yanında yetiştirdikleri Gülen'de boy verdi. Örneğin, aynı zamanda akrabası olan Gazeteciler ve Yazarlar Vakfı Başkanı Cemal Uşşak, Gülen'i mehdi ilan eden konuşmaları elden ele dolaşan İhsan Atasoy ya da FETÖ firarisi Cemil Tokpınar gibi Fırıncı'nın yetiştirdiği kişiler Gülencilerin önde gelen isimleri oldu.

Bitmedi. Fırıncı'nın önderi olduğu İstanbul İlim ve Kültür Vakfı'nın, AKP-FETÖ kavgasına kadar Gülen'e karşı bir tavrı yoktu. Düzenlediği etkinliklerde Gülen'in ABD'den gönderdiği mesajlar alkışlarla okunuyordu.

FETÖ'cülerle dinlerarası diyalog çalışmaları örgütleyen, Gülen'in Papa ile buluşmasını organize eden Vatikan'ın eski temsilcisi George Maroviç; Fırıncı'nın Risale okumalarına katılıyor, Fırıncı onun kendi toplantılarında kelime-i tevhit getirdiğini iddia ediyordu.

Uzatmayalım, bu filmin sonunu biliyorsunuz.

İktidardan yana saf tuttular

Bir dönem Fethullah Gülen'le iç içe olan, FETÖ ile aynı projeler içinde yer alan Fırıncı ekibi, AKP-FETÖ ortaklığının bitişiyle tarafını iktidardan yana seçti. Geçmişte olanların aksine, Gülen'le ne kadar uzak olduklarının hikâyelerini anlatarak yeni bir tarih yazmaya çalıştı.

Sürpriz de değil, yıllarca Necmettin Erbakan'a tavır almış, devleti yöneten DP-ANAP çizgisine destek vermişlerdi. Bu seferki öyleydi ki; Fırıncı'nın 2014 yılında Erdoğan'ın elini öpmek için eğildiği, Erdoğan'ın onu durdurduğu görüntüler bu desteğin sembolü olarak hafızalarda yer etti.

Bu süreçte Erdoğan, Yeni Asyacılar gibi istisnalar hariç, diğer Nurcu grupları Fethullah Gülen'e karşı yanına çekmişti. Nitekim Diyanet 2014 yılında Risale-i Nurları basmaya başlarken, ilk nüshasını Erdoğan'la birlikte Mehmet Fırıncı da imzalamıştı. Ayasofya, cami olarak açılırken, özel davetlilerin arasında o da vardı. İslami jargonla söylersek, "hiçbir ilmi eğitimi olmayan" Mehmet Fırıncı, Said-i Nursi'nin mirasını AKP iktidarı ile buluşturması sayesinde Eyüp Sultan haziresine adeta bir devlet töreniyle gömülmüştü. Kuşku yok ki, FETÖ lideri Gülen 2012'de ölmüş olsaydı Fırıncı için düzenlenen "devletli tören" onun olacaktı. Muhtemelen Soylu onun için de gözyaşı dökecekti.

Yani...

Soylu'nun Nurculuk ilişkileri öyle ayan beyan ki...

Kendisinin de ifade ettiği gibi Soylu, Nurcu ağabeylerin tedrisatından geçerek bugünlere gelmişti. Nurcuların yıllarca vazgeçmediği, hatta Yeni Asya kolunun halen desteklemeye devam ettiği Demokrat Parti'de genel başkanlığa yükselmişti.

Nurculuk onun düşünce hayatında belirleyiciydi. Sadece Fırıncı değil, Said-i Nursi'nin bir başka öğrencisi Mustafa Sungur'un cenazesini kaldırırken de "çocukluğumuzdan beri takip ettiğimiz edep timsali bir şahsiyetti" demiş, "Türkiye bir ağabeyini kaybetti" sözleriyle kendisindeki yerini açığa vurmuştu.

Dememiz o ki, Soylu'yu zaman zaman Nur medreselerinde diz çökerken görmemiz tesadüf değil. Cemaatlere sahip çıkan açıklamasından sonra Said Yüce gibi Nurcu liderlerin ona ilk teşekkür edenlerden olması da.

Sahi Said-i Nursi'nin son varisi Hüsnü Bayramoğlu'nun cenazesinde en önde onun yer tutması nasıl unutulur. Bayramoğlu'nun ölümünden sonra Soylu, "başımız sağolsun" demiş, "Hüsnü Bayramoğlu Ağabey de, bu mübarek günde can emanetini Rabbine teslim edenlerden oldu" diyerek safını belli etmişti. Soylu'nun Hüsnü Ağabeyi'ne hürmeti fotoğraflara da yansımıştı. Onu zaman zaman Bakanlıktaki makamında ağırlıyor, isteklerini not ediyordu. Hatta yağmurda ona şemsiye tuttuğu fotoğraf günlerce konuşulmuştu.

Soylu'nun "Arif Abi"si

Cendere adlı kitabımızda anlattık.[66] Yeri geldi yine söyleyelim...

Yukarıda bahsettiğimiz Mehmet Fırıncı'nın anmasında, Soylu, Fırıncı Ağabeyi ile "Arif Abi" dediği ismin kızının nikâhında karşılaştıklarını, birlikte şahitlik yaptıklarını anlatıyordu. Soylu'nun "Arif Abi" dediği Arif Önemli'ydi.

Kim mi Arif Önemli?

Şöyle anlatalım, 14 Aralık 1969'da Yıldız Camii'nden çıkan örgütlü bir grup Yıldız Teknik Üniversitesi'ne (İDMMA) doğru yürümüş, karşılarına çıkan öğrenci Battal Mehetoğlu'nu silahla vurarak öldürmüştü. Dev-Genç Marşı'ndaki "Vedat, Taylan, Mehmet, Battal devrim için öldüler" dizelerindeki makine mühendisliği öğrencisi Battal oydu. 22 yaşındaki kısa hayatını bitiren sağcı terör eylemi, Türkiye tarihinin kritik halkalarından biriydi.

Bu, o yılki 8. öğrenci ölümüydü. Cinayetlerin devlet içinde örgütlü bazı kamu görevlileri tarafından desteklendiğini düşünen öfkeli öğrenciler valiliğe yürüyüş başlattı. "Bakan istifa" sloganlarıyla büyüyen eylemden birkaç gün sonra İçişleri Bakanı, İstanbul Valisi ve Emniyet Müdürü'nü yanına alarak basının önüne çıktı. "Siyasi cinayetlerin failleri yakalanmıyor şeklindeki

66 *Metastaz 2: Cendere*, Barış Terkoğlu - Barış Pehlivan, Kırmızı Kedi Yayınevi, 2020

iddiayı kesinlikle reddederiz" demişti. Basına dağıtılan fotoğraflar arasında tahmin ettiğiniz gibi Arif Önemli'nin bıyıklı pozu da vardı.

Fakat...

Daha da önemli bir ayrıntı var. Peki, Yıldız Teknik Üniversitesi önüne gelen o grup kimdi? *Milliyet* muhabirine konuşan yetkili "bunlar henüz tespit edemediğimiz bir yeni örgütün adamları" derken, bir başkası eldeki bulguyu şöyle anlatıyordu: "Bir yetkili sanıkların çoğunun Nurcu siyasi teşekkül ile cemiyetlere bağlı olduğunu öne sürmüştür."

Arif Önemli'nin hikâyesi uzun. 1970'lerde Fethullah Gülen'in de yuvalandığı Komünizmle Mücadele Derneği'nde başkanlık da yapan Önemli, gittiği her yere çatışmaları götürdü. Yılmaz Güney'in de hapishane arkadaşı olan Ahmet Atılmış, o günleri şöyle anlatacaktı: "Komünizmle Mücadele Derneği Başkanı Arif Önemli hapishaneye (Paşakapısı) geldikten sonra muhafazakâr sağcı mahkûmları toplayarak solcu mahkûmlara baskı yapmaya, terör estirmeye başladı."

Arif Önemli'ye karşı olan kimi Nurcular ise Önemli'yi Nurculuk içindeki kavgalardan, tasfiyelerden ve Nurculuğun Gülen'i de içine alan Soğuk Savaş ideolojisi haline gelmesinden hatırlıyor.

54 yıl önce devrimci öğrencilerin "devlet içindeki devlet" suçlaması karşısında valisini, emniyet müdürünü alıp basının önüne çıkan, Arif Önemli'nin görüntüsünü basına veren dönemin İçişleri Bakanı bir yanda... Bir de 51 yıl sonra Arif Önemli ve Mehmet Fırıncı ile çektirdiği fotoğrafın ardından "devlet içinde cemaat yok" açıklaması yapan şimdiki İçişleri Bakanı bir yanda...

En önemlisi, devrimcilere kurşun sıkan Nurcu Arif Önemli'nin peşinde koşan bakanın yerini, bugün ona "Arif Abi" diyen Bakan Soylu aldı!

Engellenen operasyon

Sadece ilişki değil, kadrolaşmada da Nurcular en önde...

Soylu döneminde İçişleri Bakanlığı bürokrasisinde Nurcular öyle bir bahar yaşadı ki...

Örnek olsun, Bakan Yardımcısı Tayyip Sabri Erdil de Nurculuğun Yeni Asya kolundan gelmişti.

Yeni Asyacıların gazete arşivinde, Erdil ile Yeni Asya muhabbetlerinin izlerini görmek mümkün. Tabiri caizse Yeni Asyacılar, Tayyip Sabri Erdil'e toz kondurmuyor.

Anlatılan o ki, bugün Millet İttifakı'nı destekleyen, FETÖ meselesi üzerinden iktidarla kavga eden Yeni Asyacılara operasyon gündeme geldiğinde, onlara ilk sahip çıkan da Bakan Yardımcısı Erdil olmuş. İçişleri Bakanı Soylu da, Nurculukta "abi" gibi olan yardımcısı Erdil'i bu konuda dikkate almış.

Polisteki Nurcu örgütlenmesini mi anlatalım, Soylu'nun bakanlığa doldurduğu Nur müritlerini mi? Yoksa FETÖ operasyonlarında kollanan kimi Nurcuları mı?

Özetle, Soylu herkesi yargılarken Soylu'nun zihin dünyasında çocukluğundan bugüne en büyük etkiyi Nurcular yaptı. Bu da "Soylu hangi tarikattan" sorusuna yeterince cevap veriyor. Soylu bugün de o ilişkileri sürdürüyor.

Üstelik bu bağlantıların FETÖ ile ilişkileri hep soru işareti olduğu halde. Şimdi sizi bir başka kafa karıştıran ilişkiye götürelim.

38. BÖLÜM

SOYLU'NUN DİZİNİN DİBİNDE OTURDUĞU ŞEYH

"Bir tek FETÖ'cüyü göreve getirmişsem, bir tek FETÖ'cü göreve geldiyse ve bu söylenmiyorsa bu ülkemize ihanettir. Ben getirmişsem ben ihanet ediyorumdur."

İçişleri Bakanı Süleyman Soylu, 18 Temmuz 2020 akşamı bağlandığı CNN Türk programında böyle bağırıyordu. Sitemi AKP'li eski vekil Mehmet Metiner'eydi. Zira Metiner, İçişleri Bakanlığı'nda "kazanma" mantığıyla FETÖ'cülerin göreve getirildiğini söylüyordu.

"Hangisi haklı" diye günlerce konuştuk. Aradan iki ay bile değil, bir buçuk ay geçti. 43 kaymakam ve vali yardımcısının FETÖ'den açığa alındığının haberini okuduk. Sayının 400'e kadar çıkacağını öğrendik. "Hâlâ nasıl olabiliyor" diye tartışıyorduk. Sonra, çiçeği burnundaki o kaymakamların atama kararnamelerinde "getirmişsem ihanet ediyorumdur" diyen Soylu'nun imzası vardı.

Sahi nasıl oluyor? Soylu aralıklar ile açıklıyor, elinde ByLock listeleri var. Biliyoruz, Bank Asya listeleri de elinde. En küçük memur atanırken istihbarat raporu alınıyor da koskoca kaymakamlar atanırken devletin eli kolu bağlanıyor mu? Öyle ya, belediyeye alınan memurları suçlayıp, İBB'ye kayyum atamaya kalkmıyor mu Soylu?

Konuşulan o ki bir süredir İçişleri Bakanlığı'nda FETÖ birikimine yönelik olarak devletin güvenlik bürokrasisi adım atmak istiyordu. Ancak her seferinde attıkları adım Soylu'ya çarpıyordu. Verilen istatistiki bilgilere göre FETÖ'nün TSK'dan sonra en kritik örgütlenmeyi gerçekleştirdiği bakanlıkta ayıklanan FETÖ mensubu oranı yüzde 3 buçuktu. Nihayetinde, Soylu'nun uzun süredir direndiği, kendisinin önüne isim konduğunda kimilerini savunduğu bakanlık çalışanlarına operasyon gerçekleşti.

Görevden alınan kaymakamlardan biri de Güroymak'ınkiydi. Hatırladınız mı, Abdullah Gül o ilçenin adını "Norşin" diye anarak açılım sürecini başlatmıştı. Said-i Nursi'nin yetiştiği medrese buradaydı. Güroymak-Norşin, Nurculuktan Menzil'e kadar Nakşibendiliğin önemli kesişim merkezlerinden biriydi.

Dizinin dibinde çekilen fotoğraf

Ne garip, kaymakam operasyonunu konuştuğumuz günlerde Türkiye'nin gündeminde bir fotoğraf vardı. Güroymak'ta bir taziyede çekilmişti. Eski Milletvekili Mehmet Emin Seydagil, rahatsızlığı nedeniyle sandalyede otururken, Soylu onun dizinin dibinde yerdeydi. Seydagil, eski vekil olmanın yanı sıra, Güroymak Şeyhlerinden Muhammed Said'in torunu, Şeyh Muhammed Taha'nın oğluydu. ANAP'ta vekil olabilmesinin nedeni şeyh çocuğu olmasıydı. Öte yandan kendisi de nihayetinde şeyh olmuştu.

Fotoğrafta kimsenin fark etmediği bir ayrıntı daha göze çarpıyordu. Seydagil'in sağında yerde oturan kişi Menzil Cemaati'ndeki ayrılıktan sonra Buhara kolunun başında bulunan Fevzettin Erol'du.

Kısacası Güroymak ya da kimilerinin söylediği gibi Norşin, Türkiye'de tarikatların önemli bir kesişme noktasını oluşturuyor. Süleyman Soylu da aslında bir ilçeyi değil, buradaki medreseyi ziyaret ediyordu.

İşte bu noktada önemli bir ayrıntı var.

AKP ile FETÖ arasındaki ortaklığın bitmesinin ardından herkes birer birer safını seçiyordu. Merak edilenlerden biri ise Norşin Medresesi'nin tavrının ne olacağıydı. Zira burası Türk İslamcılığının önemli kesişim noktalarından biriydi. Nurettin Mutlu, "Norşin Medresesi"nin baş müderrisiydi. Peki, Mutlu tavrını nasıl gösterdi?

Hiçbir kuşkuya yer bırakmayacak şekilde Mutlu bu kavgada FETÖ'ye destek verdi. 23 Şubat 2014'te *Zaman* gazetesinde manşetten yayımlanan bir röportaj veren Mutlu, "Gülen gibi bir âlime hakaret edilmesini tasvip etmiyoruz" dedi. Mutlu, FETÖ'ye karşı tavır alanlara şöyle tepki gösteriyordu:

"15 yıldan beri Gülen'in eserlerini, çok sayıda başka âlimin eserlerini de okudum. Hepsi birbirinden kıymetlidir. Ama şunu söylemeliyim ki Gülen gibi bir âlim, mütefekkir görmedim. Böyle bir kıymete sahip olmakla ne kadar iftihar etsek azdır. Milyonların gönlünde taht kurmuş ihlas ve samimiyet abidesi Fethullah Gülen Hocaefendi gibi bir zata nahoş sözler sarf etmek onun kıymetinden bir şey kaybettirmez ama samimi her Müslümanın gönlünde tarifsiz yaralar açar."

Mutlu, Gülen için "Ona ve arkadaşlarına çok dua ediyorum" diyordu.

Sadece o mu?

Ardından gelenlerin de görüşü farklı değil.

Ocak 2020'de öldürülen Şeyh Abdulkerim Çevik de aynı duruşu sürdürdü. O da bir hafta sonra *Zaman*'a çıkarak Gülen'e destek verecek, "Peygamber vârisleri için ne düşünülüyorsa, Hocaefendi için de aynı şeyleri düşünmek ve aynı şeyleri idrak etmek gerekiyor" diyecek kadar ileri gidecekti.

Gülen'in tam sayfa yayımladığı teşekkür listesinde adlarının bulunmasından mı bahsedelim, yoksa 12 Eylül referandumunda FETÖ'nün yayınlarından yaptıkları "evet" çağrılarından mı?

Konumuza geri dönersek, İçişleri Bakanlığı'nda birileri ne zaman FETÖ bahsini açsa yanıt hep aynı yerden geliyor: "O FETÖ'den değil filanca cemaatten. Falanca tarikatın FETÖ ile ilgisi yok, onlar başka."

Emniyet'in hazırladığı raporlarda "FETÖ başka tarikatlara sızarak renklendirme yaptı" tespitlerine rağmen, Soylu'nun Güroymak'ta tarikatların ortasındaki fotoğrafı, görülüyor ki kaymakam operasyonu ile büyük bir çizik yedi. Üstelik "ben getirmişsem ben ihanet ediyorum" diyen Soylu'nun poz verdiği Güroymak'ta.

Tutunamayanlar'dan okuduğumuz "başkalarına söyleyecek bir sözüm olabilmesi için önce kendime söz geçirmem gerektiğine inanıyorum", sanki Soylu'ya söylenmiş gibi. Öyle ya, insan yukarılara çıktıkça zaten kendisinden uzaklaşmıyor mu?

39. BÖLÜM

SOYLU'NUN BİLİNMEYEN GAZETECİLİK GÜNLERİ

Süleyman Soylu'nun gazetecilerle ilişkisi hep tartışmalı oldu. Bu kitabın yazarları da dahil pek çok gazeteciye kamuoyu önünde hakaret etti. Kendisini eleştirdiğimiz gün, hakkımızdaki düşük dereceli de olsa var olan koruma kararını kaldırdı.

Gelgelelim Süleyman Soylu'ya yakın olan, onunla iyi ilişkileri olan gazeteciler de vardı. Sedat Peker ifşaları sırasında, Özışık Kardeşler (Hadi-Süleyman), Demokrat Parti döneminden bu yana Soylu ile ilişkilerinin iyi olduğunu anlattılar. Öte yandan Cem Küçük, Veyis Ateş gibi isimler de bu dönemde Soylu ile ilişkileriyle öne çıktı.

Bir de Soylu, kendisinin gazetecilik yapma niyetini de anlattı. Radyo D'de katıldığı programda şunları söyledi:

"Şimdi dönüp her şeyi bırakıp gazetecilik yapmak istiyorum. Şu an eleştirerek düzeltilmesi gereken onca konu var ki anlatamam."

Elbette Soylu şu an gazeteci değil. Ama bu kitap olmasa belki bilinmeyecekti, bir dönem köşe yazarlığı da yaptı. Bugün Hurhaber.com sitesine girdiğinizde halen Süleyman Soylu'nun bir dönem köşe yazarı olarak yazdığı yazılara ulaşabiliyorsunuz.

Mesela 20 Mayıs 2010'da, "Eski CHP" başlıklı yazısında, Deniz Baykal'ın gidişini, Kemal Kılıçdaroğlu'nun gelişini olumlamış. Baykal için, "Deniz Baykal'ın yönetiminde CHP, her sorunun çözümüne karşı çıkan, sürekli 1923 özlemi vurgusu yapan, 'şeriatçı-laik' ikilemi üzerinden gerginlik yaratmaya çabalayan, statükonun ve Ergenekon'un yılmaz savunucusu bir partiydi" demiş. Öte yandan, Kılıçdaroğlu için de şu ifadeleri kullanmış: "Kemal Kılıçdaroğlu dün CNN'deki konuşmasında doğrusu ya 'hayatın gerçeklerinin' farkına varan ve sorunlara çözüm bulunması gerektiğini gören bir lider gibi konuştu. Kılıçdaroğlu, Türkiye'nin kendi rejimiyle hesaplaştığı, darbecileri saf dışı ettiği, orduyu ve yargıyı hukukun içine çekmeye çabaladığı, Kürt sorunuyla yüzleştiği ama çare bulamadığı bir dönemde anamuhalefet partisinin başına geçiyor."[67]

Mesela 21 Haziran 2010 tarihli "Bu Oyuna Düşmeyin!" başlıklı yazıda, Türkiye'yi güvenlikçi politikalarla içe kapatanları eleştirmiş, "Türkiye Cumhuriyeti devletini ve toplumunu kapalı hale getirme operasyonu devam ediyor" demiş.[68] Ergenekon kumpasını bu güçlerin tasfiyesi için destekleyen Soylu, "Erzincan başsavcısı İlhan Cihaner ve 3. Ordu komutanı Saldıray Berk'e sahip çıkan bürokratik vesayet karşısında 20 yaşında şehit olan çocuklarımıza kim sahip çıkacaktır?" diyerek kumpasa sahip çıkmış. Şu satırları Soylu'nun yazacağına inanabiliyor musunuz: "OHAL öneren zihniyetin temel felsefesi, Türkiye'deki kamplaşmayı ve istikrarsızlaştırmayı sürdürülebilir kılmaktır. Sivillerin alanını daraltmak, çözülmeyen yöntemlerle yine aynı yanlışı tekrar etmektir. Türkiye'yi aynı cendereye sokmaktır. Buna karşı kamuoyu OHAL dönemiyle ve sonrasında yapılan mücadele ile ilgili aydınlatılmalıdır. Ve demokrasi olmadan terör meselesinin de Kürt meselesinin de hatta hiçbir meselenin de çözülemeyeceği kararlılıkla söylenmelidir." Soylu, yazısında TSK'nın terörle mücadele eden komutanlarının cezalandırılmasını da istemiş.

Mesela 12 Eylül'de FETÖ ile birlikte "Evet" kampanyası yapan Soylu, 13 Eylül 2010 tarihinde, "Türkiye Sessiz Bir Devrim Yaşamıştır" başlıklı bir köşe yazısı yazmış.[69] Evet'in sonuçlarını yorumlayan Soylu, "Türkiye'nin AB süreci ortaya çıkan bu yeni atmosferle daha hızlı sürdürülebilir" derken elini nasıl da yükseltmiş: "Referandum süreci bize göstermiştir ki ülkede 1. sınıf demokrasi oluşturulabilmesinin şartı Kürt meselesinin çözümüdür. Bu referandum sonuçlarının en temel göstergelerinden biri olmuştur. Türkiye siyaseti bu konuda önümüzdeki dönemde ciddi kararlar almak zorundadır."

Soylu: Bahçeli'nin çırpınışları beyhudedir

Soylu, zor üreten bir yazar. Belki de bu yüzden bir konuşmasını köşe yazısı diye 2 Nisan 2011 tarihinde "Bahçeli Ağzındaki

67 https://www.hurhaber.com/suleyman-soylu/eski-chp/yazi-452

68 https://www.hurhaber.com/suleyman-soylu/bu-oyuna-dusmeyin/yazi-729

69 https://www.hurhaber.com/suleyman-soylu/turkiye-sessiz-bir-devrim-yasamistir/yazi-2444

Baklayı Çıkarsın" başlığıyla köşesine koymuş.[70] O yazıda kimi mi eleştiriyor? Tabii ki Devlet Bahçeli'yi! Hem de Bahçeli, Gülen'i hedef aldı diye:

"Türkiye'nin dünyadaki en önemli açılımlardan birini yapan Sayın Fethullah Gülen'le ilgili değerlendirmede bulunması bana göre tarihi bir hatadır. Türkiye'nin meselelerini iyi takip eden insanların Sayın Gülen'e sadece müteşekkir olmaları beklenir. Hem yapılan faaliyetlerle ilgili hem de ülkemizin birliği ve beraberliği ile ilgili ortaya konulmuş olan tablodan dolayı teşekkür beklenir. Türkiye'nin kutuplaşmasını, kamplaşmasını bugünlerde bile verdiği mesajlarla bir şekilde yumuşatmaya çalışan, diyaloğu sürekli geliştirmeye çalışan bir anlayışa bu hücumu çok anlamsız buluyorum. İhtilaflı bir hal olarak görüyorum. Millet bunu karşılıksız bırakmayacaktır. Sayın Bahçeli aynı açıklamayı referandum öncesi yaptı ve bedelini çok ağır bir şekilde ödedi. Şimdi de Sayın Gülen gibi çok mümtaz bir şahsiyeti hedef alarak, aslında Gülen'in hizmetlerini siyasi kavgaya çekmeye çalışıyor. Bahçeli'nin çırpınışları beyhudedir. Israrla söylüyorum ağzında bir bakla varsa çıkarsın, hepimiz bilip ona göre konuşalım."

Soylu, ne kadar da ilginç bir gazeteci değil mi! Kalemi ne kadar da keskin! Tam biz de öyle diyorduk ki, bir de ne görelim! Siteden Soylu'nun bir yazısı kaldırılmış. 29 Haziran 2010 tarihli yazının başlığı var, kendisi yok.[71] Başlığını okuyunca neden olduğunu tahmin etmek zor olmadı: "Abant, Arınma ve Yeniden İnşa." Elbette kastedilen Soylu'nun Abant'ta yaptığı yoga meditasyonu değildi. Fethullah Gülen'in Onursal Başkanı olduğu Gazeteciler ve Yazarlar Vakfı'nın düzenlediği Abant Platformu Toplantıları'ydı. Malum, Vakıf, KHK ile kapatılmıştı. Bir dönem Abant Platformu Toplantıları'nın gediklisi olan Soylu, katıldığı toplantıdaki izlenimlerini köşeye dökmüştü. Elbette teknolojinin imkânlarını kullanıp, silinen o yazıya ulaştık. "Konu vesayet ve demokrasi olunca çok rahatlayacağıma inandığım 3 günlük programı iple çekmiştim" diye yazıya giriş yapan Soylu, "zihnimin demokrasi ile yeniden tazelenmesi, benim için büyük bir fırsattı" diye devam ediyordu. Soylu, Abant'taki ruh dünyasını köşe yazısında şöyle anlatmıştı:

70 https://www.hurhaber.com/suleyman-soylu/bahceli-agzindaki-baklayi-cikarsin/yazi-5657
71 https://www.hurhaber.com/yazar/suleyman-soylu-yazilari

"En ters fikirlerin bile tahammül, hoşgörü ve gülümseme ile karşılandığı; kimsenin kimseye 'karakter suikasti' yapma ihtiyacı duymadığı; toplantı tekdüze gittiğinde muhalif düşünce beklentisinin en üst seviyeye çıktığı; insanlık adına bereketli geçen günlerden bahsediyorum."

Soylu, "devlet denen aygıtın, kendi aydınına ne kadar duyarsız olduğunu bir kez daha gördük" diyerek Abant'ta karşılaştığı isimleri selamlarken, "bu yüksek fikri, ülkemize kazandıran ve sürdürülebilirliğini sağlayanların önünde saygıyla, minnetle eğiliyorum" diyerek Gülen'e ve örgütüne mesaj göndermeyi de ihmal etmiyordu. Soylu, önünde eğildiği o platformu kapatmakla kalmadı, bir de o yapının en karşıtıymış gibi davrandı.

İşte "gazeteci Süleyman Soylu"nun hikâyesi böyle. Bu köşe yazılarını bugün yazsa neler olur, bilemiyoruz. Ancak yine de "Silivri soğuktur" demeden de duramıyoruz!

Piyasada olmayan kitap

Zaman insanları eskitir de kitapları da eskitir mi? Eğer yazdıklarınızdan vazgeçiyorsanız elbette öyle.

Sadece site yazarlığı değil...

Soylu'nun bilinmeyen bir de kitabı var. Adı *Beyaz Yürüyüş Konuşmaları*. Nisan 2008'de Demokrat Parti Yayınları'ndan çıkmış. Kitap, "Beyaz Yürüyüş, Türkiye'nin geleceği kararırken bir kenarda sessizce duramayanların haklı isyanıdır" ifadeleriyle duyurulmuş. Adından da anlaşılacağı gibi, Soylu'nun AKP'ye karşı başlattığı Beyaz Yürüyüş'te yaptığı konuşmaların kitabı.

Ne mi anlatıyor Soylu kitapta?

Mesela yaşadığı mahcubiyeti şöyle anlatıyor:

"Bir haftada olmasa da iki haftada bir rahmetli Menderes'in anıt mezarını ziyaret ederim. Menderes sanki bana sorar, 'Süleyman nedir hal' diye. Ben de derim ki başım öne eğik 'kudretli Başbakanım sizi bu AKP hiç hak etmediği halde hem Tayyip'in hem de Özal'ın resminin yanına koyarak bayraklaştırdılar'. Başım öne eğik hiçbir bir şey söyleyemem."

Kendisini de anlattı:

"Seçkin bir insan değilim. Yani bir taraftan piyano dersi alan, bir tarafta İngilizce dersi alan, öteki tarafta oturup kalkmayı saatlerce görgü hocalarından öğrenen, bunlar da normal şeylerdir ama ben öyle değilim. Bayır aşağı altışarlı maç yapmak bizim en büyük hobilerimizden biriydi. Sonra bu ufak tefek mahalle çeteleri vardı, cep harçlıklarımızı çorabımıza saklardık bir kazaya uğramayalım diye. (...) Sporcu disiplinim var. Bizim ilçemizin Gaziosmanpaşa futbol takımı var çok da başarılıdır. Orada dün minik takımdaki ilk hocamı gördüm."

Ya da AKP'yi 28 Şubat'ın yarattığı iddiasını:

"Biz dara düşürüldük, biz zora düşürüldük, zayıflatıldık. Esas mağdur olan bizdik. Ama ne oldu biliyor musunuz? Başımızdaki mağduriyet şapkasını aldılar bugünkü iktidarın sürecini başlattılar. (...) 28 Şubat Adalet ve Kalkınma Partisi'ni ortaya çıkardı."

Soylu, Erdoğan'ın maneviyat sömürüsünü de kitapta eleştirdi: "Bakıyorum Erdoğan durmadan rahmetli Mehmet Akif'ten anlamlı anlamlı şiirler okuyor. Sayın Başbakan şiir okuyarak artık bu milleti kandıramazsınız. Artık bırakınız bunları, bu davranışlarınla ancak milletin ve kendi başına bela açmaya devam edersin. Millet senden Akif'ten şiir okumanı değil, millet senden Mehmet Akif gibi davranmanı istiyor. Sizin iktidarınız döneminde bu ülkede manevi değerler adına ne varsa toplum hayatından hızla siliniyor. Elinizi neye attıysanız zarar verdiniz. İşte başörtüsü ortada. Durmadan Akif'ten şiir okuyorsunuz, korkarım böyle giderse bir süre sonra Akif de İstiklal Marşı da yasaklanacak. Bu milletin inancını, bu milletin değerlerini, bu milletin sembollerini rahat bırakın."

Soylu, TRT'nin iktidarın borazanı olmasını bile kitabında eleştirmişti:

"Sayın Genel Müdür, TRT'yi Hükümetin borazanı yapmış olabilirsin. TRT'yi baskı ile bu hükümetin icraat televizyonu haline getirmeye çalışabilirsin ama bil ki, sen Demokrat Parti'yi yok sayarsan bir gün de Demokrat Parti seni yok sayar. (...) Türkiye'de sessizliği alıştırmaya çalışanlar çoğunluğun faşizmini dayatmaya çalışanlar bu ülkede hüküm sürmemelidir. (...) TRT, Hükümetin borazanı olabilecek şekildeki yayın politikasına son versin istiyoruz."

320 sayfalık kitapta, başta Erdoğan olmak üzere AKP yerden yere vuruluyor. Haliyle kitap bugün piyasada yok. Ancak sahaflarda bulunabiliyor.

40. BÖLÜM

SOYLU'NUN SİLDİRDİĞİ ARŞİVİ

İnsan geleceğini yapabiliyor. Ama geçmişini silemiyor.

Bir önceki bölümde Soylu'nun sildiği köşe yazılarını anlattık ya...

Sonra merak ettik. Başka neleri silmiştir, diye... Kuşkusuz çok şeyi. Ancak bizi bile şaşırtanlar oldu.

Şöyle anlatalım...

Süleyman Soylu'nun bir resmi sitesi var: suleymansoylu.com.

Bu site Soylu'nun yakın çalışma arkadaşları tarafından hazırlanıyor. Faaliyetleri anbean duyuruluyor. İşte bu siteyi biraz taradık. Arşivinden neler uçmuş diye baktık.

Çok var tabii... Hepsi bu kitaba sığmaz.

Ama birkaçından bahsedelim...

Mesela birinin başlığı şu: 2 buçuk liralık demokrasi.

Ne olabilir derseniz, alt başlığı şu: "Süleyman Soylu'nun 13 Mart 2010 tarihinde Abant Platformu toplantısında yaptığı konuşma."

Yani Soylu köşe yazılarını silmekle kalmamış, FETÖ organizasyonu Abant geçmişini de ortadan kaldırmaya çalışmış.

Konuşmasında "Futbolda bir literatür var. Uzun boylu takımlar, topu havadan oynarlar, yani Hakan Şükür gibi, Alpay Özalan gibi futbolcular topu havadan uzun oynamayı severler, kısa boylu takımlar da topu yerden oynarlar. Ben de alttan oynamayı sevenlerdenim" diye söze giren Soylu, bir önceki yılki Abant toplantısındaki konuşmasına atıf yapıyordu. Gerçekten de Abant tarihine bakıldığında, Soylu'nun birçok kez toplantılara katıldığı görülüyor.

Peki, neler söylemiş derseniz... Soylu, FETÖ'nün klasik tezini, "Kemalist elitler" söylemini tekrarlamış. O kadar tepkili ki, Balyoz kumpasıyla Ergin Saygun'un tutuklanması sürecinde, hastalığı nedeniyle insanların onu savunmasına dertlenirken bakın ne söylemiş:

"Cumhurbaşkanımız, sayın Başbakan, sayın Genelkurmay Başkanı zannediyorum ismini yanlış söylüyorsam beni bağışlayın, Orgeneral Ergin Saygun'un hâkim önüne çıkmadan derdiyle dertlendiler ve cumhurbaşkanlığında bir araya geldiler. Taş atan çocuklar için kimse bir araya gelmiyor. Veya anaokulunda bir cinayet sonrası gerçekleşen bir toplumsal travma için de kimse bir araya gelmiyor."

Mesela Soylu sadece bunu değil, 2009'da katıldığı Abant Toplantısı'nın haberini bile silmiş. Onun başlığını FETÖ medyası atmış: "Abant'ta Soylu Rüzgârı."

Soylu, o Abant'ta, Demokrat Parti'ye dayanarak biraz "anarşist" de olmuş:

"Demokrat Parti grubu daha sonraki yıllarda da anlaşılacak ve özdeşleriyle mukayese edilecektir ki, Türkiye'nin en anarşist grubudur. Buradan hareketle bu güzel topluluğa Türkiye'nin temel ihtiyacını sunmak istiyorum. Biraz ironiyle söylüyorum: Demokratik anarşizm."

Soylu o konuşmasını şöyle tamamlamış:

"Eğer Türkiye, önemli ve çözülebilir gördüğüm azınlık meselesini çözer, peşinden Kürt meselesini hallederse Türkiye üç temel ötekileştirdiği toplum kesimlerini cumhuriyetle ve bu topraklarla bütünleştirmiş olur. Yani köylülerini, yani dindarlarını ve dini muhafazakârlarını, yani Kürtleri ve diğer söylediğim kesimlerini. Türkiye bunu sağlarsa Türkiye birinci sınıf demokratik bir ülke olur. Aksi takdirde arada, üçüncü sınıf demokrasisi olan ve tartışmaların, çatışmaların, değerlerin, kimliklerin içerisinde boğulan bir ülke haline gelir."

Son bir örnek daha...

17-25 Aralık'tan sonrası... Soylu, AKP'nin Kütahya'daki Siyaset Akademisi'nde konuşuyor. Onu da arşivinden silmiş:

"Hükümetle cemaat arasında, bir çatışma alanı ortaya konuluyor ise bu da yanlış olur. Buradan bir kavga çıkarmayalım, birbirimizi üzmeyelim, incitmeyelim. Hele sosyal medyadaki rezillikleri görünce iğreniyorum. Bir taraftan sabahtan akşama kadar Sayın Başbakan'a, diğer yandan da gönlümüze sevgisi kapsamış Hocaefendi'ye hakaretler bizi üzmektedir. Burada hükümet samimiyetle adım atmaktadır. Biz birlik ve beraberlikle bu noktaya geldik. Allah korusun eğer bunu zedelersek, bunu iyi yönetemezsek büyük bir felakete doğru gideriz."

Soylu, belki de kendi resmi sitesinde kendisini silen ilk siyasetçi olarak tarihe geçti.

41. BÖLÜM

SOYLU'NUN KIRDIĞI BACAKLAR

İçişleri Bakanlığı, Adalet Bakanlığı'ndan sonra hukukla en ilgili bakanlık. Öyle ya, adaletin tecelli etmesini sağlayacak polis ve jandarma ona bağlı. Öte yandan, devleti illerde temsil eden mülki idare de bakanlığın altında.

Gelgelelim...

Soylu "hukuk" deyince kendisini pek iyi hissetmiyor. Aksine, çoğu konuşmasında, devleti hukuksuzluğa zorluyor. Oysa devlet ile mafyanın ve çetelerin arasındaki en büyük farkın hukuk olduğunu biliyoruz.

Örnek mi?

Soylu, 3 Ocak 2018'de, MEB Şûra Salonu'nda düzenlenen Genel Güvenlik ve Uyuşturucu ile Mücadele Toplantısı'nda konuştu. Tarihe geçen o sözleri söyledi:

"Okulun çevresinde bir uyuşturucu satıcısını gördüğümüz zaman beni ne kadar kınarlarsa kınasınlar, ne kadar eleştirirlerse eleştirsinler, o uyuşturucu satıcısının ayağını kırmaya polis görevlidir."

Ülkenin en büyük baronlarından biri olan Zindaşti'nin, Cumhurbaşkanlığı Sarayı'ndan gelen telefonla bırakıldığını, baronların siyasetçilerle omuz omuza fotoğraf verdiğini unutan Soylu; polise, uyuşturucu satıcılarının bacağının kırılmasını öneriyordu. Oysa olağan hukuk devletindeki gibi cezalandırılsalar yeterliydi.

Soylu benzer açıklamalarını sürdürmeye devam etti. Ona göre hukuk önemli değildi.

Kadın Muhtarlar Derneği'nin kongresinde 26 Ekim 2021'de konuşan Soylu şunu söyledi: "Muhtarlarımız diyor ki 'Efendim şurada metruk bina var burada metruk bina var. Ama mahkeme kararı var yıkamıyoruz.' Ya arkadaş sen gece yık, mahkeme kararı bizim arkamızdan gelsin."

Soylu, kısacası "boş ver hukuku" diyordu.

Soylu o günlerde dönemin Adalet Bakanı Abdulhamit Gül ile kavga ediyordu. Gül, bir yandan Soylu'ya öte yandan Pelikancılara cevap vermek zorunda kalıyordu. Pelikan yapılanmasını *Cendere* adlı kitabımızda anlatmıştık. Gül'ün, Soylu'ya bu meselede verdiği cevap ise şu oldu:

"Değerli arkadaşlar bizim rehberimiz hukuktur, bizim rotamız hukuktur, bizim kılavuzumuz hukuktur. Biz yapalım hukuk arkadan gelsin değil, hukuk önden yürüsün biz ona göre kendimizi ayarlayalım anlayışıdır hukuk devleti."

Sözler açıkça Soylu'ya yanıttı.

Soylu da öyle anlamış olacak ki 11 Ocak 2022'de A Haber'de katıldığı programda şunları söyledi:

"Bundan sonra, Allah nasip ederse bir fırsat bulursam hukuk okuyacağım. Hukuk fakültesine gireceğim ve hukuk okuyacağım."

Abdulhamit Gül, iki gün sonra, Soylu'ya Hukuk Eğitimi Sempozyumu'nda bir kez daha yanıt verdi. Gül, hukuk fakültelerine ihtiyaca göre öğrenci alınması gerektiğini aksi halde gençlerin hayallerinin yıkılacağını söyledi ve devam etti: "Nitelikli hukuk, nitelikli hukukçuyla ancak mümkün olur."

MHP tasfiye için devrede

Soylu-Gül kavgasında bir süre MHP'liler de devreye girdi. MHP'nin Adalet Bakanı Gül'e karşı tavrında da Soylu'nun etkisi olduğu konuşuluyordu. Bu iddiayı dile getirenler, özellikle bir MHP Genel Başkan Yardımcısı üzerinden Abdulhamit Gül'ün tasfiyesi için lobi yapıldığını iddia ediyordu. Bu tasfiye elbette Soylu'nun isteğiydi.

Aslında ikili arasındaki gerilim kamuoyu önünde açık bir şekilde de yaşandı.

Tarih: 20 Ocak 2021.

Bakan Soylu'nun annesi Servet Soylu 45 gündür hastanedeydi. Annesi ile birlikte çektirdiği fotoğrafa sosyal medyada küfür eden kişinin, adli kontrol şartıyla serbest bırakılmasına şöyle tepki gösterdi:

"45 gündür anam hastanede. Annemle fotoğrafımın altına küfreden alçak mahkemeye çıkıyor ve adli kontrolle serbest. Ne yapmalıyım? Bakan olsam ne yazar? Millet, devlet işleriyle boğuşurken anasının namusuna sahip çıkamamak ne ifade eder? Tweetimle yeniden alınırsa da provokasyon sayacağım."

Kanunda küfür elbette ki suç. Ancak hakaret davalarında tutuklu yargılama çok istisnai bir tedbir. Soylu'ya özel bir hukuk yok. Buna rağmen Soylu, annesine küfreden kişiye özel tutuklama istiyordu.

Soylu'ya ilk tepkiyi, AKP Genel Sekreter Yardımcısı Yasin Bölükbaşı verdi. Bölükbaşı, "Bir telefon ötede olan kişilere buradan meramını anlatmaya kalkıyorsan niyetin sorgulanır. Parti disiplini dava disiplinidir. Biz böyle gördük, böyle öğrendik" dedi.

Ertesi gün, Abdülhamit Gül, kamuoyunun önünde, Soylu'ya net bir cevap verdi:

"Klavye başına geçip sosyal medyada bana her gün tutuklama siparişi verenlere sesleniyorum. Bu işleyişi beğenmeyen gider itiraz hakkını kullanır ama yargıya parmak sallayamaz."

Soylu ile Gül'ün son hukuk kavgası ise Gül'ün başını yedi. "Hukuku boş ver" diyen Soylu, bu kez açıkça yapacağını yapmıştı. İstanbul'a yoğun kar yağdığı 24 Ocak 2022 günü, İBB Başkanı Ekrem İmamoğlu'nun bir büyükelçi ile buluşma görüntüsü, MOBESE kayıtlarından alınıp servis edilmişti. Bir restoranda yemek suç değildi tabii. Ancak Soylu, devletin elindeki takip imkânlarını, İmamoğlu'nu zor durumda bırakmak, ona karşı politik amaçla kullanmak için harcıyordu. Bu açıkça hukukun ayaklar altına alınmasıydı. Nitekim, İmamoğlu da hangi MOBESE kamerasından bu görüntülerin alındığını belirleyip, suç duyurusunda bulundu. Öyle ya, bu görüntüler ancak polis tarafından alınabilirdi.

Meseleye tepki gösteren tek kişi özel yaşamı takibe alınan İmamoğlu değildi. Abdülhamit Gül de birkaç gün sonra konu üzerine konuştu:

"Geçmişte FETÖ'nün istihbarat ve veri madenciliğine verdiği özel önemi hepimiz biliyoruz. Ve bu çerçevede delil üreterek, tezgâhlarla, oluşturulan kumpaslarla nasıl insanların kişisel haklarını ihlal ettikleri, nasıl mahremiyet haklarını ihlal ettiklerini hepimiz gördük, yaşadık. Usulsüz dinlemeler, kişilerin mahrem görüntüleri, özel bilgilerin ifşa edilmesi, verilerin hukuk dışı yollarla ele geçirilmesi gibi tüm hukuk dışı bu fiilleri hep beraber yaşadık. Hukuk devletinde esas itibarıyla haysiyet cellatlığı olmaz, itibar suikastı olmaz. Hukuk buna asla izin vermez, veremez, vermemelidir."

Gül'ün bu konuşması bardağı taşırdı. Anlatılan o ki Soylu'nun aracıları, Gül'ü doğrudan Saray'a şikâyet etti. Gül de ipleri koparmıştı. Söylenene göre zaten bu konuşmayı yaptığı sırada Saray'a istifasını sunmuştu. Gül, Soylu'nun yaptıklarıyla Türkiye'nin bir polis devletine döndüğünü söylüyor, böyle adalet bakanlığı yapamayacağını ifade ediyordu.

Mahkemelere talimat gibi konuşma

Soylu'nun hukuk tanımazlığı öyle bir hal aldı ki...

İstanbul-Kadıköy Fikirtepe mahallesinde, 9 Ekim 2022'de yaşanan patlamada, üç kişi hayatını kaybetti. İstanbul Valisi Ali Yerlikaya, olayın doğalgazdan kaynaklandığını söyledi. İBB ise apartmanda doğalgaz tesisatının bulunmadığını açıkladı. İçişleri Bakanı Süleyman Soylu, "Yaptığımız çalışmalarda bir terör bağlantısını şu an göremedik" dedi. Ancak İstanbul Anadolu Cumhuriyet Başsavcılığı, adeta Bakan'ı yalanlayarak, terör şüphesi nedeniyle dosyayı İstanbul Cumhuriyet Başsavcılığı'na gönderdi.

Gerisini Halk TV'de, Seyhan Avşar'ın haberinden öğrendik...

Soylu, Anadolu Cumhuriyet Başsavcısı İsmail Uçar'ı telefonla aramıştı. Patlamanın kendisinin bilgisi olmadan nasıl terör soruşturmasına çevrildiğini sordu. Başsavcı ise patlamaya neden olan kişinin 1980'li yıllarda TKP-ML terör örgütünden yargılanan M.K. olduğunu belirterek, gerekçesini açıkladı. Soylu'ya, kendisiyle değil mevkidaşı olan Adalet Bakanı'yla konuşması gerektiğini belirtti.

İki isim telefonda ciddi bir gerilim yaşadı.

Avşar'ın haberini Başsavcılık kaynakları da doğruluyordu. Soylu, mahkeme kararlarını, savcılık soruşturmalarını hukukun dışına çıkarak yönlendirmeye çalışıyordu. Bu, FETÖ'nün yaptığı gibi, mahkemelerin, hukukun araçsallaştırılmasıydı.

Aile içi kavgaya Soylu müdahalesi

Son olarak...

Belki Soylu'nun durumu ile ilgili yüzlerce örnek verilebilir. Ancak kitabı yazarken özel bir kulis bilgisini güçlü kaynaklardan öğrendik.

Sedat Peker'in iddialarının hedefindeki Taşkesenlioğlu Ailesi'ni hatırladınız mı? Peker, yıllarca Bank Asya'yı yöneten Ali Fuat Taşkesenlioğlu'nun, AKP milletvekili kardeşi Zehra Taşkesenlioğlu ile birlikte, borsada usulsüz işlere karıştığını iddia etmişti. Peker, Zehra Taşkesenlioğlu'nun, danışmanlık şirketi aracılığıyla, borsaya girmeye çalışan şirketlerden para aldığını, abisinin gücünü bunun için kullandığını anlatıyordu. Peker, bu iddiasını belgelerle açıkladı.

Derken...

Tam da bu dönemde Zehra Taşkesenlioğlu, boşanma davasıyla gündeme geldi. Ayrıldığı eşi Ünsal Ban, Zehra Taşkesenlioğlu'nun, kendisine 2.5 milyon dolar borç verdiği gerekçesiyle geri istediğini belirtiyor, "Sormak lazım 2.5 milyon doları nereden buldun?" diye konuşuyordu.

Boşanma açıklamasında, Zehra Taşkesenlioğlu, Ban'a elden para verdiğini söyledi. Sahi, nereden bulmuştu bu parayı? Öte yandan, Ban ve Taşkesenlioğlu'nun, Yunanistan'da bekleyen lüks bir yatı ortaya çıktı. Bazı şirket temsilcileri, Peker'in borsa iddialarını doğrulayan konuşmalar yaptı.

İşte tam da bu dönemde Peker bir adım ileri gitti. Ban'ın ve Taşkesenlioğlu'nun evin içinde kavga etme anlarına dair görüntüleri yayımladı. Bu sırada Zehra Taşkesenlioğlu, Ban'a, itiraf sayılabilecek ifadeler kullanıyordu. Belli ki Ban bu anı görüntülemiş, Peker'e servis etmişti.

Yolsuzluk iddialarını günlerce izleyenler, Taşkesenlioğlu'nun ev haliyle yaptığı konuşmaların yayımlanmasının özel hayatın ihlali olduğuna karar verdi. Sonrası malum, Ban yakalanarak tutuklandı.

Buraya kadar olanları özetledik...

Bilmediğimiz ise şuydu:

Konuştuğumuz kritik bir isim sürece Soylu'nun dahlini anlattı.

Malum, Soylu ile Peker arasında savaş başlamıştı. Bu sırada Soylu içerde-dışarda hedefe konmuştu. Taşkesenlioğlu ifşaları Soylu'ya ilaç gibi geldi.

Anlatılan o ki, bu sırada Zehra Taşkesenlioğlu, Soylu'dan yardım istedi. Soylu, can düşmanı Peker'e görüntü servis eden Ban'ın hızla peşine düştü. Peker'in yayımladığı görüntülerin ardından kaçış planı yaptığı iddia edilen Ban, Muğla Milas'ta yakalandı. Bu süreçte Soylu, gelişmeleri, dakika dakika Taşkesenlioğlu'na bildirdi. Böylece hem kendisi dışında AKP'lilerin hedef alındığını gösterdi. Hem de Peker'le mücadeleyi kendisinin verdiğini ortaya koydu. Hem de parti içine "ben bitmedim, varım" mesajı verdi.

Hukuk, Cumhuriyet'in en kalın kolonudur. Adalet, dostlarımıza verdiğimiz gül değil, düşmanlarımızı bile tarttığımız kantardır.

Bugün hukuku yıkanlar aslında Cumhuriyet'i çökertiyor.

42. BÖLÜM

DEPREMİN ARDINDAKİ SIRLAR

Türkiye, 6 Şubat 2023'te gerçekleşen iki ayrı depremle sarsıldı. Kahramanmaraş merkezli depremler, 10 ili yerle bir etti. Elinizde tuttuğunuz bu kitap yazılırken sadece resmi verilere göre kaybettiğimiz insan sayısı 50 bine yaklaşıyordu.

Peki, can kaybı daha az olabilir miydi? Arama kurtarma ekipleri günler sonra değil de hızlıca müdahale etseydi durum değişir miydi? Uzmanlara göre bunun yanıtı "evet, farklı olurdu".

Depremden hemen sonra yaşananları hatırlayalım... Depremden yarım saat sonra Süleyman Soylu, İçişleri Bakanı sıfatıyla açıklama yaptı, "Dördüncü seviye alarm ortaya koyduk. Bu, uluslararası yardımı da içeren bir alarmdır" dedi. Soylu'nun hemen uluslararası yardım çağrısı yapması AKP içinden ciddi eleştirilerin yükselmesine neden olmuştu. Soylu'nun ardından Erdoğan'dan açıklama geldi ve AFAD'ın hızla çalışmalarına başladığını söyledi.

AFAD, İçişleri Bakanlığı'na bağlandığından bu yana en büyük sınavını verecekti. Lakin ilk iki gün boyunca enkazlarda yeterli çalışma yapılmamasının en büyük nedeni AFAD yetkililerinin koordinasyonu becerememesiydi. Liyakatsizlik böylesi acı bir felakette yine kendisini göstermişti. Keza, afetlerde en büyük görevi üstlenecek olan kurumun tepe yöneticileri ya Soylu ile ilişkisine ya da AKP'ye yakınlığına göre seçilmişti. Kuşkusuz, İlahiyat mezunu olan İsmail Palakoğlu'nu, Afetlere Müdahale Genel Müdürü yapan zihniyetin, kurumdaki dönüşümü sağlaması hemen bir günde olmadı.

Örneğin...

AFAD'ın uzun yıllar Genel Müdürlüğü'nü yapan Dr. Mehmet Güllüoğlu, kurumun Süleyman Soylu'ya bağlanmasının ardından zorlu günler yaşadı. Deniyor ki; Soylu AFAD'da kendisine daha biat eden bir yönetim istedi. Yakın gördüğü isimleri afet yönetiminin çatı kurumunda toplamaya çalıştı. Bürokrasiyi hiç olmaması gereken o yerde egemen kıldı. Haliyle, tüm bunlara karşı çıkan Mehmet Güllüoğlu ile Süleyman Soylu karşı karşıya geldi. Durum öyle bir noktaya vardı ki Gülloğlu bir gün Cumhurbaşkanlığı Sarayı'na gitti. Erdoğan'a özetle "Ya beni başka bir yere atayın ya da ben AFAD'dan affımı rica ediyorum" dedi. 2020 yılının sonlarında da Güllüoğlu için Tanzanya Darüsselam Büyükelçiliği görevi bulundu.

Ne zamanki Kahramanmaraş depremleri oldu, AFAD'ın koordinasyon sıkıntısı görünür hale geldi, Büyükelçi Güllüoğlu Türkiye'ye çağrıldı. Depremin hemen ardından Dışişleri Bakanlığı'nca Adana'da görevlendirilen Güllüoğlu, yurtdışından gelen yardımları koordine ettiğini duyurdu.

Dedik ya, Soylu AFAD'da istediği kadrolaşmayı sağladı...

Gelinen noktanın vahametini anlatmak için birkaç örnek daha vermemiz gerekiyor:

Barınma ve Yapım İşleri Genel Müdürlüğü'nün başında ise Nehar Poçan vardı. AFAD'da Acil Yardım ve Altyapı Hasarları Dairesi'nden Geçici Barınma ve Lojistik Depo Yönetimi Dairesi'ne kadar kritik birimler onun emrinde. Evet, Poçan inşaat mühendisi ama onu başka bir nedenle hatırlıyoruz. T24'ten Gökçer Tahincioğlu'nun, 7 Eylül 2019 tarihli haberine göre, İçişleri Bakanı Süleyman Soylu'nun müşaviri olan Poçan, Çevre ve Şehircilik Bakanı Murat Kurum'un eniştesiydi. Poçan, müşavirlikten alınıp Emniyet Genel Müdürlüğü İnşaat ve Emlak Dairesi Başkanlığı'na atanmıştı. Öyle ki Poçan'ın memuriyet kıdemi bu göreve yetmediği için atama vekâleten yapılmıştı. İşte bu ayrıcalığa sahip Poçan, Soylu imzasıyla AFAD'a müdür yapıldı.[72]

Bitmedi...

Deprem Müdürlüğü'nün de Barınma Müdürlüğü'nün de bağlı olduğu, kritik Başkan Yardımcısı Uğur Sezer, Mülkiye müfettişliğinden AFAD'daki bu göreve getirildi. Onu da başka bir nedenle konuştuk. İçişleri Bakanı Soylu'ya yakın Uğur Sezer, CHP lideri Kemal Kılıçdaroğlu şehit cenazesinde linç edilirken Çubuk kaymakamıydı. Tolga Şardan, onun hızlı yükselişini şöyle anlattı: "Olayın ardından Çubuk'tan bakanlık merkez kadrosuna

72 https://t24.com.tr/haber/emniyet-daire-baskanligi-na-atanmisti-bakan-murat-kurum-un-enistesi-icisleri-bakanligi-musavirligi-yapmis,838445

çekilen Sezer, önce birinci sınıf mülki idare amiri sınıfına yükseltildi. Peşi sıra Mülkiye müfettişi kadrosuna atanan Sezer, son aşamada Soylu'nun danışmanı oldu."[73] Sezer, işte bu hikâyenin sonunda AFAD'daki koltuğuna oturtuldu.

İşte, arama kurtarma faaliyetlerinin bağlandığı AFAD'ı bu hale getiren zihniyetin, gerçek bir afet karşısında devreye sokacağı, uygulanabilir bir planının olmadığı da görülmüş oldu.

Onun için, arama kurtarma faaliyetlerinin yeteri kadar yapılamadığını fark eden hükümet yetkilileri, eski başkan Mehmet Güllüoğlu'nu Tanzanya'dan getirdi ve koordinasyon görevini ona verdi. "Madem Güllüoğlu bu işte iyiydi neden gönderildi?", "Yerine neden bu işi yapabilecek biri getirilmedi?" soruları da umarız bir gün yanıtını bulur!

"Askeri indirelim de darbe mi yapsın"

Asker sahaya neden geç çıktı? Depremin hemen ardından milyonlarca kişinin aklındaki soru buydu. 99 depreminde hızlıca sahada gördüğümüz, enkazların altından insanları kurtaran, sahra hastaneleri, aşevleri kuran ordu; şehirlerin yerle bir olduğu felakette birkaç gün sonra tam olarak intikal edebildi.

Konuya dair farklı iddialar var...

İlk olarak asker cephesinden başlayalım; depremin hemen ardından asker sahaya çıkmak için hazırlıklarına başladı. Ancak arama kurtarma faaliyetlerinde tek görevli AFAD olduğu için gelecek talimatı beklemek zorunda kaldılar.

Emekli Askeri Hâkim Ahmet Zeki Üçok, depremden hemen sonra yaşanılanları anlattı:

"Emir komuta zinciri, Ankara'dan Adıyaman'a ulaşıncaya kadar ne yazık ki iki gün geçti. Benim şöyle bir duyumum var: 2. Ordu Komutanı, bir an önce depreme müdahale etmemiz lazım, demiş. Beklemede kalalım, denilince üzüntüden ağlamış."

Deprem bölgesinde yaklaşık 50 bin askerin olduğu hesaplanıyor. Milli Savunma Bakanı Hulusi Akar'ın ilk günlerde yaptığı açıklamalar, birliklerdeki askerlerin çok azının sahaya çıkarıldığını gözler önüne seriyor.

73 https://t24.com.tr/yazarlar/tolga-sardan-buyutec/cubuk-kaymakaminin-onlenemez-yukselisi-kilicdaroglu-na-linc-girisiminden-sonra-baslayan-yukselis-suruyor,38284

Akla, insanların canlarını kurtarma aşamasında askerin sahayı çıkmasını engelleyen siyasi kararların olup olmadığı sorusu geliyor.

Gazeteci Tolga Şardan köşesinde Ankara'da konuşulanları aktardı. Bu yazı, yaşananlara dair sis perdesini aralamakta yardımcı oluyordu:

"AKP kulislerinden yansıyan bilgiye göre; Erdoğan, ilk önce Fuat Oktay ile görüşerek, 'AFAD'ın süreci tek başına götüremeyeceğini belirterek askerin görev başına geçmesi' talimatını verdi. Ardından Milli Savunma Bakanı Akar ve İçişleri Bakanı Soylu ile Ankara'daki AFAD merkezinde bir araya gelen Oktay, her iki bakana Erdoğan'ın talimatını iletti.

"Akar, talimat üzerine askerin sahada koordine edilmesini sağlayan hazırlıklarda bulundu. Ancak İçişleri Bakanı Soylu, askerin sahaya çıkmasına tepki gösterdi. Kulislere yansıyan iddialara göre, 'Askeri niye karıştırıyorsunuz, AFAD'ın sorumlusu benim' mesajını Oktay'a aktardı. Bu arada Akar ile Soylu arasındaki ilişkilerin geçmişte yaşanan bazı olaylar sebebiyle, 'limoni / gergin' olduğunu ekleyeyim. Burada CHP Grup Başkanvekili Özgür Özel'in, askerin yeterli ve etkili ölçüde afet bölgesinde sahada olmamasını eleştirirken, Soylu'nun 'bir şekilde hallederiz' mantığıyla 'askeri sahaya sürelim' talebine itiraz ettiğini, 'sürülmüşlerin bir kısmının geri çağrıldığını' söylediğini ve 'Askeri sahaya sürmemesi, 'askere sığındı' dedirtmemek için midir? Bir ihtimal 'darbe paranoyası' diyorlar, bundan mıdır, başka bir sebebi mi vardır, cevaplayacak olanlar Hulusi Akar'dır, Ömer Çelik'tir, Tayyip Erdoğan'dır' dediğini hatırlatayım."

Şardan'ın aktardıklarından görülüyor ki, on binlerce vatandaş enkaz altında kurtarılmayı beklerken Soylu, askerin alana çıkmasını, insanları kurtarmaya çalışmasını geciktirmişti.

Dahası...

İlk kez duyacağınız bir iddiayı da biz yazalım.

Süleyman Soylu'nun o sıcak anlarda açık olarak "Askeri indirelim de darbe mi yapsın" sözünü kullandığı Ankara kulislerinde konuşuluyordu.

Soylu'yu fırçaladı, helallik istedi

Bakan Soylu'nun yaptıkları, AKP içindeki rahatsızlığı da giderek büyüttü. Cumhurbaşkanı Erdoğan ve İçişleri Bakanı Soylu arasında bir süredir var olduğu öne sürülen gerilim, deprem sürecinde zirveye ulaştı.

Depremle ilgili yapılan toplantıda yaşananları da Halk TV'den Seyhan Avşar yazdı.

İddiaya göre, depreme ilişkin yapılan bir toplantıda Cumhurbaşkanı Erdoğan, Bakan Süleyman Soylu'nun felaketin büyüklüğü konusunda kendisini eksik bilgilendirdiğini ve müdahalede geç kalındığını belirtmişti. Dahası, Erdoğan Soylu'yu diğer bakanların ve AKP'nin üst düzey yöneticilerinin huzurunda azarlamıştı.[74]

Bu toplantının ardından Erdoğan'ın söylemlerinde değişiklikler olmaya başladı. Önce, "Depremin ilk günleri Adıyaman'da arzu ettiğimiz çalışmaları maalesef yürütemedik" dedi, ardından da "Sizden helallik istiyoruz" sözünü kullandı.

Gerilimlerin ardından, adeta tarihe not bırakmak isteyen Süleyman Soylu, katıldığı canlı yayınlarda, saat vererek yaptıklarını ve aldıkları talimatları aktardı.

Sözün özü; AKP içindeki gerilimlerin ülkeye hep bir bedeli olmuştu. Ancak bu sefer, insanların canlarına neden oldu!

Bugün bu kitapta örtünün altındaki birçok kulis bilgisini okudunuz. Ama inanıyoruz, bir gün gerçekleri güneşe bakar gibi göreceksiniz. "Neden depremde asker gecikti" sorusu net bir şekilde yanıt bulacak. Vaclav Havel'in söylediği gibi: "Gerçeği anlamak için bazen dibine kadar derde batmamız gerekir, tıpkı gün ışığında yıldızları görebilmek için bir kuyunun dibine inmemiz gerektiği gibi."

Kuyunun dibine yaklaştık...

---

74 https://halktv.com.tr/siyaset/niye-helallik-istedi-erdoganin-ofkesi-soyluya-mi-721518h

SON

Milan Kundera'nın sözüdür: "İnsanoğlunun güce karşı savaşımı, belleğin unutuşa karşı savaşımıdır."

İstedik ki, zorbalığa karşı mücadele ederken en büyük silahımız hafızamız olsun.

Okuduğunuz bu kitap, işte o çarpışmanın haklılığına kanıt olsun diye yazıldı.

Karanlık bir öykü okudunuz sayfalar boyunca. Bir ismin siyaseti üzerinden Türkiye'nin her alanda yaşadığı çürümüşlüğün tüm parçalarını gördünüz. Çoğunu ilk kez duydunuz, kimisini unuttuğunuzu fark ettiniz. Ama artık çok şey biliyorsunuz.

Edip Cansever, memleketi dağılmış pazaryerlerine benzettiği şiirini şöyle bitirir:

"Ahmet Abi, güzelim, bir mendil niye kanar
Diş değil, tırnak değil, bir mendil niye kanar
Mendilimde kan sesleri."

Biliyoruz ki, bu topraklarda umudun şiiri de şarkısı da kitabı da daha çok yazılacak.

Biz de böyle inandığımız için yazdık, bir taş attık o kirli vitrine.

Mendiller bir gün hiç kanamayacak.

ALBÜM

"Çocuğa cinsel istismar" suçlamasıyla tutuklanan MHP Diyarbakır İl Başkanı Cihan Kayaalp, İçişleri Bakanı Süleyman Soylu ile... MHP tarafından görevden alınan Kayaalp "istismar olsa bile çocuğun rızası var" denilerek beraat ettirildi ve cezaevinden çıktı. Mağdur 17 yaşındaki lise öğrencisinin avukatları bu karara itiraz etti.

Yerli kripto para borsası Thodex'in sahibi Faruk Faruk Özer, Süleyman Soylu'yu makamında ziyaret ederken... Özer, binlerce kişiyi dolandırarak yaptığı vurgun sonrası ülkeden kaçtı. Fotoğraftaki diğer kişi de Soylu'nun yeğeni olan Hasan Berk Işık.

Suriye'de El Nusra ile yan yana savaşan 2. Sahil Tümeni içerisinde yer alıp, kesik baş ile verdiği pozlarla gündeme gelen AKP'nin Kapaklı İlçe Teşkilatı üyesi Emrah Çelik, Süleyman Soylu ile birlikte...

HDP'nin eski Eş Genel Başkan Yardımcısı Aysel Tuğluk'un hayatını kaybeden annesi Hatun Tuğluk Ankara'da defnedilmek istendiği sırada cenazeye saldırıda bulunulmuştu. Cenazeye saldırının faillerinden biri olan Murat Alp'in karakolda Bakan Soylu ile hatıra fotoğrafı..·

Aleyna Çakır olarak bilinen Sema Esen, Ankara'daki evinde ölü olarak bulundu. Daha önce Esen'e şiddet uyguladığı anlara ait görüntüler bulunan erkek arkadaşı Ümitcan Uygun kamuoyu baskısı sonucu tutuklandı. Babası Durak Uygun'un, Süleyman Soylu ile fotoğrafı.

Rusya Büyükelçisi Karlov'u öldüren polis Mevlüt Mert Altıntaş'ın ev arkadaşı Sercan Başar, Bakan Soylu ile birlikte... Başar suikast davasında tutuklanan sanıklardandı·

İstanbul'da trafikte 7 aylık hamile kadının ve eşinin içinde bulunduğu araca saldıranlardan Hasan Sel, Süleyman Soylu'yla birlikte gülümsüyor...

Kokain kullandığı anların sanal medyada yayımlanması sonrası iki kez gözaltına alınan ve kendisini "pudra şekeri" ile savunan AKP'li Kürşat Ayvatoğlu, Süleyman Soylu'yla birlikte...

İzmir'de aracında uyuşturucu madde ve silah bulunması üzerine gözaltına alınıp, serbest bırakılan Sadık Yıldırım, Soylu'yla yan yana... Yıldırım daha sonra da Ankara'da eşine şiddet uyguladığı gerekçesiyle gözaltına alınmış ancak yine serbest bırakılmıştı.

Almanyalı Osmanlılar Derneği yöneticisi Taner Ay cinayet, kasten adam öldürmek, ağır yaralama, şantaj, fuhuş, silah ve uyuşturucu ticareti gibi birçok suçlamayla yargılanmış ve Bulgaristan'da geçirdiği trafik kazası sonucu yaşamını yitirmişti. Ay, Bakan Soylu'yla birlikte...

Süleyman Soylu, kara para aklamakla suçlanan SBK Holding'in sahibi Sezgin Baran Korkmaz'ın uçağına binerken...

Brezilya'da bir ton 304 kilo kokain ile yakalanan ACM Airlines Özel Havacılık Şirketi'ne ait uçağın sahibi Şeyhmus Özkan'ın, Bakan Soylu ile olan fotoğrafı...

Uyuşturucu kaçakçılığından tutuklanan Ali Osman Akat'ın Süleyman Soylu'yla fotoğrafı... İşadamı Akat "yeterli delil elde edilemediği" gerekçesiyle suçlamalardan beraat etti.

2008 yılında Rize'den Trabzon'a uyuşturucu götürürken yakalanan Temel Bektaşoğlu daha sonra AKP Trabzon Ortahisar ilçe yönetim kurulu üyesi oldu. Bektaşoğlu, uyuşturucu ticareti suçundan yargılanırken Bakan Soylu'yu ziyaret etti. Bektaşoğlu'nun cezası Yargıtay tarafından onandı.

Sosyal medya hesabından paylaştığı silahlı fotoğraflar ve yayımladığı mesajlarıyla başta Boğaziçi Üniversitesi öğrencileri olmak üzere çeşitli kişileri tehdit eden Emre Kayırlı, Bakan Soylu ile...

Tarkan ve Sezen Aksu'ya yönelik tehditleriyle gündeme gelen Milli Beka Hareketi'nin Cizre Şube Başkanı Halit Barkın'ın, insanları milyonlarca lira dolandırdığı ve ortadan kaybolduğu iddiası Meclis kürsüsünden dillendirildi. Barkın, Süleyman Soylu'yla birlikte...

Süleyman Soylu, kurucusu Yusuf Ziya Gümüşel'in kızını 6 yaşındayken imam nikâhıyla evlendirmesiyle gündeme gelen Hiranur Vakfı'nın yöneticileriyle birlikte...

0 5 Ekim 2018

KOM - KAÇAKÇILIK VE ORG. SUÇ MÜC. DAİ. BŞK.

00004752279

GÖRÜLDÜ

Sayın Süleyman Soylu

Değerli Bakanım size daha önce mektup yazmıştım, İçim rahat etmedi bir daha yazmayı uygun buldum. Bize yapılan operasyonda bir gariplik var. Tayip hocama haber vermeden operasyonu yaptılar [redacted] sizede bilgi vermediler.

Amacı belli değil. Ben devletten, milletimizden yanayım. Sizlerden yanayım. Sizlerin dostu, kardeşiyim bir şey söyleseniz hemen yerine getiririm, şunu direkt şunu söyle yap deseniz yaparım, kötü bir insan değilim kalbli hitapı, Makul biriyim.

Polis içinde bu konuyu kendine ana konu edinmiş nefret dolu, kinli, gözü kararmış bir kişi var. Devlet terbiyesi ile, devlet şefkati ile alakası pek yok gibi. Kimin motive ettiğinide anlayamadım.

Bu kişileri dışardan kışkırtan kişiler var. Bürokratlar ile arası iyi olan Fırat Develioğlu ve Gazeteciler arasında sözü geçen, Muhafazakar gazetelerle arası çok iyi olan İsa Tatlıcan. Bu kişiler. bizlerden ayrılan 20, 25 yıl aramızda kalmış, sonra maneviyat yönünden zayıflayıp ayrılan kişiler.. Bunlar bizden 20 sene sonra ayrılan bazı kişilerle bağlantıya geçip yaklaşık 30 kişilik bir

EMNİYET GENEL MÜDÜRLÜĞÜ
BELGE ŞUBE MÜDÜRLÜĞÜ
04 Ekim 2018
Sayı: 207086

T.C.
İÇİŞLERİ BAKANLIĞI
Özel Kalem Müdürlüğü
Tarih: 31/08/2018
Sayı: 2178

② Grup oluşturdular. Bizleri çok iyi bildikleri halde akıl almaz muhalif, aleyhte konuşan insanlar. Kalmie geldiler. Polisi teşvik ettiler. Tabi hemen şeyde hayır vardır. Hayır yönlerini saymaya kalksam belki bitiremem.

Özetle bu kin dolu, nefret dolu yapının sevgi, şefkat, dostluk içinde düzeltilmesi gerekiyor. Bu nefret dalga dalga insanlar arasında yayıldıkça ekonomimiz, milli morallerimiz kötüye gidebilir bu milli, büyük bir mesele çok fazla nedenden insanlar birbirlerinden nefret ediyor, kulüpler, mahalleler, şehirler, inançlar birbirleri ile zıtlaşıp kin, öfkesi, kıskançlığı körükleniyorlar.

Daha önce anlatmıştım. Benle ilgili düzenlenen dosyada hiç bir şey yok "Bombos"
— Küçük kızlara taciz son anda akla gelen son yapıştırma, aslı astarı olmayan mantıksız sözler. Ben yaşı küçük kızları (çok özür dilliyorum) ve zorum kucağıma oturtacam dudaklarından öpeceğim. O anda çok büyük rezalet çıkar ve herkes duyar böyle birşeyi zaten kanunsuz, ağır suç olan bir şeyi asla yapmayacağım belli. Nefsende böyle birşeyi yapmam mümkün değil, helal olsa bile tiksinirim

18 ③ el kadar küçücük masum çocukların ancak
şefkat duyulur, Onlarda Allah (cc) bu
vasfı yaratmış, ama şefkat hissi ... atır.
Yani her yönü ile mantıksız olduğunu izin anlatıyor
um. Son anda koro gibi aynı ses, aynı anlatım
aynı jargon, aynı teknik belli ki bir kin
kusması, öfke patlaması yaşayanlar olmuş bunlar
masa başında motive edilerek konuşturulmuş.
FETÖ'den nefret ederim benim kitaplarımı
Fetöcüler her yerde yasakladı hiç bir yerde
kitaplarımın olmasına izin vermediler.
Basına (Yabancı basına) Hükümeti Tayip
hocamı hep övdüm 1000'in üzerinde insanla
konuştum bunlardan anormal insanlar çıkmış
olabilir ben kriminal inceleme yapacak imkana
sahip değilim. Ailemin yaptığı dersaneden
ben çocuklukla itham edilirsem bu adil olmaz
son derece mantıksız olur.
Bizim çocuklara Ruhsatlı silahı devlet
verdi, güvendi araştırdı, olur dedi. Bu
cephanelik falan değil. Devletin güven
belgesi, Ben halkın her an karşısındayım
Her gün A9 tv. de yayına çıkıyorum

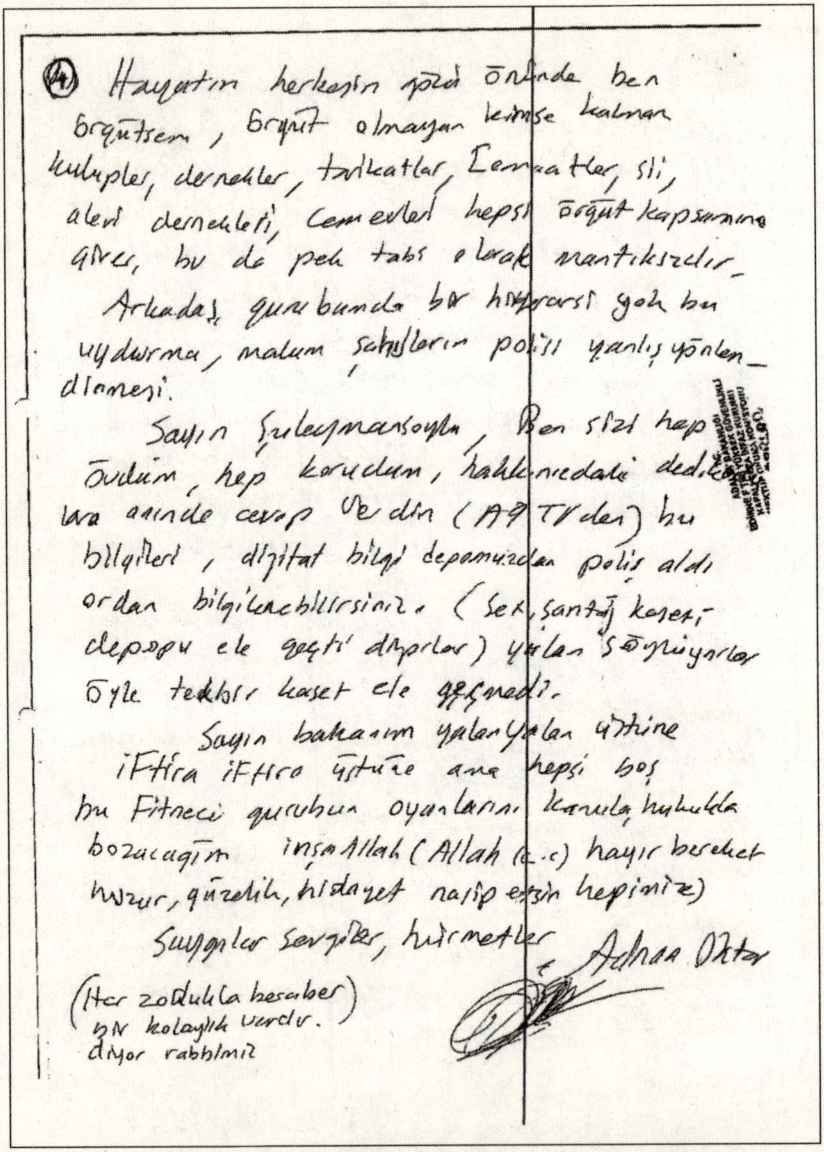

(4) Hayatım herkesin gözü önünde ben
örgütsem, örgüt olmayan kimse kalmaz
kulüpler, dernekler, tarikatlar, cemaatler, şii,
alevi dernekleri, cemevleri hepsi örgüt kapsamına
girer, bu da pek tabi olarak mantıksızdır.
Arkadaş grubunda bir hiyerarşi yok bu
uydurma, malum şahısların polisi yanlış yönlen-
dirmesi.
Sayın Süleyman Soylu, Ben sizi hep
övdüm, hep korudum, hakkınızdaki dediko-
lara anında cevap verdim (A9 TV'de) bu
bilgileri, dijital bilgi depomuzdan polis aldı
ordan bilgilenebilirsiniz. (Sex, şantaj kaseti
deposu ele geçti diyorlar) yalan söylüyorlar
öyle tek bir kaset ele geçmedi.
Sayın bakanım yalan yalan üstüne
iftira iftira üstüne ama hepsi boş
bu fitneci grubun oyunlarını kanunla, hukukla
bozacağım inşAllah (Allah (c.c) hayır bereket
huzur, güzellik, hidayet nasip etsin hepimize)
Saygılar sevgiler, hürmetler
Adnan Oktar
(Her zorlukla beraber
bir kolaylık vardır.
diyor rabbimiz

Örgüt yöneticiliğinden cinsel istismara kadar birçok suçla cezalandırılan Adnan Oktar'ın, cezaevinden Süleyman Soylu'ya yazdığı mektup.

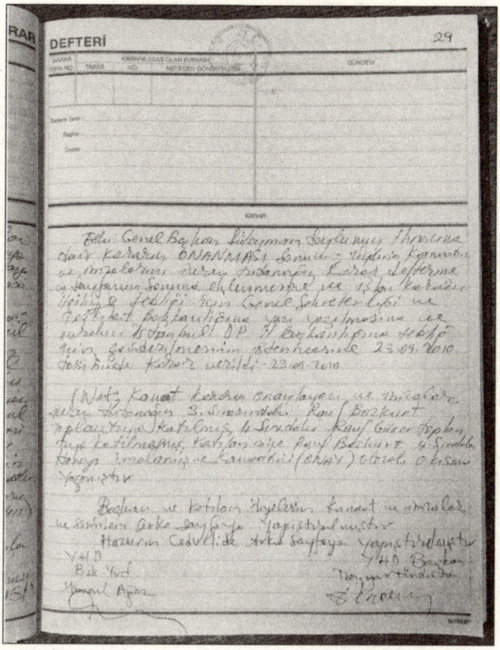
DEFTERİ
29
KARAR

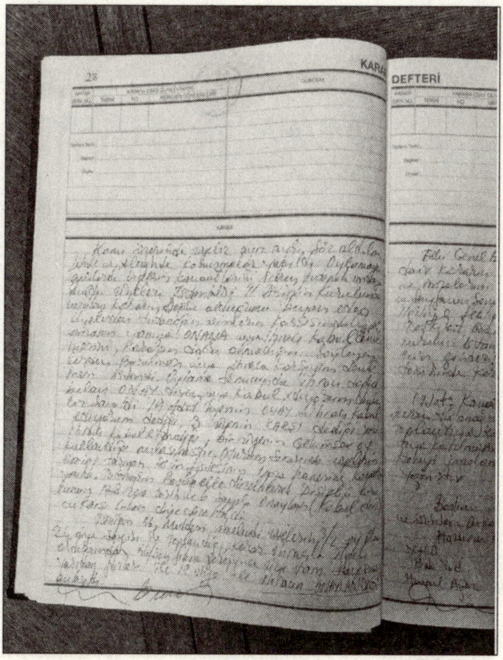
28
KARAR
DEFTERİ

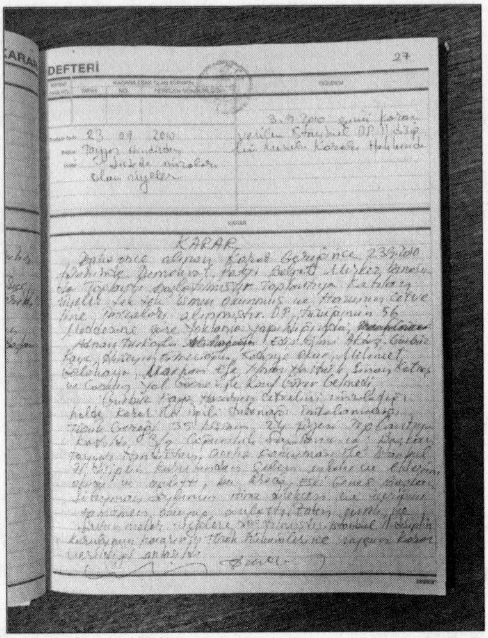
27
DEFTERİ
23 09 2010
3.9.2010 günü karar verilen İstanbul DP İl Disiplin Kurulu Kararı Hakkında
KARAR
Daha önce alınan karar gereğince 23.9.2010 tarihinde Demokrat Parti Genel Merkez binasında toplantıya başlanmıştır. [illegible]
[illegible] DP Tüzüğünün 56. Maddesine göre yoklama yapıldığında, [illegible]

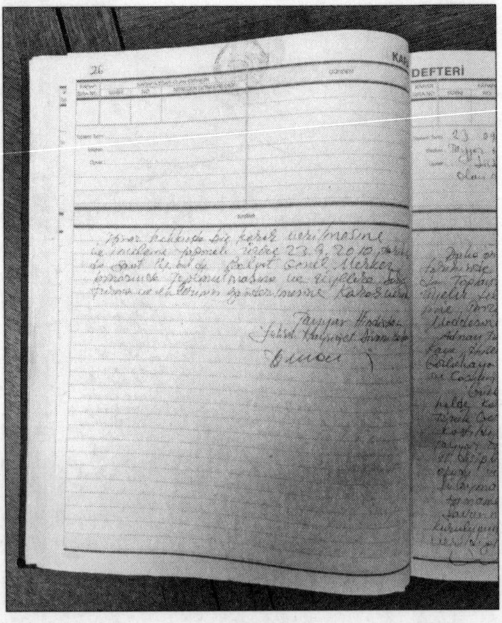
26
DEFTERİ
23 09
[illegible] hakkında bir karar verilmesine [illegible] 23.9.2010 tarihinde [illegible] Genel Merkez [illegible]

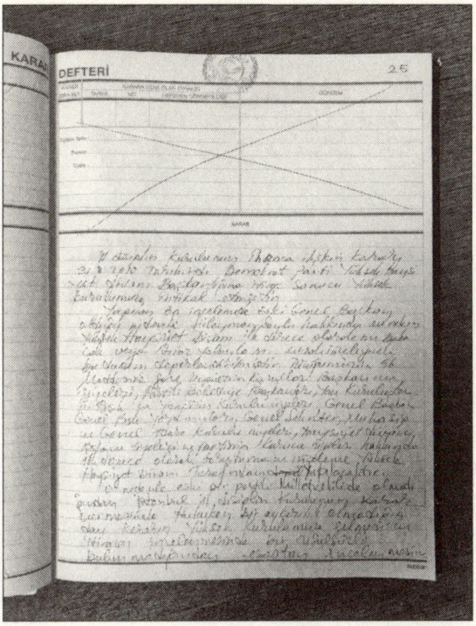

KARAR DEFTERİ 25

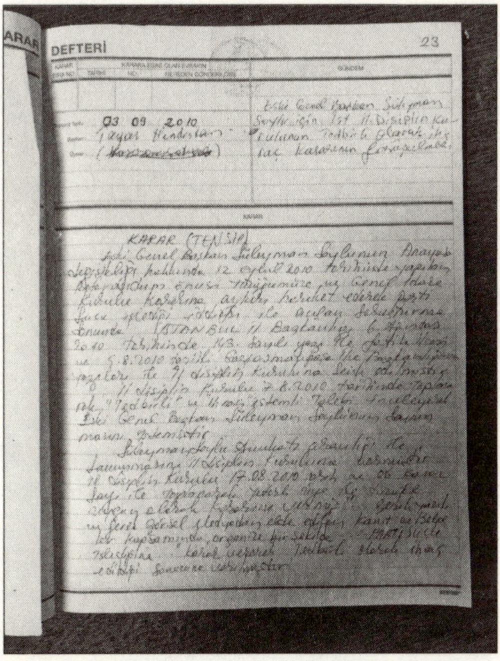

KARAR DEFTERİ 23

Süleyman Soylu'nun eski genel başkanı olduğu Demokrat Parti'den ihracının onanma kararı...

AD DİZİNİ